TRANSCRIPTION

ء	ʾ	ض	***ḍ***
ب	***b***	ط	***ṭ***
ت	***t***	ظ	***ẓ***
ث	***th***	ع	ʿ
ج	***j***	غ	***gh***
ح	***ḥ***	ف	***f***
خ	***kh***	ق	***q***
د	***d***	ك	***k***
ذ	***dh***	ل	***l***
ر	***r***	م	***m***
ز	***z***	ن	***n***
س	***s***	ه	***h***
ش	***sh***	و	***w***
ص	***ṣ***	ي	***y***

Les voyelles longues ا et ى par ***ā***, ي par ***ī*** et و par ***ū***.

La marque du féminin ة par *ah*.

بِسْمِ اللَّهِ الرَّحْمَٰنِ الرَّحِيمِ

قَالَ رَسُولُ اللَّهِ صَلَّى اللَّهُ عَلَيْهِ وَسَلَّمَ:

”إِنَّ الْعُلَمَاءَ وَرَثَةُ الأَنْبِيَاءِ وَإِنَّ الأَنْبِيَاءَ لَمْ يُوَرِّثُوا دِينَارًا
وَلاَ دِرْهَمًا وَرَّثُوا الْعِلْمَ فَمَنْ أَخَذَهُ أَخَذَ بِحَظٍّ وَافِرٍ“

“Les savants sont véritablement les héritiers des prophètes, et les prophètes n’ont pas laissé comme héritage des dinars ou des dirhams. Ils ont cependant laissé comme héritage la science et celui qui en obtient une part en aura certes pris la part complète.”

[Rapporté par *Tirmidhī*, *Abū Dāwūd* et *Ibn Mājah*]

ISBN : 978-2-491371-04-3

🖳 : www.heritagemohammadien.fr

🖂 : editionheritagemohammadien@gmail.com

Imprimé en Allemagne | BoD

مُقَدِّمَة

AVANT-PROPOS

Au nom d'*Allāh* le Tout-Miséricordieux, le Très-Miséricordieux. Les louanges sont à *Allāh,* Seigneur des mondes. Qu'*Allāh* prie sur le nôtre maître (*sayyidinā*) *Muḥammad* qui a clos (*al-khātimi*) ce qui a précédé (*limā sabaqa*).

Ceci étant dit, nous implorons ensuite *Allāh* pour qu'Il nous accorde la grâce lorsque nous comparaitrons devant Lui. Et qu'Il fasse que ce modeste travail soit pour Sa généreuse Face uniquement ; une aumône courante et qu'il soit également source de miséricorde pour le faible serviteur d'*Allāh* : *Hichām al-Ḥasanī, Mālikī* dans le droit, *Ash'arī* dans la croyance et *Tijānī* de voie spirituelle ; qui a tant besoin de la grâce divine étant abattu du peu d'œuvres et de pratiques pieuses à son actif.

Le texte de l'*Imām al-Bājūrī* est le texte non-italique en gras qui se trouve entre les symboles ﴿ ﴾ et le commentaire de l'*Imām al-Jāwī* en dehors de ces derniers. Par ailleurs, dans l'ouvrage, l'utilisation du terme **"contingent"** renvoie au fait qu'un élément ait connu l'existence après qu'elle n'ait pas existé (en arabe *ḥadath*). Ce terme est utilisé par abus de langage puisqu'il indique dans sa définition linguistique en langue française quelque chose "susceptible d'être ou de ne pas être, de se produire ou de ne pas se produire." Or cette définition renvoie vraisemblablement à la définition du "possible (*jā'iz*)".

Présentation du Commentateur

Sīdī Nūrī al-Jāwī al-Nawawī

Muḥammad Nawawī, Abū ʿAbd al-Muʿṭī b. ʿUmar b. ʿArabī b. ʿAlī al-Jāwī al-Bantanī, plus connu sous le nom de « *Shaykh Nawawī* de Banten » est née en 1230/1813-1814 à Tanara, dans le district de Tirtayasa, dans la régence de Serang, Banten, Java Ouest. C'était le fils aîné de *Ḥajji ʿUmar*, le *penghulu*[1] et instructeur religieux de Tanara.

C'était une pratique courante chez les musulmans, et même une obligation incombant aux parents[2] que d'enseigner à leurs enfants, dès leur plus jeune âge, les principales obligations religieuses et les connaissances de base sur *Allāh* et Son Prophète.

D'autant plus qu'il est issu d'une famille très respectée, le jeune *Nawawī* a commencé à l'âge de cinq ans l'apprentissage de l'arabe élémentaire et des points de la loi islamique à la maison avec son propre père. Pendant trois ans, il a également étudié avec les professeurs respectés de Banten de l'époque, dont *Ḥajji Sahal* était le plus éminent.

---

[1] *Penghulu* : en particulier à Java et Madura, renvoie au chef de la mosquée locale. En tant que chef religieux officiel de la région, il était nommé par le Régent. Dans l'exercice de ses fonctions, il était aidé par des subordonnés *ketib* (Ar. *Khāṭib*) et *modin* (Ar. *Mu'adhdhin*) qui étaient également nommés par le Régent. Dans certaines Résidences, le *penghulu* portait le titre de chef-*penghulu* (voir L. W. C. van den Berg, "De mohammedaansche geestelijkhei", 7-8).

[2] *Shaykh Nawawī* a souligné à plusieurs reprises cette obligation primaire des parents.

Nawawī, à l'âge de huit ans en compagnie de quelques de ses amis, s'est rendu dans l'est de Java[1], très probablement à Surabaya et Madura ou à Tegalsari dans le Ponorogo, dans le but d'étudier. Avant de retourner à Banten, il s'est rendu dans d'autres *pesantrens*[2]. Avant de retourner à Banten, il s'est rendu dans d'autres *pesantrens*, notamment à Purwakarta, où il a étudié avec le célèbre *Raden Hajji Yūsuf*[3] et aussi à Batavia pour apprendre aux mains d'un certain *Ḥabīb Shaykh.*

Il dut retourner chez lui à la mort de son père en 1826. En tant que fils aîné de la famille, *Nawawī*, déjà mûr, devait non seulement assumer les responsabilités de son père, mais aussi maintenir le prestige de la famille. Il y est parvenu, cependant, il ne l'a pas fait en assumant la position de son défunt père en tant que *penghulu* de Tanara, mais plutôt en consacrant son énergie aux activités d'enseignement et à la recherche du savoir.

En fait, avant la mort de son père, *Shaykh Nawawī* enseignait dans la mosquée de son père, puis dans sa propre mosquée qu'il a construite près de la plage de Tanara. Ces cinq années d'apprentissage dans les principaux centres d'enseignement de Java lui avaient permis d'acquérir des connaissances suffisantes pour enseigner à ses compatriotes bantoustans. Mais à son époque, l'excellence en termes de savoir ne pouvait être obtenue dans son propre pays. Il n'y avait pas endroit où aller autre que Mekka pour cela. En 1828, à l'âge de quinze ans, il se rendit au

---

[1] Le voyage en quête de connaissances dans la partie Est de Java est devenu une tradition dans les *pesantrens* bantenais au début de ce siècle.

[2] Pesantrens : établissements d'enseignement islamiques traditionnels.

[3] Raden *Hajji Yūsuf* était un professeur éminent à Purwakarta. Il a luimême étudié à Batavia. Il a enseigné à de nombreux étudiants de Banten et de la région de Cianjur, en particulier à Garut.

berceau de la foi islamique, laissant ses proches et son pays natal bien-aimé, pour ne plus jamais y revenir.

Comme d'autres Jawis qui venaient étudier à Mekka à cette époque, *Nawawī* est d'abord allé étudier avec les éminents érudits Jawis qui s'étaient installés à Mekka. Trois personnages importants ont été mentionnés comme ses professeurs : *Shaykh ʿAbd al-Ghanī* de Bima (une ville située sur une petite île de Sumbawa, dans l'est de l'Indonésie), *Shaykh Aḥmad Khāṭib* de Sambas[1] dans le Kalimantan occidental, et le *Shaykh Aḥmad b. Zayd.*

Nawawī s'est ensuite instruit aux mains du savant égyptien *Shaykh Yūsuf al-Sunbulawayni* (mort vers 1867) pendant quinze ans, assistant parfois aussi aux conférences d'un autre érudit égyptien, *Shaykh Aḥmad al-Nahrāwī* ainsi que le célèbre *ʿAbd al-Ḥamīd al-Daghistani al-Shanawani* (mort au début de l'an 1884). Avec ce dernier, il étudiait la "*Tuḥfah al-Muḥtāj*" d'*Ibn Ḥajar al-Haythamī* en compagnie d'éminents savants de l'époque tels que *Sayyid ʿAbdallāh b. Ṣāliḥ Zawāwī* (m. 1343/1924)[2].

---

[1] *Aḥmad b. ʿAbd al-Ghaffār b. ʿAbdallah b. Muḥammad* Sambas est né à Sambas, dans le Kalimantan occidental en 1217/1802. Après avoir appris le Coran par cœur, il a commencé à mémoriser certains textes à l'âge de 19 ans. Il a ensuite étudié avec *Shaykh Muḥammad Ṣāliḥ Ra'is, Shaykh ʿUmar ʿAbd al-Rasūl*, le Mufti de Mekka, *Shaykh ʿAbd al-Hafīẓ ʿAjamī*. Il a également assisté aux conférences de *Sayyid Aḥmad al-Marzuqī*, le Mufti Mālikite, et *Sayyid ʿAbdallah al-Mirghani*, le savant *Shaykh ʿUthmān al-Dimyāṭī* ainsi que d'autres professeurs de Mekka. Il est mort en 1289/1872 (*ʿAbd al-Jabbār, Siyar wa Tarajim*, 71)

[2] *Sayyid ʿAbdallāh b. Muḥammad Ṣāliḥ Zawāwī* est né en 1266/1849. Son père a enseigné à ce brillant fils de sorte qu'à l'âge de vingt ans, *ʿAbdallāh* a

Nawawī a également été mentionné comme étant un étudiant de *Shaykh Aḥmad al-Dimyātī* (m. 1270/1853) et d'*Aḥmad b. Zayni Daḥlān* (m. 1304/1886), le *Shaykh* de la Mecque des Shāfiʿites.

Il s'est également rendu à Médine pour étudier le *ḥadīth* avec *Muḥammkad Khāṭib Dūmā al-Ḥanbalī*, dont *Nawawī* lui-même dit avoir reçu une autorisation en *ḥadīth*.

Shaykh Nawawī restera à Mekka jusqu'à sa mort en 1896/1897. Il a été enterré au cimetière *al-Ma'la*, près des tombes de *ʿAbdallah b. Zubayr, Asmā*, la fille du calife *Abū Bakr*, et juste en face de celle de *Khadījah*, la première épouse du Prophète, la mère de tous les musulmans.

---

obtenu un poste de professeur, à la jalousie des autres professeurs. Il voyagea jusqu'en Inde, la Malaisie, la Chine et le Japon, et l'Indonésie, probablement à Pontianak, car la famille *Zawāwī* est devenue le mécène de la colonie de Pontianak à Mekka. Il a occupé de nombreuses fonctions dans le chérifat d'al-Husayn (*ʿAbd al-Jabbār, Siyar wa Tarajim*, 140-142, 270 ; C. Snouck Hurgronje, Mekka, 184, 188).

Présentation de l'auteur

Ibrāhim b. Muḥammad al-Bājūrī :

Il est le *Shaykh*, le savant et érudit *Ibrāhīm b. Muḥammad b. Aḥmad al-Shāfi'ī al-Bājūrī* originaire de *Bājūr* qui est un village se situant dans le gouvernorat de *Minufiyyah* en Égypte. Il est né en l'an 1198 H / 1784 J-C.

Ses maîtres : il apprit son savoir des plus grands savants comme le *Shaykh Muḥammad al-Amīr al-Kabīr*, le *Shaykh 'Abdallāh al-Sharqāwī*, le *Sayyid Dāwūd al-Qal'āwī*, le *Shaykh Muḥammad al-Faḍālī*, le *Shaykh Ḥasan al-Quwaysī* et d'autres parmi ses contemporains. Ce n'est qu'après que peu de temps qu'apparu en lui les sig nes de sa maturité scientifique et c'est ainsi qu'il enseigna par la suite.

Ses élèves : beaucoup de grands savants prirent leur savoir de lui par exemple le vérificateur et spécialiste le *Shaykh Muḥammad al-Anbānī al-Miṣrī*, l'érudit et *Shaykh 'Abd al-Ḥamīd al-Sharwānī* le Dagestanais puis Mecquois, le *Shaykh* et *Sayyid Abū Bakr b. Muḥammad Shaṭṭā al-Bakrī al-Dumyāṭī* l'auteur de « *I'ānah al-Ṭālibīn* » ; le *Shaykh* et *Imām Muḥammad al-Jurdānī al- Dumyāṭī* l'auteur de « *Fatḥ al-'Ulām* » qui est un commentaire de « *Murshid al-Anām* ». Tous ces derniers le citent dans leur glose respective et le mentionnent par le titre « notre maître » comme cela est bien connu pour ceux qui s'y réfèrent.

التَّعْرِيفُ بِالْمُؤَلِّفِ

إبْرَاهِيمَ بنِ مُحَمَّدٍ الْبَاجُورِيِّ الشَّافِعِيِّ

هُوَ الشَّيْخُ، الْعَالِمُ، الْعَلَّامَةُ، إِبْرَاهِيمُ بنُ مُحَمَّدٍ بنِ أَحْمَدَ الشَّافِعِيِّ الْبَاجُورِيِّ، نِسْبَةً إِلَى بَاْجُوْرَ، مَرْكَزٌ بِمَدِينَةِ الْمِنُوْفِيَّةِ بِمِصْرَ، وُلِدَ بِهَا سَنَةَ 1198هـ / 1784م.

مَشَايِخُهُ: أَخَذَ عَنْ كِبَارِ الْعُلَمَاءِ الْأَعْلَامِ، كَالشَّيْخِ مُحَمَّدٍ الْأَمِيْرِ الْكَبِيْرِ، وَالشَّيْخِ عَبْدِ اللهِ الشَّرْقَاوِيِّ، وَالسَّيِّدِ دَاوُدَ الْقَلْعَاوِيِّ، وَالشَّيْخِ مُحَمَّدٍ الْفَضَالِيِّ، وَالشَّيْخِ حَسَنَ الْقُوَيْسِيِّ، وَغَيْرِهِمْ مِمَّنْ كَانَ فِيْ عَصْرِهِ. وَفِيْ مُدَّةٍ قَلِيْلَةٍ ظَهَرَتْ عَلَيْهِ آيَاتُ النَّجَابَةِ، فَدَرَّسَ.

تَلَامِيْذُهُ: أَخَذَ عَنْهُ كِبَارُ الْعُلَمَاءِ الْأَعْلَامِ، مِنْهُمْ الْمُحَقِّقُ الْمُدَقِّقُ الشَّيْخُ مُحَمَّدٌ الْأَنْبَابِيُّ الْمِصْرِيُّ، وَالْعَلَّامَةُ الشَّيْخُ عَبْدُ الْحَمِيْدِ الشَّرْوَانِيُّ الدَّاغِسْتَانِيُّ ثُمَّ الْمَكِيُّ، وَالشَّيْخُ السَّيِّدُ أَبُوْ بَكْرِ بنُ مُحَمَّدٍ شَطَا الْبَكْرِيُّ الدِّمْيَاطِيُّ صَاحِبُ إِعَانَةِ الطَّالِبِيْنَ، وَالشَّيْخُ الْإِمَامُ مُحَمَّدٌ الْجَرْدَانِيُّ الدِّمْيَاطِيُّ صَاحِبُ فَتْحِ الْعَلَّامِ بِشَرْحِ مُرْشِدِ الْأَنَامِ. إِذْ نَقَلَ كُلٌّ مِنْهُمْ عَنْهُ فِيْ حَوَاشِيْهِمْ، وَعَبَّرُوْا عَنْهُ بِشَيْخِنَا، كَمَا لَا يَخْفَى عَلَى الْمُرَاجِعِيْنَ.

Ses ouvrages : il possède de nombreux ouvrages profitables parmi eux :

- Glose sur l'épître de son maître *al-Faḍālī* sur la parole : "Point de divinité si ce n'est *Allāh*" ;
- "La réalisation effective de ce qui est nécessaire pour les gens du commun en ce qui concerne la science scolastique (*taḥqīq al-Maqām ʿalā Kifāyāt al-ʿAwwām fīmā yujibu ʿalayhim min ʿilm al-kalām*)" ;
- Glose sur la naissance [prophétique] d'*Ibn Ḥajar al-Haytamī* ;
- Glose sur le commentaire d'*al-Sanūsī* concernant la science de la logique ;
- Glose sur le texte "l'échelle ornementée concernant la logique" de l'érudit *al-Akhḍarī* ;
- Glose sur le texte d'*al-Samarqandī* sur les figures de style ;
- Glose sur "la mère des preuves dans les croyances" de l'érudit *al-Sanūsī* ;
- Glose sur la naissance [prophétique] du gnostique et maître *Aḥmad al-Dardīr*, qu'*Allāh* lui fasse miséricorde.
- "La merveille du disciple dans la perle de l'unicité" de *Burhān al-Dīn al-Laqqānī*, qu'*Allāh* lui fasse miséricorde.
- Une petite épître concernant la science de l'Unicité.
- "*al-Mawāhib al-Laduniyyah ʿalā al-Shamā'il al-Muḥamadiyyah*" du *Ḥāfiẓ al-Tirmidhī*.
- Glose sur le commentaire de l'érudit *Ibn Qāsim al-Ghazī* sur le texte du *Shaykh Abū Shujjā'*.

مُؤَلَّفَاتُهُ: وَأَلَّفَ التَّآلِيْفَ الْعَدِيْدَةَ الْجَامِعَةَ الْمُفِيْدَةَ مِنْهَا:

- حَاشِيَةُ الْبَاجُوْرِيِّ عَلَىٰ رِسَالَةِ شَيْخِهِ مُحَمَّدٍ الْفَضَالِيِّ فِيْ لَا إِلَٰهَ إِلَّا اللهُ.
- تَحْقِيْقُ الْمَقَامِ عَلَىٰ كِفَايَةِ الْعَوَامِ فِيْمَا يَجِبُ عَلَيْهِمْ مِنْ عِلْمِ الْكَلَامِ.
- حَاشِيَةٌ عَلَىٰ مَوْلِدِ الْإِمَامِ ابنِ حَجَرٍ الهَيْتَمِيِّ.
- حَاشِيَةٌ عَلَىٰ شَرْحِ السَّنُوْسِيَّةِ فِيْ عِلْمِ الْمَنْطِقِ.
- حَاشِيَةٌ عَلَىٰ مَتْنِ السُّلَّمِ الْمُرَوْنَقِ فِيْ الْمَنْطِقِ لِلْعَلَّامَةِ الْأَخْضَرِيِّ.
- حَاشِيَةٌ عَلَىٰ مَتْنِ السَّمَرْقَنْدِيَّةِ فِي الاسْتِعَارَاتِ.
- حَاشِيَةٌ عَلَىٰ أُمِّ الْبَرَاهِيْنِ فِيْ الْعَقَائِدِ لِلْعَلَّامَةِ السَّنُوْسِيِّ.
- حَاشِيَةٌ عَلَىٰ مَوْلِدِ الْعَارِفِ الشَّيْخِ أَحْمَدَ الدَّرْدِيْرِ رَحِمَهُ اللهُ.
- تُحْفَةُ الْمُرِيْدِ عَلَىٰ جَوْهَرَةِ التَّوْحِيْدِ لِبُرْهَانِ الدِّيْنِ اللَّقَانِيِّ رَحِمَهُ اللهُ.
- رِسَالَةٌ صَغِيْرَةٌ فِيْ عِلْمِ التَّوْحِيْدِ.
- الْمَوَاهِبُ اللَّدُنِيَّةُ عَلَىٰ الشَّمَائِلِ الْمُحَمَّدِيَّةِ لِلْحَافِظِ التِّرْمِذِيِّ.
- حَاشِيَةٌ عَلَىٰ شَرْحِ الْعَلَّامَةِ ابنِ قَاسِمٍ الْغَزِّيِّ عَلَىٰ مَتْنِ الشَّيْخِ أَبِيْ شُجَاعٍ.

Sa religiosité, qu'*Allāh* lui fasse miséricorde n'était qu'apprentissage, altruisme, enseignement et élévation spirituelle. Il avait un grand amour pour "les gens de la maison" du Prophète, prière et salut d'Allāh sur lui ainsi que sur sa famille. Sa langue était mouillée de par la récitation du Coran et de par la mention d'*Allāh*, exalté soit-Il.

En somme, qu'*Allāh* lui fasse miséricorde, sa vie n'était qu'obéissance envers son Maître, le remerciant pour ce qu'il lui a octroyé. C'est ainsi que le profit apporté par ses œuvres est apparu durant son vivant ainsi qu'après sa mort.

Finalement, il, qu'*Allāh* ait son âme, a rejoint son Maître en l'an 1277 H après avoir vécu pendant près de quatre-vingts ans. Qu'*Allāh*, exalté soit-Il, le couvre de miséricorde et de satisfaction.

وَكَانْ دَيْدَنُهُ رَحِمَهُ اللهُ تَعَاْلَىْ التَّعَلُّمَ، وَالاسْتِفَاْدَةَ، وَالتَّعْلِيْمَ، وَالْإِفَاْدَةَ. وَكَاْنَ لَهُ حُبٌّ جَسِيْمٌ لِأَهْلِ بَيْتِ النَّبِيِّ صَلَّىْ اللهُ عَلَيْهِ وَآلِهِ وَسَلَّمَ. وَكَاْنَ لِسَاْنُهُ رَطْبًا بِتِلَاْوَةِ الْقُرْآنِ، وَذِكْرِ اللهِ تَعَاْلَىْ.

وَبِالْجُمْلَةِ فَكَاْنَ رَحِمَهُ اللهُ صَاْرِفًا زَمَنَهُ فِيْ طَاْعَةِ مَوْلَاْهُ، شَاْكِرًا لَهُ عَلَىْ مَاْ أَوْلَاْهُ. وَلِذَاْ حَصَلَ الْاِنْتِفَاْعُ بِتَأْلِيْفِهِ فِيْ حَيَاْتِهِ، وَبَعْدَ مَمَاْتِهِ.

ثُمَّ اِنْتَقَلَ طَيَّبَ اللهُ ثَرَاْهُ إِلَىْ رَحْمَةِ اللهِ مَوْلَاْهُ سَنَةَ: سَبْعٍ وَسَبْعِيْنَ وَمَاْئَتَيْنِ بَعْدَ الْأَلْفِ هـ، بَعْدَ أَنْ عَاْشَ نَحْوًا مِنْ ثَمَاْنِيْنَ سَنَةً. عَمَّهُ اللهُ تَعَاْلَىْ بِالرَّحْمَةِ وَالرُّضْوَاْنِ.

« Les Couronnes Étincelantes en commentaire de l'épître d'al-Bājūrī sur l'Unicité »

(*Sharḥ Tijān al-Darārī ʿalā risālah al-Bājūrī fī al-Tawḥīd*)

Par l'érudit :

Sīdī Nūrī al-Jāwī al-Shāfiʿī al-Ashʿarī

(m. 1316 H / 1897 J-C)

Traduit et annoté par :

Hichām al-Mālikī al-Ḥassanī

Année de la 1ère édition :

2021

Au nom d'*Allāh*, le Tout-Miséricordieux, le Particulièrement Miséricordieux

Louange à *Allāh*, l'exempt de toute trace de contingence, de couleur ou de modalité. J'atteste qu'il n'y a de divinité qu'*Allāh*, l'Indépendant de tout ce qui est autre que Lui et Celui dont toutes les choses ont perpétuellement besoin de Lui.

J'atteste également que notre maître *Muḥammad* est le maître des créatures. Que la prière et le salut soient sur le Messager d'*Allāh*, le détenteur du Bassin et des intercessions ; ainsi que sur sa famille, ceux qui ont été privilégiés sur le reste des communautés ; ainsi que sur ses compagnons, ceux qui ont bénéficié de différents types de bienfaits et de faveurs.

Après avoir dit cela, ceci est un commentaire sur l'épître de l'érudit *al-Bājūrī* traitant de l'Unicité (*tawḥīd*) que j'ai intitulée : **"Les Couronnes Étincelantes commentant l'épître *d'al-Bājūrī*."**

On m'a convoité de faire cela alors je m'y suis consacré tout en espérant en profiter et faire bénéficier de la bénédiction de ce maître envers ma personne ainsi que pour toute personne le récitant, qui l'entendrait ou le lirait.

بِسْمِ اللَّهِ الرَّحْمَنِ الرَّحِيمِ

الْحَمْدُ لِلَّهِ الْمُنَزَّهِ عَنْ سِمَاتِ الْحُدُوْثِ، وَالْأَلْوَانِ، وَالْكَيْفِيَّاتِ. وَأَشْهَدُ أَنَّ لَاْ إِلَهَ إِلَّا اللهُ، الْغَنِيُّ عَنْ كُلِّ مَاْ سِوَاْهُ، وَالْمُفْتَقِرُ إِلَيْهِ كُلُّ شَيْءٍ فِيْ سَائِرِ الْأَوْقَاْتِ.

وَأَشْهَدُ أَنَّ سَيِّدَنَا مُحَمَّدًا سَيِّدُ الْمَخْلُوقَاْتِ. وَالصَّلَاةُ وَالسَّلَامُ عَلَى رَسُولِ اللهِ صَاْحِبِ الْحَوْضِ وَالشَّفَاْعَاتِ، وَعَلَىْ آلِهِ الْمُفَضَّلِيْنَ عَلَىْ سَاْئِرِ الْأُمَمِ، وَأَصْحَاْبِهِ الْفَاْئِزِيْنَ بِأَنْوَاْعِ الْخَيْرَاْتِ وَالنِّعَمِ.

أَمَّا بَعْدُ: فَهَذَا شَرْحٌ عَلَىْ رِسَاْلَةِ الْعَلَّامَةِ الْبَاجُوْرِيِّ فِيْ التَّوْحِيْدِ سَمَّيْتُهُ: "**تِيْجَاْنُ الدَّرَاْرِي فِيْ شَرْحِ رِسَالَةِ الْبَاْجُوْرِيِّ**" وَقَدْ سُئِلْتُ فِيْهِ. فَأَنَاْ أَشْرَعُ رَاجِيًا الْاِنْتِفَاْعَ بِهِ، وَعَوْدَ الْبَرَكَةِ مِنْ ذَلِكَ الشَّيْخِ لِيْ، وَلِكُلِّ قَاْرِيءٍ، وَسَاْمِعٍ، وَمُطَالِعٍ.

﴾**Au nom d'*Allāh* le Tout-Miséricordieux** (*al-raḥmān*) **le Particulièrement Miséricordieux** (*al-raḥīm*)[1]**.** ﴿

Le nom de Majesté "*Allāh*" renvoie à l'Essence qui regroupe l'ensemble des Attributs Divins.

"Le Tout-Miséricordieux (*al-raḥmān*)**"** : c'est l'abondance de miséricorde envers Ses serviteurs via le recouvrement dans le monde ici-bas.

Et **"Le Particulièrement Miséricordieux** (*al-raḥīm*)**"** : c'est l'abondance de miséricorde envers eux via l'affranchissement du châtiment. Le serviteur doit donc observer :

- **d'*Allāh*** : Sa Puissance ;
- du **Tout-Miséricordieux** : Ses bienfaits ;
- et du **Particulièrement Miséricordieux** : Sa protection des péchés et Son pardon.

﴾ **Louange à *Allāh*[2], Seigneur des mondes** ﴿ c.-à-d. : souverain des Cieux et de la Terre et adoré de ceux qui s'y trouvent.

---

[1] Il a commencé son livre par la '*Basmalah*' en suivant l'exemple du Coran, en s'appuyant sur le *ḥadīth* de la '*Basmalah*' : « Tout acte d'importance qui ne commence par : **'Au nom d'*Allāh*, le Tout-Miséricordieux, le Particulièrement Miséricordieux, sera incomplet'**. et en se conformant à la tradition des pieux prédécesseurs.

[2] La **'louange** (*al-ḥamd*)**'** : c'est le fait de faire l'éloge par des paroles en faveur d'un bienfait facultatif par vénération, qu'il soit en contrepartie d'une faveur ou non.

(بِسْمِ اللهِ الرَّحْمَنِ الرَّحِيمِ)[1]

فَاسْمُ الجَلَاْلَةِ دَلَّ عَلَىْ الذَّاْتِ الجَاْمِعَةِ لِصِّفَاْتِ الْإِلَهِيَّةِ كُلِّهَاْ.

وَ"**الرَّحْمَنِ**" هُوَ كَثِيْرُ الرَّحْمَةِ لِعِبَاْدِهِ بِالسَّتْرِ فِيْ الدُّنْيَاْ.

وَ"**الرَّحِيمِ**" هُوَ كَثِيْرُ الرَّحْمَةِ لَهُمْ بِالْغُفْرَانِ فِيْ الْعُقْبَىْ. فَلِلْعَبْدِ أَنْ يُلَاحِظَ

- مِنَ **اللهِ**: قُدْرَتَهُ،
- وَمِنَ **الرَّحْمَنِ**: نِعْمَتَهُ،
- وَمِنَ **الرَّحِيْمِ**: عِصْمَتَهُ مِنَ الذُّنُوْبِ وَمَغْفِرَتَهُ.

(الْحَمْدُ[2] **لِلَّهِ رَبِّ الْعَالَمِينَ)** أَيْ: مَاْلِكُ السَّمَاوَاْتِ وَالْأَرْضِ، وَمَعْبُوْدِ مَنْ فِيْهِمَاْ.

---

[1] افتتح كتابه بالبسملة اقتداء بالكتاب العزيز وامتثالاً بحديث البسملة :"**كُلُّ أَمْرٍ ذِي بَالٍ لَا يبدأُ فِيهِ بِبِسْمِ اللَّهِ الرَّحمنِ الرَّحِيمِ فَهوَ أقطعُ**" وجريا على سنن السلف الصالح.

[2] **الْحَمْدُ** : هُوَ الثَّنَاءُ بِالْكَلَامِ لِأَجْلِ جَمِيلٍ اخْتِيَارِيٍّ عَلَى جِهَةِ التَّعْظِيمِ سَوَاءٌ كَانَ فِي مُقَابَلَةِ نِعْمَةٍ أَمْ لَا.

﴾ **Et que la prière ainsi que le salut[1] soient sur le Messager d'*Allāh*[2], prière et salut d'*Allāh* sur lui[3].** ﴿

Le **"Messager d'*Allāh*"** ici signifie : notre maître *Muḥammad* (ﷺ). C'est ainsi par l'usage prédominant de ce nom qu'il est devenu connu par cette noble qualification entitative.

﴾ **Après cela** ﴿ : c.-à-d. après la mention du nom d'*Allāh*, de la louange d'*Allāh* et de la prière sur le Messager d'*Allāh* (ﷺ).

﴾ **Il dit, lui qui est le pauvre nécessiteux de la Miséricorde de son Seigneur, l'Informé** ﴿ c.-à-d. le Savant des éléments intrinsèques des choses ; ﴾ **le Voyant** ﴿ c.-à-d. Celui qui voit ce qui est dans le monde et qui perçoit les images visuelles lorsqu'elles existent.

﴾ ***Ibrāhīm*** ﴿ fils de *Muḥammad*, ﴾ ***al-Bājūrī*** ﴿ par filiation à la contrée de *Bājūr* en Égypte, ﴾ **le négligeant** ﴿ alors qu'il était le maître des savants d'*al-Azhar* ! Qu'*Allāh* ennoblisse sa tombe de miséricorde et d'agrément.

---

[1] Le sens de la « prière d'*Allāh* sur Son Messager » est : Sa Miséricorde liée a la glorification. Le sens du « salut sur Son Messager » est : d'une salutation qui lui convient.

[2] Il a dit « Sur le Messager d'*Allāh* » et non « sur le Prophète d'*Allāh* » en faisant allusion au fait qu'être messager est plus méritoire que d'être prophète.

[3] Il a fait directement suivre la prière par le salut afin de sortir de la divergence établie par les contemporains qui stipule la répréhension de ne mentionner qu'une des deux.

Puisque le Messager d'*Allāh*, prière et salut d'*Allāh* sur lui, est l'intermédiaire de tous les bienfaits qui nous parviennent de la part d'*Allāh*, il a fait suivre la louange par la prière et le salut sur lui.

(وَالصَّلَاةُ وَالسَّلَامُ [1] **عَلَى رَسُولِ اللهِ** [2] **صَلَّى اللهُ عَلَيْهِ وَسَلَّمَ** [3])، وَ"**رَسُوْلُ اللهِ**" مَعْنىً: هُوَ سَيِّدُنَا مُحَمَّدٌ صَلَّىْ اللهُ عَلَيْهِ وَسَلَّمَ، فَإِنَّهُ صَارَ عَلَمًا بِالْغَلَبَةِ عَلَىْ تِلْكَ الذَّاْتِ الشَّرِيْفَةِ.

(**وَبَعْدُ**) أَيْ: بَعْدَ الْبَسْمَلَةِ، وَالْحَمْدَلَةِ، وَالصَّلَاْةِ عَلَىْ رَسُوْلِ اللهِ.

(**فَيَقُولُ فَقِيرُ رَحْمَةِ رَبِّهِ الْخَبِيرِ**) أَيْ: الْعَلِيْمُ بِبَوَاْطِنِ الْأُمُوْرِ (**الْبَصِيْرِ**) أَيْ: الَّذِيْ يُبْصِرُ مَا تَحْتَ الثَّرَىْ، وَمُدْرِكُ الْمُبْصَرَاْتِ حَاْلَ وُجُوْدِهَاْ.

(**إِبْرَاْهِيْمُ**) بنُ مُحَمَّدٍ (**الْبَاْجُوْرِيِّ**) نِسْبَةً إِلَىْ بَاجُوْرَ، بَلَدَةٌ مِنْ بِلَاْدِ مِصْرَ (**ذُوْ التَّقْصِيْرِ**) وَهُوَ شَيْخُ الْعُلَمَاءِ فِي الْأَزْهَرِ، سَقَىْ اللهُ قَبْرَهُ بِالرَّحْمَةِ وَالرِّضْوَاْنِ.

---

[1] مَعْنَى صَلَاةُ للهِ عَلَى رَسُولِهِ : رَحْمَتُهُ الْمَقْرُونَةُ بِالتَّعْظِيمِ. مَعْنَى سَلَامُ للهِ عَلَى رَسُولِهِ : تَحِيَّتُهُ اللَّائِقَةُ بِهِ.

[2] قَالَ عَلَى رَسُولُ الله وَلَمْ يُقَل عَلَى نَبِي الله إِشَارَةً إِلَى أَنْ الرِّسَالة أَفْضَل مِن النُّبُوَّة.

[3] عَقَبَ الصَّلَاة بِالسَّلَام خُرُوجاً مِن كَرَاهَة انْفِرَد احَدُهُمَا عَن الاخر عِنْد المتأخرين.

وَلِمَا كَانَ رَسُولُ اللهِ صَلَّى اللهُ عَلَيْهِ وَسَلَّمَ هُوَ الْوَاسِطَةُ فِي كُلِّ نِعْمَةٍ وَصَلَتْ إِلَيْنَا مِنَ اللهِ ذَكَرَ الصَّلَاةَ وَالسَّلَامَ عَلَيْهِ إِثْرَ حَمْدِ اللهِ.

﴿ **Certains frères m'ont demandé, qu'*Allāh* réforme mon état et mon affaire ainsi que pour eux**[1]**, de leur écrire une lettre** ﴾ c.-à-d. un petit écrit ﴿ **suave** ﴾ c.-à-d. plaisant. Ici, le premier pronom renvoie au terme annexé, et le second a l'annexant et l'auteur a rassemblé le premier pronom afin de généraliser l'invocation. Aussi, le pronom renvoie à l'annexant sauf si le terme "tout" ou "certains" est présent, il renvoie alors à l'annexé comme dans le cas présent. Et il a individualisé le second afin de spécifier la demande.

﴿ **Qui porte** ﴾ c.-à-d. la lettre ﴿ **sur les attributs du Maître** ﴾ c.-à-d. qui sont établis pour Lui et ceux qui sont exonératifs des caractéristiques qui ne Lui conviennent pas ﴿ **et leurs contraires** ﴾ c.-à-d. ce qui les nie ; ﴿ **ce qui est permis le concernant, exalté soit-Il, ce qui est nécessaire pour les Messagers, ce qui est impossible pour eux et ce qui est possible.** ﴾

"L'obligatoire (*wājib*)**"** : c'est ce dont l'existence est nécessaire et dont l'inexistence est inenvisageable. Par exemple : Son Essence, exalté soit-Il ; le fait qu'un corps occupe de l'espace. C.-à-d.. s'accaparant de l'espace qu'il prend du vide, c.-à-d. empêchant les autres corps d'occuper cet espace ; le fait qu'un corps soit caractérisé soit par le mouvement, soit par l'immobilité.

---

[1] Il a commencé par lui-même selon le récit rapporté par *Abū Dāwūd* : **« Lorsque le Messager d'*Allāh*, prière et salut d'*Allāh* sur lui, lorsqu'il invoquait, commençait par sa personne. »**

(طَلَبَ مِنِّيْ بَعْضُ الْإِخْوَانِ أَصْلَحَ اللهُ لِي وَلَهُمُ[1] **الْحَالَ وَالشَّأْنَ أَنْ أَكْتُبَ لَهُ رِسَالَةً)** أَي: كِتَابًا صَغِيْرًا **(لَطِيْفَةً)** أَيْ: ظَرِيْفَةً. فَالضَّمِيْرُ الْأَوَّلُ رَاجِعٌ لِلْمُضَافِ إِلَيْهِ، وَالثَّانِيْ لِلْمُضَافِ، وَجَمَعَ الْمُصَنِّفُ الضَّمِيْرَ الْأَوَّلَ لِتَعْمِيْمِ الدُّعَاءِ، وَأَيْضًا الضَّمِيْرُ رَاجِعٌ لِلْمُضَافِ، إِلَّاْ إِذَاْ كَاْنَ لَفْظُ "كُلَّ" أَوْ "بَعْضَ" فَيَرْجِعُ لِلْمُضَافِ إِلَيْهِ كَمَا هُنَا، وَأُفْرِدَ ثَانِيًا لِتَخْصِيْصِ الطَّاْلِبِ.

(تَشْتَمِلُ) أَي: الرِّسَالَةُ **(عَلَىْ صِفَاتِ الْمَوْلَىْ)**، أَيْ: الثَّاْبِتَةِ لَهُ، وَالسَّاْلِبَةِ عَنْهُ مَاْ لَاْ يَلِيْقُ بِهِ **(وَأَضْدَاْدِهَاْ)** أي: مُنَاْفِيْهَا **(وَمَاْ يَجُوْزُ فِيْ حَقِّهِ تَعَاْلَىْ. وَعَلَىْ مَا يَجِبُ فِيْ حَقِّ الرُّسُلِ، وَمَاْ يَسْتَحِيْلُ فِي حَقِّهِمْ، وَمَاْ يَجُوْزُ)**.

فَالْوَاْجِبُ : هُوَ الَّذِيْ لَا يُمْكِنُ عَدَمُهُ. وَذَلِكَ كَذَاْتِهِ تَعَاْلَىْ، وَالتَّحَيُّزِ لِلْجُرْمِ؛ أَيْ: مُمَانَعَتُهُ عَلَىْ الْقَدْرِ الْمَأْخُوْذِ مِنَ الْفَرَاْغِ؛ أَيْ: مَنْعُكَ الْغَيْرَ مِنْ أَنْ يَحِلَّ فِيْ مَكَاْنِكَ. وَكَاْتِّصَاْفِ الْجُرْمِ بِأَحَدِ الْحَرَكَةِ، وَالسُّكُوْنِ.

---

[1] بدأ بِنَفْسِهِ لِخَبَرِ أَبِي دَاوُد **"كَانَ رَسُولُ اللهِ صَلَّى اللهُ عَلَيْهِ وَسَلَّمَ إِذَا دَعَا بَدَأَ بِنَفْسِهِ."**

"L'impossible (*mustaḥīl*)" : c'est ce dont l'existence est inenvisageable. Comme un associé pour *Allāh*, ou qu'un corps soit dénué simultanément du mouvement et de l'immobilité.

"Le possible (*jā'iz*)" : c'est ce dont l'existence et l'inexistence est envisageable. Comme le châtiment de celui qui n'a pas désobéi à *Allāh* d'un seul clin d'œil ou le fait de caractériser un corps, à un moment spécifique, par le mouvement ou l'immobilité.

﴾ **Je leur ai donc répondu favorablement** ﴿ c.-à-d à ces frères ﴾ **pour effectuer cela** ﴿ c.-à-d. leur écrire un épître. ﴾ **Je dis donc, et c'est *Allāh* qui accorde le succès** ﴿ c.-à-d. qui créer l'obéissance.

﴾ **Il est obligatoire pour tout responsable légalement** (*mukallaf*)[1] ﴿ homme et femme[2], qu'il fasse partie des gens du commun ou non, qu'il soit esclave, serviteur ; cela d'une obligation individuelle, de connaître[3] ce qui Lui incombe, exalté soit-Il, ce qui Lui est impossible et possible.

Allāh, exalté soit-Il, a dit : ﴾ ***Sache qu'il n'y a de divinité qu'Allāh*** ﴿ [S.47/V.19].

---

[1] Parmi les humains et les jinns. Quant aux anges, ils ne sont pas responsables légalement puisque notre Prophète leur a été envoyé par d'une manière anoblissante et non assujettissante selon l'avis le plus fort.

[2] Le responsable légalement parmi les humains est celui qui est pubère et sain d'esprit. Quant aux jinns, ils sont responsables légalement dès leur création.

[3] Il a dit 'connaître' et non 'affirmer' en allusion au fait que dans le domaine des croyances c'est la connaissance qui est demandée.

وَالْمُسْتَحِيْلُ : هُوَ الَّذِيْ لَا يُمْكِنُ وُجُوْدُهُ. كَالشَّرِيْكِ للهِ، وَخُلُوِّ الْجُرْمِ عَنِ الْحَرَكَةِ وَالسُّكُوْنِ مَعًا.

وَالْجَائِزُ: هُوَ الَّذِيْ يُمْكِنُ وُجُوْدُهُ وَعَدَمُهُ. كَتَعْذِيْبِ الْمُطِيْعِ الَّذِيْ لَمْ يَعْصِ اللهَ تَعَالَى طَرْفَةَ عَيْنٍ، وَكَاتِّصَافِ الْجُرْمِ بِعَيْنِ أَحَدِ الْحَرَكَةِ وَالسُّكُوْنِ.

(فَأَجَبْتُهُ) أَيْ: بَعْضُ الْإِخْوَانِ **(إِلَى ذَلِكَ)** أَيْ: كَتْبَ الرِّسَالَةَ **(فَقُلْتُ وَبِاللهِ التَّوْفِيْقِ)** أَيْ: خَلْقُ الطَّاعَةِ.

(يَجِبُ عَلَى كُلِّ مُكَلَّفٍ [1]) مِنْ ذَكَرٍ وَأُنْثَى [2] وَلَوْ مِنَ الْعَوَامِّ، وَالْعَبِيْدِ، وَالْخَدَمِ وُجُوْبًا عَيْنِيًّا أَنْ يَعْرِفَ [3] مَا يَجِبُ فِيْ حَقِّهِ تَعَالَى، وَمَا يَسْتَحِيْلُ، وَمَا يَجُوْزُ.

قَالَ اللهُ تَعَالَى ﴿ **فَاعْلَمْ أَنَّهُ لَا إِلَهَ إِلَّا اللهُ.** ﴾

---

[1] مِنَ الإِنْسِ وَالْجِنِّ. وَ أَمَّا الْمَلَائِكَةُ فَلَيْسوُا بِمُكَلَّفِينَ لِأَنَّ نَبِيَّنَا أُرسِلَ إِلَيْهِمْ إِرْسَالَ تَشْرِيفٍ لَا إِرْسَالَ تَكْلِيفٍ عَلَى الرَّاجِحِ.

[2] الْمُكَلَّفُ مِنَ الإِنْسِ : هُوَ الْبَالِغُ الْعَاقِلُ. وَأَمَّا الْجِنُّ فَمُكَلَّفُونَ مِن حَيْثُ خِلْقَتُهُمْ.

[3] إِنَّمَا قَالَ "يَعْرِفَ" وَلَمْ يَقُلْ "يَجْزِمَ" إِشَارَةً إِلَى أَنَّ الْمَطْلُوبَ فِي عَقَائِدِ الإِيمَانِ الْمَعْرِفَةُ.

"La connaissance (*ma'rifah*)**"** : c'est la perception certaine d'une chose sans qu'elle ne puisse être niée, selon ce qu'elle est réellement[1] et qui est issu d'une preuve[2].

Il est obligatoire législativement et individuellement de connaître les points de croyance à travers des **preuves globales** (*dalīl al-ijmālī*)[3]. Quant au fait de les connaître à travers ses **preuves détaillées** (*dalīl al-tafṣīlī*), c'est une obligation communautaire. Il est obligatoire pour les individus de chaque localité pour qui il est étreignant de les connaître, qu'il y ait parmi eux une personne qui les connaisse à travers des preuves détaillées puisqu'il se peut qu'il y ait des ambiguïtés qui surviennent qu'il devra alors repousser.

"La preuve globale (*dalīl al-ijmālī*)**"** : c'est ce dont on n'est pas capable d'approfondir l'explication afin de clarifier une problématique.

Par exemple, si l'on venait à te dire : **"Quelle est ta preuve concernant l'existence d'*Allāh*, exalté soit-Il ?"** Et que tu répondrais : **"le monde** (*al-'ālam*)**"** sans que tu ne saches sur quoi l'argumentation de cela repose : est-ce sa contingence, son existence ou bien les deux ; ou bien que tu saches ce sur quoi repose l'argumentation, mais que tu ne sois pas en capacité de l'étayer, ceci est considéré comme une **preuve globale** (*dalīl ijmālī*).

---

[1] En disant **'selon ce qu'elle est réellement',** il a nié l'affirmation qui est inexistante. On appelle 'la fausse croyance' par exemple le fait de croire qu'*Allāh* est un corps.

[2] En disant **'issue d'une preuve'** il a nié le suivisme aveugle qui est la conception certaine des croyances selon ce qu'elles sont réellement en suivant la parole d'autrui, mais sans se reposer sur une preuve. On appelle celui caractérisé ainsi 'le suiveur aveugle'.

[3] Les savants ont divergé sur la foi du 'suiveur aveugle'. L'avis retenu est que s'il possède la capacité d'analyse permettant d'atteindre la connaissance, alors c'est un croyant, mais qui pèche. Mais s'il n'a pas cette capacité d'analyse, c'est un croyant qui ne pèche pas.

وَ"**الْمَعْرِفَةُ**": هِيَ: إِدْرَاكٌ جَازِمٌ، بِحَيْثُ لَيْسَ مَعَهُ تَرَدُّدٌ مُوَافِقٌ لِمَا فِيْ الْوَاقِعِ[1]، نَاْشِىءٌ عَنْ دَلِيْلٍ[2] .

وَيَجِبُ شَرْعًا -عَلَىْ مَنْ ذُكِرَ- وُجُوْبًا عَيْنِيًّا، مَعْرِفَةُ كُلِّ عَقِيْدَةٍ **بِدَلِيْلِهَاْ الْإِجْمَاْلِيِّ**[3]. وَأَمَّاْ مَعْرِفَتُهَاْ **بِدَلِيْلِهَاْ التَّفْصِيْلِيِّ**، فَفَرْضُ كِفَايَةٍ. فَيَجِبُ عَلَىْ أَهْلِ كُلِّ نَاْحِيَةٍ، يَشُقُّ الْوُصُوْلُ مِنْهَاْ إِلَىْ غَيْرِهَاْ، أَنْ يَكُوْنَ فِيْهُمْ مَنْ يَعْرِفُهَاْ بِالْدَّلِيْلِ التَّفْصِيْلِيِّ؛ لِأَنَّهُ رُبَّمَاْ طَرَأَتْ فِيْهِمْ شُبْهَةٌ فَيَدْفَعُهَاْ.

وَ"**الدَّلِيْلُ الْإِجْمَاْلِيُّ**": هُوَ: الْمَعْجُوْزُ عَنْ تَفْسِيْرِهِ وَدَفْعِ شُبَهِهِ.

فَإِذَاْ قِيْلَ لَكَ: **مَاْ الدَّلِيْلُ عَلَىْ وُجُوْدِهِ تَعَاْلَىْ؟** فَقُلْتَ: **الْعَاْلَمُ**، وَلَمْ تَعْرِفْ جِهَةَ الدَّلَاْلَةِ، هَلْ هِيَ حُدُوْثُهُ، أَوْ إِمْكَاْنُهُ، أَوْ هُمَا؟ أَوْ عَرِفْتَهَاْ وَلَمْ تَقْدِرْ عَلَىْ فَكِّ الشُّبْهَةِ، فَهُوَ **دَلِيْلٌ إِجْمَاْلِيٌّ**.

---

[1] خَرَجَ بِـ"**مُوَافِقٌ لِمَا فِي الْوَاْقِعِ**" الْجَزْمُ الْغَيْرُ الْمُطَابِقِ لَهُ وَيُسَمَّى الاعْتِقَاد الْفَاسِد كَاعْتِقَادِ أَنَّ اللهَ جِسْمٌ.

[2] خَرَجَ بِـ"**عَنْ دَلِيلٍ**" التَّقْلِيدُ وَهُوَ الْجَزْمُ بِالْعَقَائِدِ الْمُطَابِقُ النَّاشِئُ عَنِ اتِّبَاعِ قَوْلِ الْغَيْرِ مِنْ غَيْرِ اسْتِنَادٍ إِلَى دَلِيلٍ وَيُسَمَّى صَاحِبُهُ مُقَلِّداً.

[3] وَاخْتَلَفَ الْعُلَمَاءُ فِي إِيمَانِ الْمُقَلِّد. وَالْمُعْتَمَدُ أَنَّهُ إِنْ كَانَتْ لَهُ قُدْرَةٌ عَلَى النَّظَرِ الْمُوصِلِ إِلَى الْمَعْرِفَةِ كَانَ مُؤْمِنًا عَاصِيًا فَقَطْ. وَإِنْ لَمْ يَكُنْ لَهُ قُدْرَةٌ عَلَى النَّظَرِ كَانَ مُؤْمِنًا غَيْرَ عَاصٍ.

Mais si tu sais ce sur quoi repose l'argumentation et que tu es capable de répondre en détail à la problématique, c'est alors une **preuve détaillée** (*dalīl tafṣīlī*). Comme dans le cas où l'on te dit : "Quelle est la preuve de l'existence d'*Allāh*, exalté soit-Il ?" et que tu répondes : "le monde" tout en ayant la capacité d'expliquer en détail le raisonnement qui se trouve derrière afin de répondre de manière explicite à la problématique.

La connaissance des croyances via un **dévoilement spirituel** (*kashf*)[1] tient lieu de connaissance à travers une preuve.

Sache qu'il est **obligatoire légalement** (*sharʿan*) pour toute personne responsable de connaître tout ce qui est **obligatoire** (*wājib*), **impossible** (*mustaḥīl*) et **possible** (*jā'iz*) pour Lui, exalté soit-Il. Ce dont les preuves rationnelles (*ʿaqliyyah*) et textuelles (*naqliyyah*), de manière globalisante, établissent c'est qu'il est nécessaire de Lui attribuer, exalté soit-Il, toutes les perfections (*kamālāt*) et qu'il est nécessaire qu'Il soit exempt de tous les défauts (*naqā'iṣ*) ; se doit d'être connu de manière globale. Il nous est ainsi impératif de croire que les perfections qu'Il possède sont indéterminées puisqu'*Allāh* dit : ﴿ ***alors qu'eux-mêmes ne Le cernent pas de leur science*** ﴾ [S.20/V.110]

Ce dont les preuves rationnelles et textuelles ont établi de manière détaillée, il est obligatoire de les connaître de manière détaillée : ce sont vingt attributs[2] ainsi que leur contraire.

---

[1] Le gnostique et érudit *Sīdī Muḥammad al-ʿArabī b. al-Sā'iḥ* a dit dans son livre « *Bughyah al-Mustafīd* » (1/57) : « Le dévoilement c'est une lumière qui se manifeste dans le cœur par effet de la purification de l'égo ; illumination qui permet d'élucider les significations abrégées. Ainsi, celui qui la détient, obtient la connaissance en Allāh, exalté soit-Il, la connaissance de Ses Noms, Ses Attributs, Ses Livres, Ses Messagers, et ainsi les voiles des secrets cachés se lèvent pour lui. »

[2] Un (1) intrinsèque, cinq (5) exonératifs, sept (7) entitatifs et sept (7) qualitatifs.

وَأَمَّاْ إِذَاْ عَرِفْتَ جِهَةَ الدَّلَاْلَةِ وَقَدِرْتَ عَلَىْ رَدِّ الشُّبْهَةِ فَهُوَ **دَلِيْلٌ تَفْصِيْلِيٌّ**، كَمَاْ إِذَاْ قِيلَ لَكَ: مَاْ الدَّلِيْلُ عَلَىْ وُجُوْدِهِ تَعَاْلَىْ؟ فَقُلْتَ: الْعَاْلَمُ، وقَدِرْتَ عَلَىْ تَصْوِيْرِ هَذَاْ الدَّلِيْلِ، وَعَرِفْتَ جِهَةَ الدَّلَاْلَةِ فِيْهِ، وَقَدِرْتَ عَلَىْ فَكِّ شُبَهِهِ.

وَيَقُوْمُ مَقَاْمَ مَعْرِفَتهُ الْعَقَاْئِدَ بِالدَّلِيْلِ، مَعْرِفَتُهَاْ **بِالْكَشْفِ**[1].

اِعْلَمْ أَنَّهُ "**يَجِبُ شَرْعًا**" عَلَىْ كُلِّ مُكَلَّفٍ أَنْ يَعْرِفَ جَمِيْعَ مَاْ **يَجِبُ** فِيْ حَقِّهِ تَعَاْلَىْ، وَجَمِيْعَ مَاْ **يَسْتَحِيْلُ** عَلَيْهِ تَعَاْلَىْ، وَجَمِيْعَ مَاْ **يَجُوْزُ** فِيْ حَقِّهِ تَعَاْلَىْ. فَمَاْ قَاْمَتْ الْأَدِلَّةُ الْعَقْلِيَّةُ، أَوْ النَّقْلِيَّةُ عَلَيْهِ إِجْمَاْلًا -وَهُوَ وُجُوْبُ اِتِّصَاْفِهِ تَعَاْلَىْ بِسَاْئِرِ الْكَمَاْلَاْت، وَوُجُوْبُ تَنَزُّهِهِ عَنْ سَاْئِرِ النَّقَاْئِصِ- وَجَبَتْ مَعْرِفَتُهُ إِجْمَاْلًا. فَيَجِبُ عَلَيْنَاْ أَنْ نَعْتَقِدَ أَنَّ لَهُ تَعَاْلَىْ كَمَاْلَاْتٍ لَاْ نِهَاْيَةَ لَهَاْ مِنْ جِهَةِ الْعَدَدِ فِيْ نَفْسِ الْأَمْرِ. قَاْلَ اللهُ تَعَاْلَىْ: ﴿ **وَلَاْ يُحِيْطُوْنَ بِهِ عِلْمًا** ﴾.

وَمَاْ قَاْمَتْ الْأَدِلَّةُ الْعَقْلِيَّةُ أَوْ النَّقْلِيَّةُ عَلَيْهِ تَفْصِيْلًا تَجِبُ مَعْرِفَتُهُ تَفْصِيْلًا، وَهُوَ الْعُشْرُوْنَ صِفَةً[2] وَأَضْدَاْدُهَاْ.

---

[1] قَالَ الْعَارِفُ بِاللهِ الْعَلَّامَة سَيِّدِي مُحَمَّد الْعَرَبِي بن السَّائِح فِي كِتَابِهِ "بُغْيَةُ الْمُسْتَفِيدِ" (57/1) : "الْمُكَاشَفَةُ هُوَ نُورٌ يَظْهَرُ فِي الْقَلْبِ عِنْدَ تَزْكِيَةِ النَّفْسِ فَتَظْهَرَ بِهِ الْمَعَانِي الْمُجْمَلَةُ فَتَحْصُلُ لِصَحِبِهِ الْمَعْرِفَةُ بِاللهِ تعَالَى وَبِأَسْمَائِهِ وَصِفَاتِهِ وَكُتُبِهِ وَرُسُلِهِ. وَ تَنْكَشِفُ لَهُ الأَسْتَارُ عَنْ مُخَبَّآتِ الأَسْرَارِ."

[2] وَاحِدَةٌ نَفْسِيَّةٌ وَخَمسٌ سَلْبِيَّةٌ وَسَبْعٌ مَعَانٍ وَسَبْعٌ مَعْنَوِيَّةٌ.

[L'attribut intrinsèque (*nafsiyyah*)]

﴾ **Il est obligatoire Le concernant, exalté soit-Il : l'Existence** (*wujūd*) ﴿ essentielle dont l'inexistence est inenvisageable à aucun moment temporel : c'est l'attribut intrinsèque (*nafsiyyah*) c.-à-d. que son affirmation renvoie automatiquement, pour Celui qui est caractérisé par cet attribut, à l'essence (*dhāt*) en elle-même sans qu'il n'y ait d'autre sens à ce terme possible[1].

Il suffit au responsable légalement de savoir qu'Il, exalté soit-Il, est existant, et ce, de manière nécessaire. Il ne lui est pas nécessaire de savoir si Son existence, exalté soit-Il, est Son essence en elle-même ou un élément autre que Son Essence (*dhāt*) cela fait partie des arcanes de la science scolastique.

﴾ **Son contraire est l'inexistence** (*'adam*) **et la preuve de cela** ﴿ c.-à-d. l'existence d'*Allāh*, exalté soit-Il, ﴾ **c'est l'existence des créatures** ﴿ et l'argument se construit ainsi : la manière dont est agencée **le monde**[2], du Trône jusqu'à la terre, est **contingent** (*ḥādith*) c.-à-d. ayant existé après ne pas l'avoir été. Et toute chose contingente possède un créateur dont l'existence est obligatoire donc le monde possède un Créateur.

Le fait que le créateur soit *Allāh*, exalté soit-Il, repose sur la preuve de l'Unicité et lorsqu'on établit qu'il est nécessaire pour Lui d'être existant, son contraire devient impossible pour Lui.

---

[1] L'existence d'*Allāh* n'est pas semblable a celle des éléments entrés en existence puisque l'existence d'*Allāh* est essentielle c.-à-.d qui ne résulte pas de quelque chose ou qui fait suite à quelque chose.

[2] **'Le monde'** : c'est tout ce qui est autre qu'*Allāh*.

[الصِّفَةُ النَّفسِيَّةُ]

(**فَيَجِبُ فِيْ حَقِّهِ تَعَالَىٰ: الْوُجُوْدُ**) الذَّاتِيُّ الَّذِيْ لَا يَقْبَلُ الْعَدَمَ أَزَلًا وَلَا أَبَدًا، وَهُوَ صِفَةٌ نَفسِيَّةٌ؛ أَيْ: ثُبُوْتِيَّةٌ، يَدُلُّ الْوَصْفُ بِهَا عَلَىٰ نَفْسِ الذَّاتِ دُوْنَ مَعْنًى زَائِدٍ عَلَيْهِ[1].

وَيَكْفِيْ الْمُكَلَّفَ أَنْ يَعْرِفَ أَنَّهُ تَعَالَىٰ مَوْجُوْدٌ وُجُوْدًا وَاجِبًا، وَلَا يَجِبُ عَلَيْهِ أَنْ يَعْرِفَ أَنَّ وُجُوْدَهُ تَعَالَىٰ عَيْنُ ذَاتِهِ أَوْ غَيْرُ ذَاتِهِ؛ لِأَنَّ ذَلِكَ مِنْ غَوَامِضِ عِلْمِ الْكَلَامِ.

(**وَضِدُّهُ: الْعَدَمُ، وَالدَّلِيْلُ عَلَىٰ ذَلِكَ**)؛ **أَيْ**: وُجُوْدُ اللهِ تَعَالَىٰ، (**وُجُوْدُ هَذِهِ الْمَخْلُوْقَاتِ**). وَكَيْفِيَّةُ تَرْتِيْبِ إِقَامَةِ الدَّلِيْلِ عَلَىٰ وُجُوْبِ وُجُوْدِهِ تَعَالَىٰ، أَنْ تَقُوْلَ: **الْعَالَمُ**[2] مِنَ الْعَرْشِ إِلَىٰ الْفَرْشِ **حَادِثٌ**؛ أَيْ: مَوْجُوْدٌ بَعْدَ عَدَمٍ، وَكُلُّ حَادِثٍ لَهُ صَانِعٌ وَاجِبُ الْوُجُوْدِ، فَالْعَالَمُ لَهُ صَانِعٌ.

ثُمَّ كَوْنُ الصَّانِعِ هُوَ اللهُ تَعَالَىٰ مُسْتَفَادٌ مِنْ دَلِيْلِ الْوَحْدَانِيَّةِ، وَحَيْثُ وَجَبَ لَهُ تَعَالَىٰ الْوُجُوْدُ، اِسْتَحَالَ عَلَيْهِ ضِدُّهُ.

---

[1] وَوُجُودُ اللهِ لَيْسَ كَوُجُودِ الحَوَادِثِ الأَنَّ وُجُودَ اللهِ ذَتِيٌّ لَهُ أَيْ لَيْسَ بِتَأْثِرِ مُؤَثِّرٍ وَفِعْلِ فَاعِلٍ.

[2] **الْعَالَمُ** : كُلُّ مَا سِوَى اللهِ.

[**Les attributs exonératifs** (*salbiyyah*)]

[**1- La Prééternité** (*al-qidam*)]

﴿ **Il est obligatoire, Le concernant, exalté soit-Il, la Prééternité** (*al-qidam*)**. Sa signification est qu'Il, exalté soit-Il, ne possède pas de début** ﴾ c.-à-d. que Son existence, exalté soit-Il, n'a pas été précédé par l'inexistence.

﴿ **Son contraire est la contingence** (*al-ḥudūth*) ﴾ c.-à-d. l'existence après l'inexistence.

﴿ **La preuve de ceci** ﴾ c.-à-d. que l'établissement de l'argument de l'obligation de la Prééternité (*al-qidam*) Le concernant, exalté soit-Il, se fait en disant : S'Il n'était pas Prééternel, Il serait contingent (*ḥādith*), puisqu'il n'y a pas d'intermédiaire entre les deux états ; mais le fait qu'Il soit contingent est impossible puisque ﴿ **s'Il était contingent, Il aurait eu besoin d'un existenciateur** (*muḥdith*) ﴾ puisque tout élément contingent nécessite forcément un existenciateur. Et s'Il s'était rendu existant par Lui-même, deux caractéristiques contraires se seraient réunies qui sont : l'équivalence (*musāwāh*) et la primauté (*rujḥān*)[1].

---

[1] La création avant d'exister était inexistante, elle nécessite donc un Créateur qui a choisi de la faire exister et de l'extraire de la non-existence. Ce principe est appelé par les savants théologiens : « **L'impossibilité qu'il y ait une prévalence sans quelqu'un qui mette en œuvre cette prévalence.** » C'est le fait que les deux choses sont équiprobables et qu'il est impossible qu'une prenne le dessus sur l'autre sans qu'il n'y ait quelqu'un qui fasse primer l'un sur l'autre. Par exemple : les deux plateaux d'une balance, quand ils sont vides, sont au même niveau, et aucun ne penche d'un côté sans qu'un élément ne soit posé dessus.

[الصِفَاتُ السَّلْبِيَّةُ]

[الْأُوْلَى: الْقِدَمُ]

(**وَيَجِبُ فِيْ حَقِّهِ تعَالَىٰ: الْقِدَمُ، وَمَعْنَاهُ: أَنَّهُ تَعَالَىٰ لاَ أَوَّلَ لَهُ**)؛ أَيْ: لَمْ يَسْبِقْ وُجُوْدُهُ تعَالَىٰ عَدَمٌ.

(**وَضِدُّهُ: الْحُدُوْثُ**)؛ أَيْ: الْوُجُوْدُ بَعْدَ عَدَمٍ.

(**وَالدَّلِيْلُ عَلَىٰ ذَلِكَ**)؛ أَيْ: وَكَيْفِيَّةُ إِقَامَةِ الدَّلِيْلِ عَلَىٰ وُجُوْبِ الْقِدَمِ لَهُ تَعَالَىٰ أَنْ تَقُوْلَ: لَوْ لَمْ يَكُنْ قَدِيْمًا لَكَانَ حَادِثًا. إِذْ لاَ وَاسِطَةَ بَيْنَهُمَا، لَكِنَّ كَوْنَهُ حَادِثًا مُحَالٌ. (**أَنَّهُ لَوْ كَانَ حَادِثًا لاحْتَاجَ إِلَىٰ مُحْدِثٍ**) لِأَنَّ كُلَّ حَادِثٍ لاَ بُدَّ لَهُ مِنْ مُحْدِثٍ، وَلَوْ حَدَثَ بِنَفْسِهِ لَزِمَ اِجْتِمَاعُ النَّقِيْضَيْنِ، وَهُمَا الْمُسَاوَاةُ وَالرُّجحَانُ[1].

---

[1] الْمَخْلُوقُ قَبْلَ أَنْ يُوجَدَ كَانَ عَدَمًا فَلَا بُدَّ أَنْ يَكُونَ لَهُ خَالِقٌ اخْتَارَ وُجُودَهُ عَلَى اسْتِمْرَارِيَةِ عَدَمِهِ. وَهَذَا مَا يُسَمِّيهِ عُلَمَاءُ الْكَلَامِ : **اسْتِحَالَةُ الرُّجْحَانِ بِدُونِ مُرَجِّحٍ** : وَهُوَ أَنَّ الشَّيْئَيْنِ الْمَتَسَاوِيَيْنِ يَسْتَحِيلُ أَنْ يُرَجَّحَ أَحَدُهُمَا عَلَى الآخَرِ بِلَا مُرَجِّحٍ. مَثَلاً : كَفَّتَا الْمِيزَانُ وَهُمَا فَارِغَتَانِ تَكُونَانَ فِي مُسْتَوٍ وَاحِدٍ وَلَا تُرَجَّحُ أَحَدُ الْكَفَّتَيْنِ إِلَّا إِذَا وُضِعَ فِيهَا شَيْءٌ.

﴾ **Mais,** ﴿ cependant, ﴾ **cela** ﴿ c.-à-d. Sa nécessité d'un existenciateur (*muḥdith*) ﴾ **est impossible** ﴿ puisque s'Il avait besoin d'un existenciateur, ce dernier aurait lui-même besoin d'un existenciateur, et cela impliquerait une régression infinie (*tasalsul*)[1] et un cercle infini (*dawr*)[2] et ces deux choses sont impossibles et ne peuvent donc exister[3].

Et lorsque la Prééternité (*al-qidam*) Lui est obligatoire, exalté soit-Il, son contraire devient impossible pour Lui.

---

[1] **'Regression infinie** (*tasalsul*)' : 'l'enchaînement d'une chose après une autre sans qu'il n'y ait de fin.' Comme si on disait qu'il était obligatoire que *Zayd* ait créé *ʿAmr* et que *ʿAmr* ait crée *Khālid* et que *Khālid* ait crée *Bakr* et ainsi de suite sans qu'il n'y ait de fin dans le processus.

[2] **'Cercle infini** (*dawr*)' : 'le fait qu'une chose dépende d'une autre qui doit elle-même dépendre de la première.' Comme si on disait qu'il était obligatoire que *Zayd* ait créé *ʿAmr,* mais qu'en même temps que *ʿAmr* ait crée *Zayd.* Les deux choses dépendent l'une de l'autre qui sont *Zayd* et *ʿAmr* puisqu'ils se sont mutuellement créés.

[3] La 'régression infinie (*tasalsul*)' est impossible, car elle implique l'existence d'éléments contingents qui n'ont pas de début et cela est faux : en effet, tout élément contingent possède un début à son existence.

Le 'cercle infini (*dawr*)' est impossible, car il implique que les deux éléments contingents existent avant l'autre et également après l'autre et ceci est la réunion de deux contraires. Voir même, cela implique que chaque élément se précède lui-même et qu'il survienne après lui-même et ceci est quelque chose d'inconcevable.

(وَ) لَكِنْ (**هُوَ**)؛ أَيْ: اِحْتِيَاْجُهُ تَعَاْلَىْ إِلَىْ مُحْدِثٍ (**مُحَاْلٌ**)، إِذْ لَو اِحْتَاْجَ إِلَىْ مُحْدِثٍ لَاحْتَاْجَ مُحْدِثُهُ إِلَىْ مُحْدِثٍ أَيْضًا، فَلَزِمَ الدَّوْرُ[1] أَوْ التَّسَلْسُلُ[2]، وَهُمَا مُحَاْلَاْنِ[3]؛ أَيْ: لَاْ يُمْكِنُ وُجُوْدُهُمَاْ.

وَحَيْثُ وَجَبَ لَهُ تَعَاْلَىْ الْقِدَمُ اِسْتَحَاْلَ عَلَيْهِ ضِدُّهُ.

---

[1] **التَّسَلْسُلُ** : هُوَ تَتَابُعُ الأَشْيَاءِ وَاحِدٍ بَعْدَ وَاحِدٍ إِلَى مَا لَا نِهَايَةَ لَهُ. كَمَا لَوْ فُرِضَ أَنَّ زَيْدٌ أَحْدَثَهُ عَمْرٌو وَأَنَّ عَمْرٌو أَحْدَثَهُ خَالِدٌ وَأَنَّ خَالِدٌ أَحْدَثَهُ بَكْرٌ وَهَكَذَا إِلَى مَا لَا نِهَايَةَ لَهُ.

[2] **الدَّوْرُ** : هُوَ تَوَقُّفُ كُلِّ وَاحِدٍ مِنَ الشَّيْئَيْنِ عَلَى الآخَرِ كَمَا لَوْ فُرِضَ أَنَّ زَيْداً أَحْدَثَ عَمْراً وَأَنَّ عَمْراً أَحْدَثَ زَيْداً. فَقَدْ تَوَقَّفَ كُلٌّ مِنَ الشَّيْئَيْنِ وَهُمَا زَيْدٌ وَعَمْرٌو عَلَى الآخَرِ لِكَوْنِ كُلٍّ مِنْهُمَا أَحْدَثَ الآخَرَ.

[3] وَإِنَّمَا كَانَ التَّسَلْسُلُ مُحَالًا لِأَنَّهُ يَلْزَمُ عَلَيْهِ وُجُودُ حَوَادِثَ لَا أَوَّلَ لَهَا وَهُوَ بَاطِلٌ لِأَنَّ كُلَّ حَادِثٍ لِوُجُودِهِ أَوَّلَ.

وَإِنَّمَا كَانَ الدَّوْرُ مُحَالًا لِأَنَّهُ يَلْزَمُ تَقَدُّمُ كُلٍّ مِنَ الْمُحْدَثَيْنِ عَلَى الآخَرِ وَتَأَخُّرُهُ عَنْهُ وَذَلِكَ جَمْعٌ بَيْنَ مُتَنَافِيَيْنِ. بَلْ وَيَلْزَمُ عَلَيْهِ أَيْضًا تَقَدُّمُ كُلِّ وَاحِدٍ مِنْهُمَا عَلَى نَفْسِهِ وَتَأَخُّرُهُ عَنْهَا وَذَلِكَ لَا يُعْقَلُ.

[2- La Permanence (*al-baqā'*)]

﴾ **Il est nécessaire, Le concernant, exalté soit-Il, la Permanence** (*al-baqā'*)**. Cela signifie qu'Il, exalté soit-Il n'a pas de fin** ﴿ c.-à-d. que Son existence ne connaîtra pas l'inexistence[1].

﴾ **Son contraire est l'extinction** (*al-fanā'*)**.** ﴿

﴾ **La preuve de cela est que s'il** ﴿ n'était pas obligatoire pour Lui d'être Permanent (*al-baqā'*), il serait possible pour Lui de s'éteindre, mais l'extinction pour lui est impossible. En effet, s'Il venait ﴾ **à S'éteindre,** ﴿ cela voudrait dire que Son existence est un attribut possible, mais il est impossible que Son existence soit seulement possible !

Ceci puisque si Son existence était simplement possible, ﴾ **Il serait alors contingent** (*ḥādith*) ﴿ tandis ﴾ **que cela** ﴿ c.-à-d. Sa contingence ﴾ **est impossible** ,﴿ car s'Il était contingent, cela nierait sa Prééternelité. Or, l'on sait que nier Sa Prééternité (*al-qidam*) est impossible, car nous avons prouvé précédemment qu'Il est obligatoire pour Lui, exalté soit-Il, d'être Prééternel.

Et lorsque la Permanence (*al-baqā'*) Lui est obligatoire, exalté soit-Il, son contraire devient impossible pour Lui.

---

[1] *Allāh*, exalté soit-Il, a dit : ﴾ ***Il est le Premier et le Dernier*** ﴿ [S.57/V.3] C.-à-d. qu'*Allāh* est le Premier avant toute chose sans début et qu'Il est le dernier après toute chose sans fin. « ***Le Premier*** » renvoie à la Préeternité et « ***le Dernier*** » à la Permanence.

[الثَّانِيَةُ: الْبَقَاءُ]

(وَيَجِبُ فِيْ حَقِّهِ تَعَالَىٰ: الْبَقَاءُ. وَمَعْنَاهُ: أَنَّهُ تَعَالَىٰ لَا آخِرَ لَهُ)؛ أَيْ: لَا يَلْحَقُ وُجُوْدَهُ عَدَمٌ[1].

(وَضِدُّهُ الْفَنَاءُ.)

(وَالدَّلِيْلُ عَلَىٰ ذَلِكَ: أَنَّهُ لَوْ) لَمْ يَجِبْ لَهُ الْبَقَاءُ لَأَمْكَنَ أَنْ يَكُوْنَ فَانِيًا، لَكِنَّ إِمْكَانَ الْفَنَاءِ لَهُ مُحَالٌ!

إِذْ لَوْ **(كَانَ فَانِيًا)** لَكَانَ جَائِزَ الْوُجُوْدِ، لَكِنَّ كَوْنَهُ جَائِزَ الْوُجُوْدِ مُحَالٌ، إِذْ لَوْ كَانَ جَائِزَ الْوُجُوْدِ **(لَكَانَ حَادِثًا)** لَكِنْ **(وَهُوَ)**؛ أَيْ: كَوْنُهُ حَادِثًا **(مُحَالٌ)**، إِذْ لَوْ كَانَ حَادِثًا لَانْتَفَىٰ عَنْهُ الْقِدَمُ، لَكِنَّ انْتِفَاءَ الْقِدَمِ عَنْهُ مُحَالٌ؛ لِأَنَّهُ قَدْ قَامَ الدَّلِيْلُ عَلَىٰ وُجُوْبِ الْقِدَمِ لَهُ تَعَالَىٰ.

وَحَيْثُ وَجَبَ الْبَقَاءُ لَهُ تَعَالَىٰ اِسْتَحَالَ عَلَيْهِ ضِدُّهُ.

---

[1] قَالَ تَعَالَىٰ: ﴿ **هُوَ ٱلْأَوَّلُ وَٱلْآخِرُ** ﴾ أَيْ اللهُ الأَوَّلُ قَبْلَ كُلِّ شَيْءٍ بِلَا بِدَايَةٍ وَالآخِرُ بَعْدَ كُلِّ شَيْءٍ بِلَا نِهَايَةٍ. فَالأَوَّلُ يَدُلُّ عَلَى الْقِدَمِ وَالآخِرُ يَدُلُّ عَلَى الْبَقَاءِ.

[3- Sa dissemblance avec les éléments contingents]
(*al-mukhālafah lil-ḥawādith*)

﴾ **Il est nécessaire, Le concernant, exalté soit-Il, d'être distinct des êtres contingents.** ﴿ La distinction avec les créatures exprime : **l'exemption du corps** (*jirm*), de **l'accident** (*ʿaraḍ*), de la **totalité** (*kuliyyah*), de la **partition** (*juz'iyyah*) et de leurs implications. L'implication du corps entraîne le fait de prendre de l'espace, le fait d'être un accident entraîne le fait d'avoir besoin de quelque chose d'autre pour exister, le fait d'être un tout entraîne la grandeur physique, le fait d'être une partition entraîne la petitesse physique, ainsi de suite.

﴾ **Sa signification** ﴿ c.-à-d. la distinction de ce que l'on a mentionné ﴾ **c'est qu'Il, exalté soit-Il, ne ressemble en rien aux éléments contingents.** ﴿ Ainsi, si Satan s'approche de toi en te faisant poser la question suivante dans ton esprit : 's'Il n'est pas un corps, ni un accident, ni un tout ni une partition, alors quelle est Sa réalité ?' Répond donc en réponse à cela : "Personne ne connaît *Allāh*, sauf *Allāh* : ﴾ ***Il n'y a rien qui Lui ressemble, et Il est l'Audiant, le Voyant*** ﴿ [S.42/V.11]." Il, exalté soit-Il, n'est donc pas un corps que l'on pourrait s'imaginer ou une substance limitée et ayant une mesure spécifique.

﴾ **Il n'a donc pas de main** (*yad*), **d'œil** (*ʿayn*), **d'oreille** (*udhun*) **ou autre chose que cela parmi les attributs des contingents,** ﴿ car Il ne ressemble pas aux corps ni en termes de délimitation ni en termes de subdivision, de substanciation, d'accidentions. Plutôt, Il ne ressemble à aucune chose existante et aucune chose existante ne Lui ressemble. Il ne peut être ramené à un volume ni à une dimension, ni être délimité par des côtés, ni être confiné dans les terres ou les cieux.

[الثَّالِثَةُ: الْمُخَالَفَةُ لِلْحَوادِثِ]

(**وَيَجِبُ فِيْ حَقِّهِ تَعَالَىْ: الْمُخَالَفَةُ لِلْحَوادِثِ**)، فَالْمُخَالَفَةُ لِلْمَخْلُوْقَاتِ عِبَارَةٌ عَنْ: **سَلْبِ الجِرْمِيَّةِ، وَالْعَرَضِيَّةِ، وَالكُلِّيَّةِ، وَالجُزْئِيَّةِ، وَلَوَازِمِهَا** عَنْهُ تَعَالَىْ. فَلَاْزِمُ الجُرْمِيَّةِ: التَّحَيُّزُ، وَلَاْزِمُ الْعَرَضِيَّةِ: الْقِيَاْمُ بِالْغَيْرِ، وَلَاْزِمُ الْكُلِّيَّةِ: الْكِبَرُ، وَلَاْزِمُ الجُزْئِيَّةِ: الصِّغَرُ، إِلَىْ غَيْرِ ذَلِكَ.

(**وَمَعْنَاْهُ**)؛ أَيْ: الْمُخَالَفَةُ لِمَاْ ذُكِرَ، (**أَنَّهُ تَعَالَىْ: لَيس مُمَاْثِلًا لِلْحَواْدِثِ**)، فَإِذَاْ أَلْقَىْ الشَّيْطَاْنُ فِيْ ذِهْنِكَ أَنَّهُ تَعَاْلَىْ إِذَاْ لَمْ يَكُنْ جُرْمًا، وَلَاْ عَرَضًا، وَلَاْ كُلًّا، وَلَاْ جُزْأً، فَمَاْ حَقِيْقَتُهُ! فَقُلْ فِيْ رَدِّ ذَلِكَ: لَاْ يَعْلَمُ اللهَ إِلَّاْ اللهَ، ﴿**لَيْسَ كَمِثْلِهِ شَيْءٌ وَهُوَ السَّمِيْعُ الْبَصِيْرُ**﴾ فَهُوَ تَعَاْلَىْ لَيْسَ بِجِسْمٍ مُصَوَّرٍ، وَلَاْ بِجَوْهَرٍ مَحْدُوْدٍ مُقَدَّرٍ.

(**فَلَيْسَ لَهُ يَدٌ، وَلَاْ عَيْنٌ، وَلَاْ أُذُنٌ، وَلَاْ غَيْرُ ذَلِكَ مِنْ صِفَاْتِ الْحَوَاْدِثِ**) لِأَنَّهُ لَاْ يُمَاْثِلُ الْأَجْسَاْمَ لَاْ فِيْ التَّقْدِيْرِ وَلَاْ فِيْ قُبُوْلِ الانْقِسَاْمِ. وَلَاْ تَحُلُّهُ الجَوَاْهِرُ، وَلَيْسَ بِعَرَضٍ، وَلَاْ تَحُلُّهُ الْأَعْرَاْضُ. بَلْ لَاْ يُمَاْثِلُ مَوْجُوْدًا، وَلَاْ يُمَاْثِلُهُ مَوْجُوْدٌ، وَلَاْ يَحُدُّهُ الْمِقْدَاْرُ، وَلَاْ تَحْوِيْهِ الْأَقْطَاْرُ، وَلَاْ تُحِيْطُ بِهِ الجِهَاْتُ، وَلَاْ تَكْتَنِفُهُ الْأَرْضُوْنَ وَالسَّمَاْوَاْتُ.

﴿ ***Élevé aux degrés*** ﴾ [S.40/V.15] les plus hauts et pourtant, Il est en même temps plus proche du serviteur que sa propre veine jugulaire. ﴿ ***Et Il est sur toute chose témoin*** ﴾ [S.85/V.9] sans que Son rapprochement ne soit celui des corps, Il est exempt du fait d'être situé dans un endroit tout comme Il est pur d'être limité temporellement : Il était avant que ne soit créé le temps et l'espace et Il est maintenant tel qu'Il a toujours été auparavant[1].

﴿ **Son contraire est la ressemblance.** ﴾

﴿ **La preuve de cela** ﴾ c.-à-d. qu'Il est distinct des créatures c'est que s' ﴿ **Il** ﴾ c.-à-d. *Allāh* n'était pas différent des créatures, Il leur ressemblerait, mais Sa ressemblance avec eux est invalide puisque ﴿ **s'Il était ressemblant aux éléments contingents, Il serait contingent** ﴾ lui-aussi, puisque tout ce qu'on établit pour un de deux éléments s'applique également pour l'autre. ﴿ **Ceci** ﴾ dit ﴿ **cela** ﴾ c.-à-d. le fait qu'Il soit contingent ﴿ **est impossible** ﴾ puisqu'il a été explicité que la Prééternité lui était nécessaire, exalté soit-Il, et que donc qu'Il ne pouvait pas être contingent.

---

[1] Lorsqu'on rencontre dans la parole d'*Allāh* ou celle de Son Messager ce qui pourrait donner l'illusion d'une ressemblance, nous ne devons pas croire en son sens apparent selon le consensus des savants qui optent pour leur interprétation, c.-à-d. les détourner de leur sens apparent qui peut laisser entendre la similitude entre *Allāh* et Sa création. C'est ce qu'a affirmé le *Ḥāfiẓ Ibn Kathīr* lors de l'exégèse de Sa parole : ﴿ **Puis, Il s'est *Istawā* sur le Trône** ﴾ [S.7/V.45] en disant : **« Le sens apparent qui survient dans l'imaginaire des assimilateurs est nié pour *Allāh* puisqu'*Allāh* ne ressemble aucunement à Sa création. »** (6/319).

﴿ **رَفِيْعُ الدَّرَجَاْتِ** ﴾ عَلَىْ كُلِّ شَيْءٍ، وَمَعْ ذَلِكَ هُوَ أَقْرَبُ إِلَىْ الْعَبْدِ مِنْ حَبْلِ الْوَرِيْدِ، ﴿ **وَهُوَ عَلَىْ كُلِّ شَيْءٍ شَهِيْدٌ** ﴾، لَاْ يُمَاْثِلُ قُرْبُهُ قُرْبَ الْأَجْسَاْمِ، تَعَاْلَىْ عَنْ أَنْ يَحْوِيَهُ مَكَاْنٌ، كَمَاْ تَقَدَّسَ عَنْ أَنْ يَحُدَّهُ زَمَاْنٌ، كَاْنَ قَبْلَ أَنْ يُخْلَقَ الزَّمَاْنُ وَالْمَكَاْنُ، وَهُوَ الآنَ عَلَىْ مَاْ عَلَيْهِ كَاْنَ[1].

(وَضِدُّهَاْ الْمُمَاْثَلَةُ).

(وَالدَّلِيْلُ عَلَىْ ذَلِكَ)؛ أَيْ: مُخَاْلَفَتُهُ تَعَاْلَىْ لِلْمَخْلُوْقَاْتِ، **(أَنَّهُ)**؛ أَيْ: اللهُ لَوْ لَمْ يَكُنْ مُخَاْلِفًا لِلْمَخْلُوْقَاْتِ لَكَاْنَ مُمَاْثِلًا لَهَاْ، لَكِنَّ مُمَاْثَلَتَهُ بَاْطِلَةٌ، إِذْ **(لَوْ كَاْنَ مُمَاْثِلًا لِلْحَوَاْدِثِ لَكَاْنَ حَاْدِثًا)** مِثْلَهَاْ؛ لِأَنَّ جَمِيْعَ مَاْ ثَبَتَ لِأَحَدِ الْمِثْلَيْنِ يَثْبُتُ لِلْآخَرِ، **(وَ)** لَكِنْ، **(هُوَ)**؛ أَيْ: كَوْنُهُ حَاْدِثًا **(مُحَاْلٌ)**، لِأَنَّهُ قَدْ قَاْمَ الدَّلِيْلُ عَلَىْ وُجُوْبِ الْقِدَمِ لَهُ تَعَاْلَىْ.

---

[1] فَإِذَا وَجَدْتَ فِي كَلَامِ اللهِ أَوْ كَلَامِ رَسُولِهِ مَا يُوهِمُ الْمُمَاثَلَةَ فَلَا تَعْتَقِدْ ظَاهِرَهُ لِإِجْمَاعِ الْعُلَمَاءِ عَلَى تَأْوِيلِهِ أَيْ صَرْفِهِ عَنْ ظَاهِرِهِ يَعْنِي صَرْفِهِ عَنِ الظَاهِرِ الْمُؤدي لِتَشْبِيهِ اللهِ بِخَلْقِهِ. وَهَذَا مَا عنَاهُ الْحَافِظ ابن كَثِير فِي تَفْسِير قَوْلِهِ ﴿ **ثُمَّ اسْتَوَى عَلَى الْعَرْشِ** ﴾ فَقَالَ "**وَالظَّاهِرُ الْمتبادِرُ إِلَى أذهان المشبِّهن منفيٌّ عن الله فإنَّ الله لا يشبهُهُ شيء مِن خَلْقِهِ.**"

Lorsqu'on établit pour Lui la différence avec les éléments contingents, son contraire Lui devient impossible.

L'aspect de similitude se fait sous dix aspects :

1. Le fait qu'*Allāh* soit un **élément** (*jirm*) : qu'il soit **composé** auquel cas on l'appelle **"corps** (*jism*)**"** ou au contraire s'il n'est pas composé, on l'appelle alors "**substance unique** (*jawhar fard*)".
2. Ou qu'Il soit un **"accident** (*ʿaraḍ*)**"** qui subsiste grâce à un corps (*jirm*).
3. Ou qu'Il soit dans la **"direction** (*jihah*)**"** d'un corps. Il n'est donc pas au-dessus du Trône, ni en dessous, ni à sa droite ou autre direction.
4. Ou qu'Il, exalté soit-Il, ait une "**direction** (*jihah*)", il n'a donc pas de dessus, de dessous, de droite, de gauche ou semblable à cela.
5. Ou qu'Il soit circonscrit dans un **endroit** (*makān*).
6. Ou qu'Il soit limité dans un **temps** (*zamān*) par le fait que le mouvement astronomique s'applique à Lui.
7. Ou que s'alterne sur Lui les journées et nuitées.
8. Ou le fait de décrire Son Essence par les éléments **contingents** (*ḥawādith*) comme la Puissance contingente ou la Volonté contingente ou le mouvement ou la mobilité, le blanc, le noir ou semblable.
9. Ou bien de décrire Son Essence par **la petitesse** ou **la grandeur** dans le sens où elle serait composée de parties.
10. Ou qu'Il soit caractérisé par les **"objectifs personnels** (*aghrāḍ*)**"** dans **les Actes** (*afʿāl*) ou **les Décrets** (*aḥkām*).

وَحَيْثُ وَجَبَتْ لَهُ الْمُخَالَفَةُ لِلْحَوَادِثِ، اِسْتَحَالَ عَلَيْهِ ضِدُّهَا.

وَصُوَرُ الْمُمَاثَلَةِ عَشْرَةٌ:

1. أَنْ يَكُوْنَ اللهُ **جِرْمًا** سَوَاءٌ كَانَ **مُرَكَّبًا** وَيُسَمَّى حِيْنَئِذٍ **جِسْمًا**، أَوْ غَيْرَ مُرَكَّبٍ وَيُسَمَّى حِيْنَئِذٍ **جَوْهَرًا فَرْدًا**.
2. أَوْ يَكُوْنَ **عَرَضًا** يَقُوْمُ بِالْجِرْمِ.
3. أَوْ يَكُوْنَ فِيْ **جِهَةٍ** لِلْجِرْمِ. فَلَيْسَ فَوْقَ الْعَرْشِ، وَلَا تَحْتَهُ، وَلَا يَمِيْنَهُ، وَلَا نَحْوَ ذَلِكَ مِنْ بَقِيَّةِ الْجِهَاتِ.
4. أَوْ لَهُ تَعَالَى **جِهَةٌ**. فَلَيْسَ لَهُ فَوْقٌ، وَلَا تَحْتٌ، وَلَا يَمِيْنٌ، وَلَا شِمَالٌ، وَنَحْوُ ذَلِكَ.
5. أَوْ يَحِلَّ فِيْ **مَكَانٍ**.
6. أَوْ يَتَقَيَّدَ **بِزَمَانٍ**. بِحَيْثُ تَكُوْنُ حَرَكَةُ الْفَلَكِ مُنْطَبِقَةً عَلَيْهِ.
7. أَوْ يَكِرَّ عَلَيْهِ الْجَدِيْدَانُ، اللَّيْلُ وَالنَّهَارُ.
8. أَوْ تَتَّصِفَ ذَاتُهُ الْعَلِيَّةِ **بِالْحَوَادِثِ**: كَالْقُدْرَةِ الْحَادِثَةِ، وَالْإِرَادَةِ الْحَادِثَةِ، وَالْحَرَكَةِ أَو السُّكُوْنِ، وَالْبَيَاضِ أَو السَّوَادِ وَنَحْوِ ذَلِكَ.
9. أَوْ تَتَّصِفَ ذَاتُهُ **بِالصِّغَرِ أَو الْكِبَرِ**، بِمَعْنَى كَثِيْرِ الْأَجْزَاءِ.
10. أَوْ يَتَّصِفَ **بِالْأَغْرَاضِ** فِيْ **الْأَفْعَالِ** أَو **الْأَحْكَامِ**:

Ainsi, **“Son Acte** (*fi ʿl*)”comme le fait de faire entrer *Zayd* en existence, ne sont pas motivés par un objectif personnel c.-à-d. : un intérêt motivé par cet acte et cela ne contredit pas qu’il y ait une sagesse dedans puisque dans le cas contraire, cela aurait été fait en vain, et ceci est impossible Le concernant, exalté soit-Il.

Ainsi, **“Son Décret** (*ḥukm*)” comme le fait de nous rendre obligatoires la prière n’est pas motivée par un objectif personnel c.-à-d. : un intérêt motivé par ce décret.

Tous ces dix aspects sont **impossibles** Le concernant, exalté soit-Il.

[4- L’Auto-Subsistance (*al-qiyām bi-n-nafs*)]

﴾ **Il est nécessaire Le concernant, exalté soit-Il : l’Autosubsistance** (*al-qiyām bi-n-nafs*) **dont la signification** ﴿ se décline en deux parties.

1. **La première** : ﴾ **Il, exalté soit-Il, n’a pas besoin d’un support** (*maḥall*) ﴿ dans lequel Il évoluerait.
2. ﴾ **Et** ﴿ **la deuxième** : Il, exalté soit-Il ﴾ **n’a point** ﴿ besoin ﴾ **d’un spécificateur** (*mukhaṣṣis*) ﴿ c.-à-d. d’existenciateur. Et ce deuxième point, même s’il est exclu par la Prééternité (*al-qidam*), on ne peut pas s’en suffire, car les dangers de l’ignorance dans ce domaine sont grands et qu’il est impératif d’éclaircir les points de croyance.

﴾ **Son contraire est la nécessité d’avoir un support** (*maḥall*) **et un spécificateur** (*mukhaṣṣis*). ﴿

فَلَيْس "**فِعْلُهُ**"، كَإِيْجَادِ زَيْدٍ، لِغَرَضٍ مِنَ الْأَغْرَاضِ؛ أَيْ: مَصْلَحَةٍ تَبْعَثُهُ عَلَىْ ذَلِكَ الْفِعْلِ. فَلَاْ يُنَاْفِيْ أَنَّهُ لِحِكْمَةٍ وَإِلَّاْ كَاْنَ عَبَثًا، وَهُوَ الْمُسْتَحِيْلُ فِيْ حَقِّهِ تَعَاْلَىْ.

وَلَيْسَ "**حُكْمُهُ**" كَإِيْجَابِ الصَّلَاْةِ عَلَيْنَاْ لِغَرَضٍ مِنَ الْأَغْرَاْضِ؛ أَيْ: مَصْلَحَةٍ تَبْعَثُهُ عَلَىْ ذَلِكَ الْحُكْمِ كَمَاْ مَرَّ.

فَكُلٌّ مِنْ هَذِهِ الصُّوَرِ الْعَشْرَةِ **مُسْتَحِيْلٌ** فِيْ حَقِّهِ تَعَاْلَىْ.

[الرَّاْبِعَةُ: الْقِيَاْمُ بِالنَّفسِ]

(**وَيَجِبُ فِي حَقِّهِ تَعَاْلَىْ: الْقِيَاْمُ بِالنَّفْسِ. وَمَعْنَاهُ**) مُفَسَّرٌ بِأَمْرَيْنِ:

الْأَوَّلُ: (**أَنَّهُ تَعَالَىْ لَاْ يَفْتَقِرُ إِلَىْ مَحَلٍّ**) يَقُوْمُ بِهِ.

(وَ) **الثَّاْنِيْ**: أَنَّهُ تَعَاْلَىْ (**لَاْ**) يَحْتَاْجُ (**إِلَىْ مُخَصِّصٍ**)؛ أَيْ: مُوْجِدٍ. وَهَذَاْ "الثَّاْنِيْ" وَإِنْ كَاْنَ يُسْتَغْنَى عَنْهُ بِالْقِدَمِ لَاْ يَكْفِيْ فِيْهِ الاسْتِغْنَاْءُ؛ لِأَنَّ خَطَرَ الْجَهْلِ فِيْ هَذَاْ الْفَنِّ عَظِيْمٌ، فَلَاْ بُدَّ فِيْهِ مِنَ التَّصْرِيْحِ بِالْعَقَاْئِدِ.

(**وَضِدُّهُ: الاحْتِيَاْجُ إِلَىْ الْمَحَلِّ وَالْمُخَصِّصِ**).

﴾ **La preuve de cela** ﴿ c.-à-d. de l'Auto-Subsistance (*al-qiyām bi-n-nafs*) ﴾ **c'est que s'Il avait besoin d'un support** (*maḥall*) ﴿ où son Essence (*dhāt*) évoluerait ﴾ **il serait un attribut** (*ṣifah*) ﴿ puisqu'il n'y a qu'un attribut qui a besoin d'un support pour exister et que l'Essence n'a pas besoin d'une essence pour exister.

﴾ **Le fait qu'Il soit un attribut** (*ṣifah*) **est impossible** ﴿ puisque s'Il était un attribut (*ṣifah*), on ne pourrait pas le décrire par les attributs entitatifs (*ma'ānī*) et des attributs qualificatifs (*ma'nawiyyah*) ; alors qu'il est obligatoire de le décrire par cela par le biais de différentes preuves qui indiquent ces faits.

Donc, le fait de ne pas Le décrire ainsi est impossible ce qui fait qu'il devient invalide qu'Il ait besoin d'un support ; et lorsqu'on a rendu invalide le fait qu'il ait besoin d'un support, il est établit pour Lui qu'Il en est exempt. Et c'est cela qu'on cherchait à démontrer.

[Preuve de l'exemption de spécificateur]

﴾ **Et s'Il avait besoin d'un spécificateur** (*mukhaṣṣis*) ﴿ c.-à-d. d'un existenciateur qui le ferait exister ; ﴾ **Il serait contingent** (*ḥādith*) ﴿ puisqu'il n'y a que les choses contingentes qui ont besoin d'un spécificateur, tandis que le Prééternel (*al-qadīm*) n'a pas besoin de cela.

﴾ **Et le fait qu'Il soit contingent** (*ḥādith*) **est impossible** ﴿ puisqu'on a explicité précédemment que Son Existence (*wujūd*), Sa Prééternité (*qidam*), Sa Permanence (*baqā'*), que ce soit de Son Essence ou de Ses Attributs, sont obligatoires.

(وَالدَّلِيْلُ عَلَىْ ذَلِكَ)؛ أَيْ: الْقِيَامُ بِالنَّفْسِ: **(أَنَّهُ لَو احْتَاْجَ إِلَىْ مَحَلٍّ)**؛ أَيْ: ذَاْتٍ يَقُوْمُ بِهَاْ **(لَكَاْنَ صِفَةً)**، أَيْ: لِأَنَّهُ لَاْ يَحْتَاْجُ إِلَىْ مَحَلٍّ يَقُوْمُ بِهِ إِلَّا الصِّفَةَ، إِذ الذَّاْتُ لَاْ تَحْتَاْجُ إِلَىْ ذَاْتٍ تَقُوْمُ بِهَا.

(وَكَوْنُهُ صِفَةً مُحَاْلٌ) إِذْ لَوْ كَاْنَ صِفَةً لَمْ يَتَّصِفْ بِصِفَاْتِ الْمَعَاْنِيْ وَلَاْ الْمَعْنَوِيَّةِ وَهِيَ وَاْجِبَةُ الْقِيَاْمِ بِهِ تَعَاْلَىْ لِلْأَدِلَّةِ عَلَىْ ذَلِكَ.

فَعَدَمُ اتِّصَاْفِهِ بِذَلِكَ بَاْطِلٌ، فَبَطُلَ مَاْ أَدَّىْ إِلَيْهِ، وَهُوَ اِفْتِقَاْرُهُ إِلَىْ الْمَحَلِّ. وَإِذَاْ بَطُلَ اِفْتِقَاْرُهُ إِلَىْ الْمَحَلِّ ثَبُتَ اِسْتِغْنَاْؤُهُ عَنْهُ، وَهُوَ الْمَطْلُوْبُ.

[دَلِيْلُ الاِسْتِغْنَاْءِ عَنِ الْمُخَصِّصِ]

(وَلَو اِحْتَاْجَ إِلَىْ مُخَصِّصٍ)؛ أَيْ: مُوْجِدٌ يُوْجِدُهُ **(لَكَاْنَ حَاْدِثًا)**؛ لِأَنَّهُ لَاْ يَحْتَاْجُ إِلَىْ ذَلِكَ إِلَّاْ الْحَاْدِثُ، إِذ الْقَدِيْمُ لَاْ يَحْتَاْجُ لَهُ.

(وَكَوْنُهُ حَاْدِثًا مُحَاْلٌ)؛ لِأَنَّهُ قَدْ سَبَقَ وُجُوْبُ وُجُوْدِهِ وَقِدَمِهِ وَبَقَاْئِهِ ذَاْتًا وَصِفَاْتٍ.

[5- L'Unicité (*waḥdāniyyah*)]

﴿ **Il est nécessaire pour Lui, exalté soit-Il : l'Unicité** (*waḥdāniyyah*) **de l'Essence** (*dhāt*)**, des Attributs** (*ṣifāt*) **et des Actes** (*af'āl*)**.** ﴾

﴿ **La signification de l'Unicité dans l'Essence** (*dhāt*)**, c'est qu'elle n'est pas composée de parties** (*ajzā'*) **dénombrables** ﴾ auquel cas on dirait qu'elle est **"quantitativement continue** (*kamm muttaṣil*)**"** dans l'Essence.

Et Il n'y a aucune essence (*dhāt*) qui ne ressemble à Son Essence, exalté soit-Il, auquel cas on dirait qu'elle est **"quantitativement discontinue** (*kamm munfaṣil*)**"** dans l'Essence. Cependant, l'Unité de l'Essence, dans le sens où elle n'est pas composée de plusieurs parties, est une résultante du fait qu'Il soit dissemblant des éléments contingents comme dit précédemment.

﴿ **La signification de l'Unicité dans les Attributs** (*ṣifāt*) ﴾ c'est le fait que ceux-ci ne sont pas multiples. Il, exalté soit-Il, n'a donc pas deux attributs, portant la même appellation et la même signification. Ceci est plus clair en disant ﴿ **qu'Il n'a pas deux ou plusieurs attributs d'un même type, tels que deux "Pouvoirs"** ﴾ ou plus, ou bien deux **"Sciences"** ou plus. ﴿ **Dans ce dernier cas,** ﴾ l'on dirait qu'Il est **"quantitativement continue** (*kamm muttaṣil*)**"** dans les Attributs.

﴿ **Et** ﴾ Il n'a pas de paire (*naẓīr*) en cela, c.-à-d. qu'il ﴿ **n'y a personne ayant un attribut ressemblant à Son Attribut, exalté soit-Il** ﴾ donc personne d'autre que Lui n'a de pouvoir (*qudrah*) comme le Pouvoir d'*Allāh*, de savoir (*'ilm*) comme Son Savoir et ainsi de suite. Dans ce dernier cas, l'on dirait qu'Il est **"quantitativement discontinue** (*kamm munfaṣil*)**"** dans les Attributs (*ṣifāt*).

[الْخَامِسَةُ: الْوَحْدَانِيَّةُ]

(وَيَجِبُ فِيْ حَقِّهِ تَعَالَىْ: الْوَحْدَانِيَّةُ فِيْ الذَّاْتِ، وَفِيْ الصِّفَاْتِ، وَفِيْ الْأَفْعَاْلِ) :

(وَمَعْنَىْ الْوَحْدَانِيَّةُ فِيْ الذَّاْتِ: أَنَّهَا لَيسَتْ مُرَكَّبَةً مِنْ أَجْزَاْءَ مُتَعَدِّدَةٍ)، وَيُقَاْلُ لِذَلِكَ: "**كَمٌّ مُتَّصِلٌ**" فِي الذَّاْتِ.

وَأَنَّهُ لَيسَ هُنَاْكَ ذَاْتٌ تُشْبِهُ ذَاْتَهُ تَعَاْلَىْ، وَيُقَاْلُ لَهُ: "**كَمٌّ مُنْفَصِلٌ**" فِيْ الذَّاْتِ. لَكِنَّ الْوِحْدَةَ فِيْ الذَّاْتِ بِمَعْنَىْ عَدَمِ التَّرْكِيْبِ مِنْ أَجْزَاْءَ عُلِمَتْ مِنَ الْمُخَاْلَفَةِ لِلْحَوَاْدِثِ كَمَاْ مَرَّ.

(وَمَعْنَىْ الْوَحْدَانِيَّةُ فِيْ الصِّفَاْتِ): هُوَ عَدَمُ تَعَدُّدِهَاْ. فَلَيْسَ لَهُ تَعَاْلَىْ صِفَتَاْنِ فِيْ الاِسْمِ وَالْمَعْنَىْ، وَبَيَاْنُ ذَلِكَ **(أَنَّهُ تَعَاْلَىْ لَيْسَ لَهُ صِفَتَاْنِ فَأَكْثَرُ مِنْ جِنْسٍ وَاْحِدٍ، كَقُدْرَتَيْنِ)** فَأَكْثَرُ، **وَعِلْمَيْنِ** فَأَكْثَرُ **(وَهَكَذَا)**. وَيُقَاْلُ لَهُ: "**كَمٌّ مُتَّصِلٌ**" فِيْ الصِّفَاْتِ.

(وَ) عَدَمُ النَّظِيْرِ فِيْهَاْ، وَهُوَ أَنَّهُ **(لَيْسَ لِغَيْرِهِ صِفَةٌ تُشَاْبِهُ صِفَتَهُ تَعَاْلَىْ)** فَلَيْسَ لِغَيْرِهِ تَعَاْلَىْ قُدْرَةٌ كَقُدْرَتِهِ تَعَاْلَىْ، أَوْ عِلْمٌ كَعِلْمِهِ، وَهَكَذَاْ. وَيُقَاْلُ لَهُ: "**كَمٌّ مُنْفَصِلٌ**" فِيْ الصِّفَاْتِ.

﴾ **Le sens de l'Unicité** (*waḥdāniyyah*) **des Actes** (*af'āl*) **est que nul autre que Lui n'a d'acte** (*fi'l*) (comme le Sien) ﴿ auquel cas on dirait qu'Il est **"quantitativement continue** (*kamm muttaṣil*)**"** dans Ses Actes (*af'āl*).

Quant à la **"quantité discontinue** (*kamm munfaṣil*)**"** dans les Actes (*af'āl*), si on la considère comme étant la multiplicité des actes, cela est correct et il n'est pas possible de nier cela puisque Ses actes, exalté soit-Il, sont nombreux comme Créer, Pourvoir, Vivifier, Tuer etc. Mais si l'on s'imagine qu'il y a un associé en dehors d'*Allāh* (qui agit) alors cela nierait l'Unicité dans les actes, car Il, exalté soit-Il, est l'unique acteur lorsqu'Il Créer, Invente, est le Seul qui fait rentrer en existence ou invente. Le seul qui a crée les créatures et leurs actes, qui a accordé la mesure de leurs subsistances et de leur délai.

En résumé, l'Unicité dans l'Essence (*dhāt*), les Attributs (*ṣifāt*) et les Actes (*af'āl*), nie cinq "quantités (*kumūm*)" :

- La **"quantité continue** (*kamm muttaṣil*)**"** dans l'Essence (*dhāt*) qui est le fait que cette dernière soit composée de plusieurs parties (*ajzā'*).
- La **"quantité discontinue** (*kamm munfaṣil*)**"** dans l'Essence (*dhāt*), qui est la multiplicité des divinités.
    - Ces deux "quantités" invalident donc l'Unicité de l'Essence.
- La **"quantité continue continue** (*kamm muttaṣil*)**"** dans les Attributs (*ṣifāt*), c'est la multiplicité des genres dans Ses Attributs par exemple le fait qu'Il aurait deux "puissances (*qudratayn*)" ou plus.

(وَمَعْنَىٰ الوَحْدَانِيَّةِ فِيْ الْأَفْعَالِ: أَنَّهُ لَيسَ لِغَيْرِهِ فِعْلٌ مِنَ الْأَفْعَالِ)
وَيُقَالُ لَهُ: "**كَمٌّ مُنْفَصِلٌ**" فِيْ الْأَفْعَالِ.

وَأَمَّا "**الْكَمُّ الْمُتَّصِلُ**" فِيْ الْأَفْعَالِ، فَإِنْ صَوَّرْنَاهُ بِتَعَدُّدِ الْأَفْعَالِ فَهُوَ ثَابِتٌ لَا يَصِحُّ نَفْيُهُ؛ لِأَنَّ أَفْعَالَهُ تَعَالَىٰ كَثِيْرَةٌ مِنْ خَلْقٍ، وَرِزْقٍ، وَإِحْيَاءٍ، وَإِمَاتَةٍ إِلَىٰ غَيْرِ ذَلِكَ. وَإِنْ صَوَّرْنَاهُ بِمُشَارَكَةِ غَيْرِ اللهِ لَهُ، فَهُوَ مَنْفِيٌّ أَيْضًا بِوَحْدَانِيَّةِ الْأَفْعَالِ. فَهُوَ تَعَالَىٰ مُنْفَرِدٌ بِالْخَلْقِ وَالاخْتِرَاعِ، مُتَوَحِّدٌ بِالْإِيْجَادِ وَالْإِبْدَاعِ. خَلَقَ الْخَلْقَ وَأَعْمَالَهُمْ، وَقَدَّرَ أَرْزَاقَهُمْ وَآجَالَهُمْ.

وَ**الْحَاصِلُ** أَنَّ الْوَحْدَانِيَّةَ الشَّامِلَةَ لِوِحْدَةِ الذَّاتِ، وَوِحْدَةِ الصِّفَاتِ، وَوِحْدَةِ الْأَفْعَالِ، تَنْفِي كُمُوْمًا خَمْسَةً:

- "**الْكَمُّ الْمُتَّصِلُ**" فِيْ الذَّاتِ: وَهُوَ تَرْكِيْبُهُ مِنْ أَجْزَاءٍ.
- وَ"**الْكَمُّ الْمُنْفَصِلُ**" فِيْ الذَّاتِ: وَهُوَ التَّعَدُّدُ، بِحَيْثُ يَكُوْنُ هُنَاكَ إِلَهٌ ثَانٍ فَأَكْثَرُ.
    - فَهَذَانِ "الْكَمَّانِ" مَنْفِيَّانِ بِوِحْدَةِ الذَّاتِ.
- وَ"**الْكَمُّ الْمُتَّصِلُ**" فِيْ الصِّفَاتِ: وَهُوَ التَّعَدُّدُ فِيْ صِفَاتِهِ تَعَالَىٰ مِنْ جِنْسٍ وَاحِدٍ: كَقُدْرَتَيْنِ فَأَكْثَرَ.

- La **"quantité discontinue** (*kamm munfaṣil*)**"** dans les Attributs, c'est le fait que quelqu'un d'autre que Lui, exalté soit-Il, aurait un attribut qui serait similaire au Sien, exalté soit-Il. Comme si *Zayd* avait une puissance (*qudrah*) par laquelle il ferait exister ou inexister, comme Sa Puissance, exalté soit-Il, ou bien une volonté (*irādah*) qui spécifierait les éléments possibles, ou un savoir (*'ilm*) englobant toutes les choses.
    - C'est deux "quantités" nient l'Unicité des Attributs.
- La **"quantité discontinue** (*kamm munfaṣil*)**"** dans les Actes (*af'āl*), qui est le fait qu'il y ait quelque chose en dehors de Lui, exalté soit-Il, qui ait un acte parmi les actes d'entrée en existence qui ferait que l'on attribue à cette chose-là l'acte en lui-même sous l'aspect acquisitif (*kasb*) et du choix. Cette quantité nie l'Unicité dans les Actes (*af'āl*).

﴾ **Son contraire** ﴿ c.-à-d. à l'Unicité ﴾ **est la multiplicité.** ﴿ La preuve de l'Unicité dans l'Essence (*dhāt*) dans le sens de l'inexistence de la "quantité continue (*muttaṣil*)" dans celle-ci est la même preuve précédente concernant la dissemblance avec les éléments contingents. La preuve de l'Unicité dans les Attributs dans le sens de l'inexistence de la **"quantité continue** (*muttaṣil*)**"** dans celle-ci, est que la multiplicité n'est ni envisageable rationnellement (*ma'qūl*) ni scripturairement (*manqūl*).

﴾ **La preuve de cela** ﴿ c.-à-d. de l'Unicité (*waḥdāniyyah*) dans le sens d'absence d'associé dans l'Essence (*dhāt*) et dans les Attributs (*ṣifāt*) ﴾ **c'est que s'Il** ﴿ exalté soit-Il ﴾ **avait été multiple** ﴿ et serait donc en fait deux divinités ; ﴾ **rien n'aurait existé parmi ces choses créées** ﴿ tandis que l'inexistence de cela est fausse, puisqu'elles sont observables donc ce qui s'y oppose est faux. Lorsqu'on sait que la multiplicité est impossible, on a établi l'Unicité (*waḥdāniyyah*). Et c'est ce qu'il fallait démontrer.

- وَ"**الْكَمُّ الْمُنْفَصِلُ**" فِيْهَاْ: وَهُوَ أَنْ يَكُوْنَ لِغَيْرِهِ تَعَاْلَىْ صِفَةٌ تُشْبِهُ صِفَتَهُ تَعَاْلَىْ. كَأَنْ يَكُوْنَ لِزَيْدٍ قُدْرَةٌ يُوْجِدُ بِهَاْ وَيُعْدِمُ بِهَاْ كَقُدْرَتِهِ تَعَاْلَىْ، أَوْ إِرَاْدَةٌ تُخَصِّصُ الشَّيْءَ بِبَعْضِ الْمُمْكِنَاْتِ، أَوْ عِلْمٌ مُحِيْطٌ بِجَمِيْعِ الْأَشْيَاْءِ.
    - وَهَذَاْنِ "الْكَمَّاْنِ" مَنْفِيَّاْنِ بِوِحْدَةِ الصِّفَاْتِ.
- وَ"**الْكَمُّ الْمُنْفَصِلُ**" فِيْ الْأَفْعَاْلِ: وَهُوَ أَنْ يَكُوْنَ لِغَيْرِهِ تَعَاْلَىْ فِعْلٌ مِنَ الْأَفْعَاْلِ عَلَىْ وَجْهِ الْإِيْجَاْدِ، وَإِنَّمَاْ يُنْسَبُ الْفِعْلُ لِذَلِكَ الْغَيْرِ عَلَىْ وَجْهِ الْكَسْبِ وَالاخْتِيَاْرِ، وَهَذَاْ الْكَمُّ مَنْفِيٌّ بِوَحْدَاْنِيَّةِ الْأَفْعَاْلِ.

(**وَضِدُّهَاْ**) أَيْ: الْوَحْدَاْنِيَّةُ (**التَّعَدُّدُ**) وَدَلِيْلُ الْوَحْدَاْنِيَّةِ فِيْ الذَّاْتِ بِمَعْنَىْ عَدَمِ الْكَمِّ الْمُتَّصِلِ فِيْهَاْ، هُوَ دَلِيْلُ الْمُخَاْلَفَةِ لِلْحَوَاْدِثِ الْمُتَقَدِّمِ. وَدَلِيْلُ الْوَحْدَاْنِيَّةِ فِيْ الصِّفَاْتِ بِمَعْنَىْ عَدَمِ "**الْكَمِّ الْمُتَّصِلِ**" فِيْهَاْ أَنَّ التَّعَدُّدَ لَاْ يَقْتَضِيْهِ مَعْقُوْلٌ وَلَاْ مَنْقُوْلٌ.

(**وَالدَّلِيْلُ عَلَىْ ذَلِكَ**) أَيْ: الْوَحْدَاْنِيَّةُ بِمَعْنَىْ عَدَمِ النَّظِيْرِ فِيْ الذَّاْتِ وَالصِّفَاْتِ، (**أَنَّهُ**) تَعَاْلَىْ (**لَوْ كَاْنَ مُتَعَدِّدًا**) كَأَنْ يَكُوْنَ هُنَاْكَ إِلَهَاْنِ، (**لَمْ يُوْجَدْ شَيْءٌ**) أَيْ: بَعْضٌ (**مِنْ هَذِهِ الْمَخْلُوْقَاْتِ**). لَكِنَّ عَدَمَ وُجُوْدِ ذَلِكَ بَاْطِلٌ؛ لِأَنَّهُ مَوْجُوْدٌ بِالْمُشَاْهَدَةِ. فَمَاْ أَدَّىْ إِلَيْهِ وَهُوَ التَّعَدُّدُ بَاْطِلٌ. وَإِذَاْ بَطَلَ التَّعَدُّدُ ثَبَتَتْ الْوَحْدَاْنِيَّةُ، وَهُوَ الْمَطْلُوْبُ.

Concernant l'implication nécessaire de la multiplicité de l'inexistence de quoi que ce soit dans le monde, c'est que s'il y avait eu deux divinités elles seraient soit **en accord**, soit **en désaccord**.

Dans le cas où elles seraient en accord :

1. Il n'est pas possible que les deux fassent entrer en existence simultanément de crainte de l'implication de la réunion de deux agents pour une seule résultante
2. Il n'est pas possible qu'elles les aient fait entrer en existence successivement comme si l'une des deux avait fait entrer en existence puis que l'autre l'ait aussi fait entrer en existence de crainte de l'implication de "l'acquisition de l'acquis".
3. Il n'est pas possible qu'elles se soient associées pour faire exister comme si l'une d'elles s'occuperait de faire entrer en existence une partie et l'autre de faire entrer en existence l'autre partie, car cela implique nécessaire l'incapacité de faire entrer la totalité en existence pour les deux puisque si la puissance de l'une d'elles s'attèle à une chose, alors cela annule la puissance de l'autre sur cette même chose donc cette seconde divinité serait incapable de s'opposer à la première et ceci est une incapacité.

C'est ce qu'on appelle la **"preuve de l'accord** (*burhān al-tawārud*)" en raison de la coïncidence d'une des deux parties sur une unique chose.

وَإِنَّمَاْ لَزِمَ مِنَ التَّعَدُّدِ عَدَمُ وُجُوْدِ شَيْءٍ مِنَ الْعَاْلَمِ؛ لِأَنَّهُ لَوْ كَاْنَ هُنَاْكَ إِلَهَاْنِ: فَإِمَّاْ أَنْ **يَتَّفِقَاْ**، وإِمَّاْ أَنْ **يَخْتَلِفَاْ**:

فَإِنْ اِتَّفَقَاْ:

1. فَلَاْ جَاْئِزٌ أَنْ يُوْجِدَاْهُ مَعًا؛ لِئَلَّا يَلْزَمَ اِجْتِمَاْعُ مُؤَثِّرَيْنِ عَلَىْ وَاْحِدٍ.
2. وَلَاْ جَاْئِزٌ أَنْ يُوْجِدَاْهُ مُرَتَّبًا. بِأَنْ يُوْجِدَهُ أَحَدُهُمَاْ، ثُمَّ يُوْجِدَهُ الآخَرُ؛ لِئَلَّا يَلْزَمَ تَحْصِيْلُ الْحَاْصِلِ.
3. وَلَاْ جَاْئِزٌ أَنْ يَشْتَرِكَاْ فِيْ الْإِيْجَاْدِ. بِأَنْ يُوْجِدَ أَحَدُهُمَاْ الْبَعْضَ، وَالآخَرُ الْبَعْضَ الآخَرَ، لِلُزُوْمِ عَجْزِهِمَاْ حِيْنَئِذٍ؛ لِأَنَّهُ لَمَّاْ تَعَلَّقَتْ قُدْرَةُ أَحَدِهِمَاْ بِالْبَعْضِ، سَدَّ عَلَىْ الآخَرِ طَرِيْقَ تَعَلُّقِ قُدْرَتِهِ بِهِ. فَلَاْ يَقْدِرُ عَلَىْ مُخَاْلَفَتِهِ، وَهَذَاْ عَجْزٌ.

وَهَذَاْ يُسَمَّىْ **بُرْهَاْنُ التَّوَاْرُدِ** لِمَاْ فِيْهِ مِنْ تَوَاْرُدِهِمَاْ عَلَىْ شَيْءٍ وَاْحِدٍ.

Si elles divergent :

Avec l'une voulant faire entrer existence quelque chose dans le monde et l'autre souhaitant la laisser dans l'inexistence .

1. Il n'est pas possible que les deux exercent leur volonté respective de crainte de ce qui implique la réunion de deux contraires.
2. Et si elles n'exercent pas toutes deux leur volonté, cela implique leur incapacité à toutes les deux.
3. Et il n'est pas possible que l'une d'elles exerce sa volonté en dehors de l'autre puisque cela impliquerait l'incapacité de celle qui n'a pas exercé sa volonté. Mais celle qui exerce sa volonté serait également incapable puisqu'il y a une similitude entre les deux [divinités].

C'est ce qu'on appelle la **"preuve de l'empêchement mutuel** (*burhān al-tamānu'*)" en raison de leur empêchement et divergence mutuelle.

Concernant la preuve de l'Unicité dans les Actes dans le sens de l'inexistence de la "quantité continue (*kamm muttaṣil*)" dans ceux-ci, c'est le fait qu'Il, exalté soit-Il, n'a pas d'associé externe, lorsqu'Il agit. C'est une partie de ce qui a été explicité concernant la "preuve de l'accord (*burhān al-tawārud*)".

Quant à la preuve de l'Unité des Actes dans le sens de l'inexistence de la "quantité discontinue (*kamm munfaṣil*)" dans ceux-ci, sous la considération de l'existence d'autre que Lui, exalté soit-Il, qui serait l'agent unique d'un quelconque acte :

وَإِنْ اِخْتَلَفَاْ:

بِأَنْ يُرِيْدَ أَحَدُهُمَاْ إِيْجَاْدَ شَيْءٍ مِنَ الْعَاْلَمِ، وَالآخَرُ إِعْدَاْمَهُ:

1. فَلَاْ جَاْئِزٌ أَنْ يَنْفُذَ مُرَاْدُهُمَاْ؛ لِئَلَّا يَلْزَمَ عَلَيْهِ اِجْتِمَاْعُ النَّقِيْضَيْنِ.
2. وَلَاْ جَاْئِزٌ أَنْ لَاْ يَنْفُذَ مُرَاْدُهُمَاْ مَعًا، لِلُزُوْمِ عَجْزِهِمَاْ.
3. وَلَاْ جَاْئِزٌ أَنْ يَنْفُذَ مُرَاْدُ أَحَدِهِمَاْ دُوْنَ الآخَرِ، لِلُزُوْمِ عَجْزِ مَنْ لَاْ يَنْفُذُ مُرَاْدُهُ، وَالآخَرُ مِثْلُهُ؛ لِانْعِقَاْدِ الْمُمَاْثَلَةِ بَيْنَهُمَا.

وَهَذَاْ يُسَمَّىْ **بُرْهَاْنُ التَّمَاْنُعِ**؛ لِتَمَاْنُعِهِمَاْ وَتَخَاْلُفِهِمَاْ.

وَأَمَّاْ دَلِيْلُ الْوَحْدَاْنِيَّةِ فِي الأَفْعَاْلِ، بِمَعْنَىْ عَدَمِ الْكَمِّ الْمُتَّصِلِ فِيْهَاْ، وَهُوَ عَدَمُ مُشَاْرَكَةِ الْغَيْرِ لَهُ تَعَاْلَى فِيْ فِعْلٍ، فَهُوَ بَعْضُ مَاْ مَرَّ فِيْ بُرْهَاْنِ التَّوَاْرُدِ.

وَأَمَّاْ دَلِيْلُ وُحْدَةِ الأَفْعَاْلِ، بِمَعْنَىْ عَدَمِ الْكَمِّ الْمُنْفَصِلِ فِيْهَاْ: بِأَنْ يَكُوْنَ لِغَيْرِهِ تَعَاْلَىْ تَأْثِيْرٌ فِيْ فِعْلٍ مِنَ الأَفْعَاْلِ عَلَىْ اِنْفِرَاْدِهِ.

1. S'il était capable de **produire quelque chose par lui-même**, cela impliquerait que cet agent soit autonome vis-à-vis de notre Maître, exalté soit-Il. Mais comment cela se peut-il alors qu'Il est celui dont tout ce qui est en dehors de Lui, a besoin de Lui !
2. Et si sa capacité était une **conséquence d'une puissance** qu'*Allāh* aurait placée en lui comme s'imaginent beaucoup de croyants parmi les gens du commun, qui croient que les causes habituelles sont des résultantes d'une puissance qu'*Allāh* aurait placée en eux et que si on la retirait, il n'y aurait pas de conséquence.

   Par exemple, ils s'imaginent que manger et boire donnent comme conséquence l'existence de la satiété, que le feu donne comme conséquence l'existence de la brûlure, que le couteau donne comme conséquence la coupure, tout cela par une force qu'*Allāh* aurait placée dans ces éléments.

Mais cela est également invalide, car ceci rendrait notre Maître, exalté soit-Il, dépendant d'un intermédiaire pour faire entrer en existence certaines actions. Mais l'état actuel des choses est qu'Il, exalté soit-Il, est absolument indépendant de tout ce qui est en dehors de Lui. **Celui qui a cette croyance n'est pas mécréant, mais c'est un débauché** (*fāsiq*) et cela se rapproche de la croyance des Mu'tazilites disant que le serviteur créer ses actions de lui-même via une force qu'*Allāh* aurait placée en lui.

1. فَإِنْ قَدَّرتَ الشَّيْءَ **مُؤَثِّرًا بِطَبْعِهِ،** لَزِمَ أَنْ يَسْتَغْنِيَ ذَلِكَ الْأَثَرُ عَنْ مَوْلَانَا جَلَّ وَعَزَّ، كَيْفَ وَهُوَ الَّذِيْ يَفْتَقِرُ إِلَيْهِ كُلُّ مَا سِوَاهُ.
2. وَإِنْ قَدَّرْتَهُ **مُؤَثِّرًا بِقُوَّةٍ** جَعَلَهَا اللهُ فِيْهِ، كَمَا يَزْعُمُهُ كَثِيْرٌ مِنْ عَوَامِّ الْمُؤْمِنِيْنَ، فَإِنَّهُمْ يَعْتَقِدُوْنَ أَنَّ الْأَسْبَابَ الْعَادِيَّةَ مُؤَثِّرَةٌ بِقُوَّةٍ جَعَلَهَا اللهُ فِيْهَا، وَلَوْ نَزَعَهَا مِنْهَا لَا تُؤَثِّرُ.

كَزَعْمِهِمْ أَنَّ الْأَكْلَ يُؤَثِّرُ فِيْ وُجُوْدِ الشَّبَعِ، وَأَنَّ الشُّرْبَ يُؤَثِّرُ فِيْ وُجُوْدِ الرِّيِّ، وَأَنَّ النَّارَ تُؤَثِّرُ فِيْ وُجُوْدِ الْإِحْرَاقِ، وَأَنَّ السِّكِّيْنَ تُؤَثِّرُ فِيْ وُجُوْدِ الْقَطْعِ بِقُوَّةٍ جَعَلَهَا اللهُ فِيْ جَمِيْعِهَا.

فَذَلِكَ بَاطِلٌ أَيْضًا؛ لِأَنَّهُ يَصِيْرُ مَوْلَانَا جَلَّ وَعَزَّ حِيْنَئِذٍ مُفْتَقِرًا فِيْ إِيْجَادِهِ بَعْضَ الْأَفْعَالِ إِلَىٰ وَاسِطَةٍ، وَالْحَالُ أَنَّهُ تَعَالَىٰ لَهُ الْغِنَىٰ الْمُطْلَقُ عَنْ كُلِّ مَا سِوَاهُ. **وَصَاحِبُ هَذَا الاِعْتِقَادِ لَيْسَ كَافِرًا، بَلْ فَاسِقٌ.** وَيَقْرُبُ مِنْ هَذَا اِعْتِقَادُ الْمُعْتَزِلَةِ أَنَّ الْعَبْدَ يَخْلُقُ أَفْعَالَ نَفْسِهِ الاِخْتِيَارِيَّةِ بِقُوَّةٍ جَعَلَهَا اللهُ فِيْهِ، فَهَؤُلَاءِ فَسَقَةٌ.

En résumé :

1. Celui qui croit que les causes naturelles comme le feu, le couteau, la nourriture sont les agents qui produisent les conséquences qui surviennent de ces éléments comme la brûlure, la coupe, la satiété, de par eux-mêmes, est mécréant par consensus (*ijmā'*).
2. Concernant celui qui croit que c'est le résultat d'une force placée qu'*Allāh* aurait placé en eux, leur mécréance est sujette à divergence, mais l'avis le plus authentique stipule qu'il n'est pas mécréant, mais que c'est un débauché innovateur (*fāsiq mubtadi'*)
   Semblable à eux, il y a les Mu'tazilites qui disent que le serviteur créerait de lui-même ses actes volontairement via une force qu'*Allāh* à créer en eux. L'avis le plus authentique stipule qu'ils ne sont pas mécréants puisqu'ils acceptent que la puissance du serviteur qui effectuerait cela provienne en fait d'*Allāh*, exalté soit-Il.
3. Celui qui croit que l'agent est *Allāh*, exalté soit-Il, mais qu'Il a fait en sorte qu'il se trouve un lien de causalité nécessaire entre les causes et les conséquences, dans le sens où la conséquence est inséparable de sa cause, qui ferait que tant que la cause est présente, sa conséquence le serait aussi ; celui-ci est ignorant.

والحَاْصِلُ:

1. أَنَّ مَن اِعْتَقَدَ أَنَّ الْأَسْبَاْبَ الْعَاْدِيَّةَ كَاْلنَّاْرِ، وَالسِّكِّيْنِ، وَالْأَكْلِ، وَالشُّرْبِ تُؤَثِّرُ فِيْ مُسَبِّبَاْتِهَاْ كَاْلحَرْقِ، وَالْقَطْعِ، وَالشَّبَعِ، وَالرِّيِّ بِذَاْتِهَاْ، فَهُوَ كَاْفِرٌ بِالْإِجْمَاْعِ.
2. أَوْ بِقُوَّةٍ جعَلَهَاْ اللهُ فِيْهَاْ، فَفِيْ كُفْرِهِ قَوْلَاْنِ. وَالْأَصَحُّ أَنَّهُ لَيْسَ بِكَاْفِرٍ، بَلْ فَاْسِقٌ مُبْتَدِعٌ. وَمِثْلُ الْقَاْئِلِيْنَ بِذَلِكَ الْمُعْتَزِلَةُ، الْقَاْئِلُوْنَ بِأَنَّ الْعَبْدَ يَخْلُقُ أَفْعَاْلَ نَفْسِهِ الاِخْتِيَاْرِيَّةِ بِقُوَّةٍ خَلَقَهَاْ اللهُ فِيْهِ. فَالْأَصَحُّ عَدَمُ كُفْرِهِمْ؛ لِإِقْرَاْرِهِمْ بِأَنَّ قُدْرَةَ الْعَبْدِ عَلَىْ ذَلِكَ مِنَ اللهِ تَعَاْلَىْ.
3. وَمَن اِعْتَقَدَ أَنَّ الْمُؤَثِّرَ هُوَ اللهُ تَعَاْلَىْ، لَكِنْ جعَلَ بَيْنَ الْأَسْبَاْبِ وَمُسَبِّبَاْتِهَاْ تَلَاْزُمًا عَقْلِيًّا، بِحَيْثُ لَاْ يَصِحُّ تَأَخُّرُهَاْ، فَمَتَىْ وُجِدَ الْمُسَبِّبُ (يوجدُ هنا سقطُ كلمةٍ واحدَةٍ تقرِيبًا) فَهُوَ جَاْهِلٌ.

4. **Mais celui qui croit que l'agent est *Allāh*, et que le lien qui se trouve entre les causes et les conséquences est un lien de causalité issu de l'habitude, dans le sens où il est possible de séparer la cause et la conséquence ; celui-ci est un croyant qui obtiendra la réussite si *Allāh*, exalté soit-Il, le veut**[1].

Il y a donc quatre catégories.

Lorsqu'on a établi pour *Allāh*, exalté soit-Il, l'Unicité (*waḥdāniyyah*), il devient impossible pour Lui son contraire qui est la multiplicité, qu'elle soit **continue** (*ittiṣāl*) ou **discontinue** (*infiṣāl*).

Sachez que l'investigation de l'Unicité est la plus noble des investigations dans cette noble science, d'où la multiplicité des avertissements indiqués dans le Glorieux Coran.

Cela fait donc six attributs : **Le premier** qui est **"l'existence** (*wujūd*)**"** est appelé **"intrinsèque** (*nafsiyyah*)" puisqu'il ne renvoie pas à un sens qui est supplémentaire à l'essence elle-même. **Et les cinq** (5) qui le succède, sont appelés **"exonératifs** (*salbiyyah*)" puisqu'ils renvoient à des éléments qui ne conviennent pas à *Allāh*, **et selon l'avis correct les Attributs exonératifs** (*salbiyyah*) **ne sont pas limités** puisqu'il n'y a pas de fin aux qualificatifs renvoyant au manque et qu'ils sont tous niés pour *Allāh*, exalté soit-Il.

---

[1] De cela on comprend que les conséquences ne résultent pas des causes habituelles : le feu n'a pas d'incidence sur la brûlure, le couteau sur la coupe et ainsi de suite. *Allāh*, de par Son choix, a seulement fait en sorte que l'habitude soit que l'existence de la conséquence se produise lors de la cause c'est-à-dire en même temps et non par son biais. Il a fait en sorte que l'existence de la cause sans la conséquence soit une rupture de l'habitude comme un feu qui ne brûle pas comme cela s'est produit pour notre maître *Ibrāhīm*, paix sur lui. En effet, lorsqu'il s'est jeté dans un feu gigantesque, il ne l'a pas brûlé et a été même une fraicheur salutaire comme il l'a dit dans Sa Parole : ﴿ **Ô feu sois fraîcheur et paix pour *Ibrāhīm*.** ﴾ [S.21/V.67]

4. **وَمَن اِعْتَقَدَ أَنَّ الْمُؤَثِّر هُوَ اللهُ، وَأَنَّ بَيْنَ الْأَسْبَابِ وَمُسَبِّبَاْتِهَاْ تَلاْزُمًا عَاْدِيًّا، بِحَيْثُ يَصِحُّ تَأَخُّرُهَاْ، فَهُوَ الْمُؤْمِنُ النَّاْجِيْ إِنْ شَاْءَ اللهُ تعَاْلَىْ**[1].

فَالأَقْسَاْمُ أَرْبَعَةٌ.

وَحَيْثُ وَجَبَتْ لَهُ تَعَاْلَىْ الْوَحْدَاْنِيَّةُ اِسْتَحَاْلَ عَلَيْهِ ضِدُّهَاْ، وَهُوَ التَّعَدُّدُ. سَوَاْءٌ كَاْنَ مَعَ **الاتِّصَاْلِ** أَو **الانْفِصَاْلِ**.

وَاعْلَمْ أَنَّ بَحْثَ الْوَحْدَاْنِيَّةِ أَشْرَفُ مَبَاْحِثِ هَذَاْ الْفَنِّ، وَلِذَلِكَ كَثُرَ التَّنْبِيْهُ عَلَيْهِ فِي الْقُرْآنِ الْعَظِيْمِ.

وَهَذِهِ الصِّفَاْتُ السِّتُّ: **فَالأُوْلَىْ** مِنْهَاْ، وَهِيَ **الْوُجُوْدُ**: تُسَمَّىْ **نَفْسِيَّةً**؛ لِأَنَّهَاْ لَاْ تَدُلُّ عَلَىْ مَعْنًىً زَاْئِدٍ عَلَىْ نَفْسِ الذَّاْتِ. **وَالْخَمْسَةُ** بَعْدَهَاْ تُسَمَّىْ: **سَلْبِيَّةً**؛ لِأَنَّهَاْ دَلَّتْ عَلَىْ سَلْبِ مَاْ لَاْ يَلِيْقُ بِهِ تَعَاْلَىْ. **وَالصِّفَاْتُ السَّلْبِيَّةُ لَاْ تَنْحَصِرُ عَلَىْ الصَّحِيْحِ**؛ لِأَنَّ النَّقَاْئِصَ لَاْ نِهَاْيَةَ لَهَاْ، وَكُلُّهَاْ مَنْفِيَّةٌ عَنْهُ تَعَاْلَىْ.

---

[1] وَمِنْ هَذَا يُعْلَمُ أَنَّهُ لَا تَأْثِيرَ لِلْأَسْبَابِ الْعَادِيَّةِ فِي مُسَبَّبَاتِهَا فَلَا تَأْثِيرَ لِلنَّارِ فِي الْحَرْقِ وَلَا لِلسِّكِّينِ فِي الْقَطْعِ وَلَا لِنَحْوِ ذَلِكَ. وَإِنَّمَا أَجْرَى اللهُ الْعَادَةَ اخْتِيَارًا مِنْهُ بِإِيجَادِ الْمُسَبَّبَاتِ عِنْدَ وُجُودِ أَسْبَابِهَا أَيْ مَعَهَا وَلَا بِهَا. وَقَدْ يُوجَدُ السَّبَبُ دُونَ الْمُسَبِّبِ خَرْقًا لِلْعَادَةِ كَالنَّارِ دُونَ الْحَرْقِ كَمَا وَقَعَ لِسَيِّدِنَا إِبْرَاهِيم عَلَيْهِ السَّلَام فَإِنَّهُ أُلْقِيَ فِي نَارٍ عَظِيمَةٍ وَلَمْ تَحْرِقْهُ بَل كَانَتْ عَلَيْهِ بَرْدًا وَسَلَامًا كَمَا فِي قوله ﴿ **يَا نَارُ كُونِي بَرْدًا وَسَلَامًا عَلَىٰ إِبْرَاهِيمَ.** ﴾

Ces cinq (5) constituent donc le socle de ce qui est nié en plus de cela comme le fait qu'Il n'ait pas d'épouse, de fils, de père et tout autre défaut se ramène finalement à un de ces [cinq attributs].

[**Les Attributs entitatifs** (*maʿānī*) [1]]

[1er : **La Puissance** (*al-qudrah*)]

﴿ **Il est nécessaire le concernant, exalté soit-Il, la Puissance** (*al-qudrah*) **qui est un attribut** ﴾ existant ﴿ **Prééternel** (*qadīm*) **qui subsiste par Son Essence, exalté soit-Il, par lequel Il** ﴾ exalté soit-Il ﴿ **fait exister et inexister** ﴾ tout élément possible [2] en accord avec la Volonté.

Cet attribut possède sept **"liens** (*taʿalluqāt*)**"**.

1. Un de **"potentialité prééternelle** (*ṣalūḥī qadīm*)**"** qui est le potentiel prééternel de faire exister ou inexister à tout moment possible.

Trois de **"réalisation temporelle** (*tanjīziyyah ḥādith*)**"** :

2. Un lien avec le fait de faire entrer en existence le "possible" après qu'il ait précédemment été inexistant.
3. Un lien le faisant inexister après qu'il ait existé.
4. Un lien de faire entrer en existence à partir de la tombe.

---

[1] Ils sont appelés ainsi, car ce sont des attributs existants et tout attribut existant dans la terminologie des théologiens est appelé "attribut entitatif (*maʿnan*)" qu'il soit prééternel (*qadīm*) comme Sa Puissance, exalté soit-Il, ou contingent (*ḥādith*) comme le blanc d'un corps matériel.

[2] **"Le possible** (*mumkin*)" chez les savants théologiens est ce qui est considéré par la raison comme équiprobable en termes d'existence ou non-existence.

وَهَذِهِ الْخَمْسَةُ أُصُوْلُهَاْ، فَإِنَّ مَاْ عَدَاْهَاْ مِنْ نَفْيِ الزَّوْجَةِ، وَالْوَلَدِ، وَالْمُعِيْنِ، وَغَيْرِ ذَلِكَ رَاْجِعٌ إِلَيْهَاْ.

[الصِّفَاْتُ الْمَعَاْنِيْ[1]]

[الْأُوْلَىْ: الْقُدْرَةُ]

(**وَيَجِبُ فِيْ حَقِّهِ تَعَاْلَىْ: الْقُدْرَةُ، وَهِيَ صِفَةٌ**) وُجُوْدِيَّةٌ (**قَدِيْمَةٌ، قَاْئِمَةٌ بِذَاْتِهِ تَعَاْلَىْ. يُوْجِدُ**) تَعَاْلَىْ (**بِهَاْ وَيُعْدِمُ**) كُلَّ **مُمْكِنٍ**[2] عَلَىْ وُفْقِ الْإِرَاْدَةِ.

وَلَهَاْ سَبْعُ **تَعَلُّقَاْتٍ**:

1. وَاْحِدٌ **صَلُوْحِيٌّ قَدِيْمٌ**، وَهُوَ صَلَاْحِيَّتُهَاْ فِيْ الْأَزَلِ لِلْإِيْجَاْدِ وَالْإِعْدَاْمِ بِهَاْ فِيْ وَقْتِ الْإِمْكَاْنِ.

وَثَلَاْثَةٌ **تَنْجِيْزِيَّةٌ حَاْدِثَةٌ**، وَهِيَ:

2. تَعَلُّقُهَاْ بِإِيْجَاْدِ الْمُمْكِنِ بَعْدَ عَدَمِهِ السَّاْبِقِ.
3. وَتَعَلُّقُهَاْ بِإِعْدَاْمِهِ بَعْدَ وُجُوْدِهِ.
4. وَتَعَلُّقُهَاْ بِإِيْجَاْدِهِ لِلْبَعْثِ مِنَ الْقَبْرِ.

---

[1] كُلُّ صِفَةٍ مَوْجُودَةٍ تُسَمَّى فِي اصْطِلَاحِ الْمُتَكَلِّمِينَ صِفَةُ مَعْنًى سَوَاءٌ كَانَتْ قَدِيمَةً كَقُدْرَتِهِ تَعَالَى أَمْ حَادِثَةً كَبَيَاضِ الْجِرْمِ.

[2] "**الْمُمْكِنُ**" عِنْدَ عُلَمَاءِ الْكَلَامِ كُلُّ مَا حَكَمَ الْعَقْلُ بِاسْتِوَاءِ وُجُودِهِ وَعَدَمِهِ.

Trois liens de **“saisissement** (*qabḍiyyah*)**”** : ils sont :

5. Un lien faisant perpétuer l’inexistence de la chose lorsqu’il est possible qu’il devienne existant, avant son existence,
6. Un lien le faisant perpétuer dans l’existence après qu’il ait été inexistant,
7. Un lien le faisant perpétuer dans l’inexistence après l’avoir fait exister.

On appelle ces trois dernières **relations** (*taʿalluqāt*) de **“saisissement** (*qabḍiyyah*)**”** dans le sens où ce qui est possible est sous le “joug (*qabḍah*)” d’*Allāh* : s’Il veut, Il le fait persister dans son état d’inexistence ou d’existence et s’Il le veut, Il le remplace par son contraire.

Il n’y a donc pas d’élément possible sans qu’il ne soit contingent de par Son action résultant d’un afflux émanant de Sa justice, de la meilleure, la plus complète et la plus juste façon possible[1].

---

[1] C’est ainsi qu’il faut comprendre la parole de l’*Imām al-Ghazzālī* disant « **Il n’existe pas dans le domaine du possible mieux que ce qui existe déjà.** » À ce sujet, le Pôle Caché et Sceau de la sainteté Muḥammadienne, *Sīdī Aḥmad al-Tijānī* a dit comme le rapporte son disciple *Sīdī Muḥammad b. al-Mashrī* dans son livre « *Al-Jāmiʿ* » :

« Notre maître, qu’*Allāh* l’agrée, a été interrogé concernant la parole de l’*Imām al-Ghazzālī* : « **Il n’existe pas dans le domaine du possible mieux que ce qui existe déjà.** » Il a répondu, satisfaction d’*Allāh* sur lui : « c’est-à-dire plus émerveillant en termes de beauté et de perfection. Cela est dû à l’attachement de la Volonté à cette image. En effet, le domaine du possible que l’on affirme dans nos pensés ne peut exister qu’à la suite de l’attachement de la Volonté a lui. Si la volonté ne s’y attache pas, il ne pourra point exister =

وَثَلَاثَةُ تَعَلُّقَاتٍ **قَبْضِيَّةٍ**، وَهِيَ:

5. تَعَلُّقُهَا بِاسْتِمْرَارِ عَدَمِ الْمُمْكِنِ، وَقْتَ إِمْكَانِ الْوُجُوْدِ، قَبْلَ وُجُوْدِهِ.
6. وَتَعَلُّقُهَا بِاسْتِمْرَارِ وُجُوْدِهِ بَعْدَ الْعَدَمِ.
7. وَتَعَلُّقُهَا بِاسْتِمْرَارِ عَدَمِهِ بَعْدَ الْوُجُوْدِ.

فَهَذِهِ التَّعَلُّقَاتُ الثَّلَاثَةُ يُقَالُ لَهَا: **تَعَلُّقَاتٌ قَبْضِيَّةٌ**. بِمَعْنَى أَنَّ الْمُمْكِنَ فِيْ الْقَبْضَةِ، فَإِنْ شَاءَ اللهُ أَبْقَاهُ عَلَىٰ حَالِهِ مِنَ الْعَدَمِ أَو الْوُجُوْدِ، وَإِنْ شَاءَ أَبْدَلَهُ بِضِدِّهِ.

فَلَا مُمْكِنٌ إِلَّا وَهُوَ حَادِثٌ بِفِعْلِهِ، وَفَائِضٌ مِنْ عَدْلِهِ عَلَىٰ أَحْسَنِ الْوُجُوْهِ وَأَتَمِّهَا وَأَعْدَلِهَا[1].

---

[1] وَعَلَى هَذَا يَنْبَغِي أَنْ يُفْهَمَ مَا يُذْكَرُ عَنِ الْإِمَامِ الْغَزَّالِيّ مِنْ قَوْلِهِ **"لَيْسَ فِي الْإِمْكَانِ أَبْدَعُ مِمَّا كَانَ."** وَفِي هَذَا الْمَوْضُوعِ قَالَ الْقُطْبُ الْمَكْتُوم وَالْخَتْم الْمُحَمَّدِي الْمَعْلُوم سَيِّدِي أَحْمَد التِّجَانِي كَمَا نَقَلَ عَنْهُ تِلْمِيذه سَيِّدِي مُحَمَّد بن الْمَشَرِي فِي كِتَابِهِ "الْجَامِعُ" :

"وَسُئِلَ سَيِّدُنَا رَضِيَ اللهُ عَنْهُ عَنْ قَوْلِ الْإِمَامِ الْغَزَّالِيّ **"لَيْسَ فِي الْإِمْكَانِ أَبْدَعُ مِمَّا كَانَ"** فَأَجَابَ رَضِيَ اللهُ عَنْهُ أَعْنِي أَشَدَّ تَعَجُّبًا مِنَ الْحُسْنِ وَالْإِتْقَانِ وَحُكْمُ ذَلِكَ لِتَعَلُّقِ الْمَشِيئَةِ بِهِ فِي هَذِهِ الصُّورَةِ لِأَنَّ الْإِمْكَانَ الْمُقَرَّرَ فِي الذِّهْنِ لَا يَتَأَتَّى قَبُولُهُ لِلْوُجُودِ إِلَّا بَعْدَ تَعَلُّقِ الْمَشِيئَةِ بِهِ وَكُلَّمَا لَا تَتَعَلَّقُ الْمَشِيئَةُ بِهِ لَا يَقْبَلُ الْوُجُودَ =

Tout ce qui est en dehors de Lui comme humain, djinn, ange, démon, ciel, terre, animaux[1], ...

= même s'il est possible qu'il s'attache a la pensée. On peut exprimer cela autrement : l'existence elle-même et son image ne sont autres que la Réalité Muḥammadienne (ﷺ). Cette réalité est créée à partir du secret que l'on ne peut prononcer. Elle jouit donc du summum de la beauté et il n'existe pas plus beau qu'elle. C'est ce sens qu'a voulu avancer l'*Imām* et non pas le fait de dire que le pouvoir divin est incapable de créer mieux. Il ne peut point ignorer cela, qu'*Allāh* l'agrée. Il a voulu donc nous informer sur le meilleur des êtres créés à qui la Volonté s'est attachée depuis la prééternité, comme nous venons de voir dans la réponse. Cette réalité est l'origine de tout être existant que le Vrai a fait ou fera exister. L'univers en totalité, n'est en effet, qu'une branche d'elle. Elle est son origine. Cela n'est dû à aucune raison mis à part le choix du Vrai, le Très-Haut. Tous les gnostiques sont unanimes à ce sujet. Aucune objection ne peut être enregistrée ici contre l'*Imām*. Les gens qui ne sont pas des connaissants en *Allāh* n'ont pas accès à cette réponse. C'est la raison pour laquelle ils ont critiqué l'*Imām* et se sont opposés à lui. Certains ont même nié qu'une telle phrase puisse être prononcée par lui, et ce, afin de mettre fin a la polémique et éviter que les gens remettent en cause ce grand Imām. Il était en effet, un pôle, qu'*Allāh* l'agrée, et une mer remplie de sciences. Si *Allāh* avait facilité l'accès des savants de l'exotérique a cette réponse, ils se seraient débarrassés de ce mélange. Ils auraient évité de dire du mal de cet *Imām*. Mais, *Allāh* a favorisé les uns par rapport aux autres dans la compréhension des sciences, exactement comme dans le cas de Ses dons. Ceux qui ont réussi a avoir la crème des sciences sont les connaissants en *Allāh*. Qu'*Allāh* soit satisfait d'eux et qu'il nous compte parmi eux. *Āmīn.* » Puis, notre maître, qu'*Allāh* l'agrée, a dit : « La preuve de ce que nous venons de dire dans cette réponse est le verset : ﴿ **Nous avons créé l'homme dans la forme la plus parfaite** ﴾ [S.95/V.4]. *Allāh*, le Très-Haut, l'a mentionné en utilisant l'expression du superlatif. Il en est de même pour le récit suivant : "*Allāh* a créé Ādam à Son image." C'est la preuve la plus décisive qui appuie ce qu'a dit l'*Imām al-Ghazzālī*. *Allāh*, le Très-Haut, n'a pas créé un être à Son image excepté l'être humain. » »

[1] C'est ce qui a une sensorialité et qui bouge par soi-même.

فَكُلُّ مَاْ سِوَاْهُ مِنْ إِنْسٍ، وَجِنٍّ، وَمَلَكٍ، وَشَيْطَانٍ، وَسَمَاءٍ، وَأَرْضٍ، وَحَيَوَانٍ[1]، ....

= بِوَجْهٍ وَإِنْ كَانَ يَصِحُّ تَعَلُّقُهُ فِي الذِّهْنِ وَبِعِبَارَةٍ أَنَّ صُورَةَ الْوُجُودِ وَعَيْنَهُ هِيَ الْحَقِيقَةُ الْمُحَمَّدِيَّةُ صَلَّى اللهُ عَلَيْهِ وَسَلَّمَ وَهِيَ مَخْلُوقَةٌ مِنَ السِّرِّ الْمَكْتُومِ الَّذِي لَا يُذْكَرُفَالْأَمْرُ الَّذِي هِيَ عَلَيْهِ هُوَ غَايَةُ الْجَمَالِ الْخَلْقِيِّ وَلَا جَمَالَ وَرَاءَهُ فَهَذَا الْمَعْنَى هُوَ الَّذِي قَصَدَهُ الْإِمَامُ وَلَمْ يَقْصِدْ تَعْجِيزَ الْقُدْرَةِ الْإِلَهِيَةِ لِأَنَّ هَذَا لَا يَخْفَى عَلَيْهِ رَضِيَ اللهُ عَنْهُ وَإِنَّمَا قَصَدَ الْإِخْبَارَ عَنْ أَفْضَلِ الْمَخْلُوقِ الَّذِي تَعَلَّقَتْ بِهِ الْمَشِيئَةُ فِي الْأَزَلِ كَمَا تَقَدَّمَ فِي الْجَوَابِ وَتِلْكَ الْحَقِيقَةُ هِيَ أَصْلُ كُلِّ مَوْجُودٍ أَوْجَدَهُ الْحَقُّ أَوْ يُوجِدُهُ لِأَنَّ الْعَالَمَ كُلَّهُ فَرْعٌ عَنْهَا وَهِيَ أَصْلٌ لَهُ مِنْ غَيْرِ عِلَّةٍ بَلْ بِاخْتِيَارِ الْحَقِّ سُبْحَانَهُ وَتَعَالَى وَهَذَا لَا إِشْكَالَ فِيهِ الْعَارِفِينَ بِاللهِ وَلَا اعْتِرَاضَ فِيهِ عَلَى الْإِمَامِ لِأَنَّهُ فِي غَايَةِ الْبَيَانِ وَلِعَدَمِ ظُهُورِ هَذَا الْجَوَابِ عَلَى غَيْرِ الْعَارِفِينَ وَقَعَ الْخَبْطُ وَالْإِعْتِرَاضُ وَالْانْتِقَادُ مِنْهُمْ عَلَى الْإِمَامِ حَتَّى أَنَّ بَعْضَ الْمُنْتَصِرِينَ لَهُ نَفَى هَذِهِ الْقَوْلَةَ عَلَى الْإِمَامِ رَأْساً لِيَخْرُجَ مِنْ هَذَا التَّخْلِيطِ وَيَسْلَمَ مِنَ الطَّعْنِ فِي هَذَا الْإِمَامِ الْأَكْبَرِ لِأَنَّهُ قُطْبٌ رَضِيَ اللهُ عَنْهُ وَبَحْرٌ زَاخِرٌ فِي الْعُلُومِ كَمَا هُوَ مَشْهُورٌ عِنْدَ الْأُمَّةِ وَلَوْ وَفَّقَ اللهُ أَهْلَ الظَّاهِرِ لِهَذَا الْجَوَابِ الْمَذْكُورِ لَاسْتَرَاحُوا مِنَ التَّخْلِيطِ الَّذِي وَقَعُوا فِيهِ وسَلِمُوا مِنْ جَانِبِ الْإِمَامِ لَكِنْ إِدْرَاكَاتُ الْعِلْمِ مَقْسُومَةٌ بَيْنَ الْخَلْقِ كَالْأَرْزَاقِ وَالْفَائِزُونَ بِزُبْدَتِهَا هُمُ الْعَارِفُونَ بِاللهِ رَضِيَ اللهُ عَنْهُمْ وَجَعَلَنَا مِنْهُمْ آمِينَ ثُمَّ قَالَ سَيِّدُنَا رَضِيَ اللهُ عَنْهُ الدَّلِيلُ عَلَى مَا تَقَدَّمَ مِنَ الْجَوَابِ قَوْلُهُ تَعَالَى لَقَدْ خَلَقْنَا الْإِنْسَانَ فِي أَحْسَنِ تَقْوِيمٍ فَإِنَّهُ ذَكَرَهُ بِصِيغَةِ التَّفْضِيلِ وَكَذَلِكَ الْحَدِيثُ إِنَّ اللهَ خَلَقَ آدَمَ عَلَى صُورَتِهِ وَهُوَ أَقْوَى الْأَدِلَّةِ عَلَى مَا ذَكَرَهُ الْغَزَّالِي لِمَنْ فَهِمَهُ لِأَنَّهُ لَمْ يُوجِدْ سُبْحَانَهُ وَتَعَالَى مَخْلُوقًا عَلَى صُورَتِهِ غَيْرَ الْآدَمِيِّ."

[1] مَا فِيهِ حِسٌّ وَحَرَكَةٌ لِذَاتِهِ.

végétaux[1], minéraux[2], accident, ce qui est perçu[3] ou ressenti[4] ; sont contingent et extrait de Sa Puissance après avoir été du néant puisque l'existence d'*Allāh* est intemporelle et qu'Il n'y avait rien d'existant avec Lui auparavant.

Il créa donc cela de par la manifestation de Son Pouvoir (*qudrah*) **et rendant effectif ce qui précédait de Sa Volonté** (*irādah*). Absolument rien n'échappe à Son joug et à Sa Puissance et on ne peut évaluer Sa valeur, exalté soit-Il.

﴾ **Son contraire** ﴿ à la Puissance ﴾ **est l'incapacité** (*ʿajz*). ﴿

﴾ **La preuve de cela** ﴿ c.-à-d. l'établissement de la Puissance (*al-qudrah*) pour Lui, exalté soit-Il, est l'existence du monde et de son agencement ﴾ **puisque s'Il** ﴿ n'avait pas eu la Puissance comme attribut, il serait incapable et s'il ﴾ **avait été incapable, Il n'aurait pas pu faire exister quoi que ce soit parmi ces créations** (*makhlūqāt*) ﴿ tandis que l'inexistence de ces choses est impossible puisque cela s'oppose au sens du toucher, de la vue, etc. Donc tout ce qui mènerait à cette précédente conclusion, qui est de Le décrire comme ayant l'attribut de l'incapacité, est faux et on Lui établit ainsi bien le contraire de ce dernier attribut qui est la Puissance. Et lorsqu'on Lui rend obligatoire la Puissance, son contraire Lui devient impossible.

---

[1] C'est ce qui n'a pas de sensorialité et pas de mouvement, mais qui grandit par soi-même et qui se meut par autrui.

[2] C'est le contraire des végétaux : c'est ce qui n'a pas de sensorialité et qui n'a pas de mouvement et qui ne grandit pas.

[3] C'est ce a quoi s'entache la raison par la compréhension.

[4] C'est ce qui est perçu par les sens qui sont le toucher, le goût, l'odorat, le goût et ce qui est perçu par l'ouïe et la vue.

وَنَبَاتٍ[1]، وَجَمَادٍ[2]، وَجَوْهَرٍ، وَعَرَضٍ، وَمُدْرَكٍ[3]، وَمَحْسُوسٍ[4]، حَادِثٌ أَنْشَأَهُ بِقُدْرَتِهِ إِنْشَاءً بَعْدَ أَنْ لَمْ يَكُنْ شَيْئًا. إِذْ كَانَ اللهُ فِي الأَزَلِ مَوْجُوْدًا لَمْ يَكُنْ مَعَهُ غَيْرُهُ.

فَأَحْدَثَ الْخَلْقَ بَعْدَ ذَلِكَ إِظْهَاراً لِقُدْرَتِهِ، وَتَحْقِيْقًا لِمَا سَبَقَ فِي إِرَادَتِهِ، لَا يَشِذُّ عَنْ قَبْضَتِهِ مِقْدَارٌ، وَلَا تَخْرُجُ عَنْ قُدْرَتِهِ تَصَارِيْفُ الْأُمُوْرِ، وَلَا تُحْصَىٰ مَقْدُوْرَاتُهُ تَعَالَىٰ.

(وَضِدُّهَا) أَي: الْقُدْرَةُ **(الْعَجْزُ)**.

(وَالدَّلِيْلُ عَلَىٰ ذَلِكَ) أَيْ: ثُبُوْتُ الْقُدْرَةِ لَهُ تَعَالَىٰ: وُجُوْدُ الْعَالَمِ وَتَرْكِيْبُهُ. **لِ(أَنَّهُ لَو)** اِنْتَفَتْ عَنْهُ الْقُدْرَةُ لَكَانَ عَاجِزًا، وَلَو **(كَانَ عَاجِزًا لَمْ يُوْجَدْ شَيْءٌ)** أَيْ: بَعْضٌ **(مِنْ هَذِهِ الْمَخْلُوْقَاتِ)**. وَعَدَمُ وُجُوْدِ شَيْءٍ مِنْهَا مُحَالٌ لِمَا يُخَالِفُهُ الْحِسُّ وَالْعِيَانُ. فَبَطَلَ مَا أَدَّىٰ إِلَيْهِ وَهُوَ اِتِّصَافُهُ تَعَالَىٰ بِالْعَجْزِ، فَثَبَتَ نَقِيْضُهُ، وَهُوَ اِتِّصَافُهُ تَعَالَىٰ بِالْقُدْرَةِ، وَحَيْثُ وَجَبَتْ لَهُ الْقُدْرَةُ اِسْتَحَالَ عَلَيْهِ ضِدُّهَا.

---

[1] مَا لَا حِسٌّ فِيهِ وَلَا حَرَكَةَ وَلَكِنَّهُ يَنْمُو بِنَفْسِهِ وَيَتَحَرَّكُ بِغَيْرِهِ.

[2] عَكْس النَّبَاتُ: مَا لا حِسٌّ فِيهِ وَلَا حَرَكَةَ وَلَا نُمُوَّ.

[3] مَا يَلْحَقُهُ الْعَقْلُ بِفَهْمِهِ.

[4] مَا يُدْرَكُ بِالْحَوَاسِّ الَّتِي هِيَ اللَّمْسُ وَالذَّوْقُ وَالشَّمُّ وَالطَّعْمُ وَمُدْرَكَاتُ السَّمْعِ وَالْبَصَرِ.

[2ème : La Volonté (*al-irādah*)[1]]

﴾ **Il est nécessaire Le concernant, exalté soit-Il, la Volonté** (*al-irādah*) ﴿ qui est équivalent au Souhait, ﴾ **qui est un attribut** ﴿ existant ﴾ **Prééternel** (*qādim*), **qui subsiste par Son Essence** (*dhāt*), **exalté soit-Il, par lequel Il spécifie le possible** ﴿ de par ce qui lui est possible le concernant[2], que ce soit ﴾ **l'existence ou l'inexistence ou bien** ﴿ par des qualités comme la blancheur ou la noirceur, ﴾ **la richesse ou la pauvreté, le savoir ou l'ignorance et ainsi de suite.** ﴿

Comme : la taille grande ou petite, la temporalité comme le fait qu'il soit durant l'époque d'*Ibrāhīm* ou durant l'époque de *ʿĪsā*, que le salut soit sur eux deux. Ou bien la localité comme le fait qu'il soit à La Mecque ou à *Ṭā'if* ; ou dans une direction comme le fait qu'il soit dans la direction de l'est ou dans la direction de l'ouest.

﴾ **Son contraire est** ﴿ c.-à-d. à la Volonté est ﴾ **la contrainte** (*al-karāhah*) ﴿ dans le sens d'absence de volonté.

Sachez que la **Volonté** (*al-irādah*) chez les sunnites est autre chose que **l'Ordre** (*al-amr*), **l'Agrément** (*al-riḍā*) ou **le Savoir** (*al-ʿilm*).

---

[1] Linguistiquement cela signifie : la décision.

[2] En accord avec la Science.

[الثَّانِيَةُ: الْإِرَادَةُ[1]]

(**وَيَجِبُ فِيْ حَقِّهِ تَعَالَىٰ: الْإِرَادَةُ**) وَيُرَادِفُهَا: الْمَشِيْئَةُ (**وَهِيَ صِفَةٌ**) مَوْجُوْدَةٌ (**قَدِيْمَةٌ قَائِمَةٌ بِذَاتِهِ تَعَالَىٰ، يُخَصِّصُ بِهَا الْمُمْكِنَ**) بِبَعْضِ مَا يَجُوْزُ عَلَيْهِ[2]، إِمَّا (**بِالْوُجُوْدِ، أَوْ بِالْعَدَمِ، أَوْ**) بِالصِّفَاتِ كَالْبَيَاضِ أَو السَّوَادِ، أَوْ (**بِالْغِنَىٰ، أَوْ بِالْفَقْرِ، أَوْ بِالْعِلْمِ، أَوْ بِالْجَهْلِ إِلَىٰ غَيْرِ ذَلِكَ**).

كَالْمَقَادِيْرِ: كَالطُّوْلِ أَوْ الْقِصَرِ. وَكَالْأَزْمِنَةِ: كَكَوْنِهِ فِيْ زَمَنِ إِبْرَاهِيْمَ، أَوْ فِيْ زَمَنِ عِيْسَىٰ عَلَيْهِمَا السَّلَامُ. وَالْأَمْكِنَةُ: كَكَوْنِهِ فِيْ مَكَّةَ أَوْ فِيْ الطَّائِفِ. وَالْجِهَاتُ: كَكَوْنِهِ فِيْ جِهَةِ الْمَشْرِقِ، أَوْ فِيْ جِهَةِ الْمَغْرِبِ.

(**وَضِدُّهَا**) أَيْ: الْإِرَادَةُ: (**الْكَرَاهَةُ**) بِمَعْنَىٰ عَدَمِ الْإِرَادَةِ.

وَاعْلَمْ أَنَّ **الْإِرَادَةَ** عِنْدَ أَهْلِ السُّنَّةِ **غَيْرُ الْأَمْرِ وَالرِّضَا وَالْعِلْمِ**.

---

[1] فِي لُغَة الْقَصْدُ.

[2] عَلَى وَفْقِ الْعِلْمِ.

Il a **voulu**, **ordonné** et **agréé** la foi de ceux dont *Allāh* savait qu'ils seraient croyants comme la foi de celle d'*Abū Bakr*, qu'*Allāh* soit satisfait de lui. On appelle cela **"obligatoire par autrui** (*wājib lighayrihi*)" puisqu'à partir du moment où le savoir d'*Allāh* est lié ainsi que Sa volonté de faire exister cela à un moment, il devient obligatoire qu'il existe à ce moment-là. Donc, il devient impossible qu'il soit inexistant à ce moment-là et on appelle cela **"impossible par autrui** (*mustaḥīl lighayrihi*)".

Il peut aussi **ne pas vouloir, ni ordonner, ni agréer,** par exemple la mécréance de ceux précédemment cités. C'est d'ailleurs même impossible comme déjà expliqué auparavant.

Et **Il a voulu, mais n'a pas ordonné ni agréé** la mécréance de ceux dont Il savait qu'ils seraient mécréants comme Pharaon, *Hāmān* ou *Qārūn* ou la désobéissance qui survient dans l'univers. Tout cela survient par la Volonté d'*Allāh*, exalté soit-Il.

Et Il peut aussi ordonner, mais ne pas vouloir, par exemple la foi de ceux dont *Allāh* savait qu'ils ne croiraient pas comme la foi de ceux précédemment mentionnés. Il leur ordonne effectivement de croire bien qu'Il n'ait pas voulu qu'ils soient croyants. Cela, en raison d'une sagesse qu'*Allāh*, exalté soit-Il, connaît ; Il a dit **:** ﴿ ***Il n'est pas questionné concernant ce qu'Il fait*** ﴾ [S.21/V.23]

Il y a donc quatre catégories.

L'Agrément (*riḍā*) résulte de l'Ordre (*amr*).

فَقَدْ **يُرِيْدُ، وَيأْمُرُ، وَيرْضا** كَإِيْمَاْنِ مَنْ عَلِمَ اللهُ إِيْمَاْنَهُ، مِثْلُ أَبِيْ بَكْرٍ رَضِيَ اللهُ عَنْهُ. وَهَذاْ يُقَاْلُ لَهُ: **"وَاْجِبٌ لِغَيْرِهِ"** لِأَنَّهُ حَيْثُ تَعَلَّقَ عِلْمُ اللهِ وَإِرَاْدَتُهُ بِوُجُوْدِهِ فِيْ وَقْتٍ وَجَبَ وُجُوْدُهُ فِيْهِ، وَيَسْتَحِيْلُ عَدَمُهُ فِيْ ذَلِكَ الْوَقْتِ. وَيُقَاْلُ لَهُ: **"مُسْتَحِيْلٌ لِغَيْرِهِ"**.

وَقَدْ **لَاْ يُرِيْدُ، وَلَاْ يَأْمُرُ، وَلَاْ يَرْضَاْ**. كَاْلْكُفْرِ مِمَّنْ ذُكِرَ، بَلْ هُوَ مُسْتَحِيْلٌ كَمَاْ مَرَّ.

وَقَدْ **يُرِيْدُ، وَلَاْ يَأْمُرُ، وَلَاْ يَرْضَاْ**. كَاْلْكُفْرِ مِمَّنْ عَلِمَ اللهُ عَدَمَ إِيْمَاْنِهِمْ، مِثْلُ: فِرْعَوْنَ، وَهَاْمَاْنَ، وَقَاْرُوْنَ. وَكَاْلْمَعَاْصِيْ الْوَاْقِعَةِ فِيْ الْكَوْنِ. فَإِنَّ الْجَمِيْعَ وَاْقِعٌ بِإِرَاْدَتِهِ تَعَاْلَىْ.

وَقَدْ **يَأْمُرُ، وَلَاْ يُرِيْدُ**. كَإِيْمَاْنِ مَنْ عَلِمَ اللهُ أَنَّهُ لَاْ يُؤْمِنُ. كَاْلْإِيْمَاْنِ مِمَّنْ ذُكِرَ. وَإِنَّمَاْ أَمَرَهُمْ بِهِ مَعَ كَوْنِهِ لَمْ يُرِدْهُ مِنْهُ؛ لِحِكْمَةٍ يَعْلَمُهَاْ اللهُ تَعَاْلَىْ: ﴿ **لَاْ يُسْأَلُ عَمَّاْ يَفْعَلُ** ﴾.

فَاْلْأَقْسَاْمُ أَرْبَعَةٌ.

وَالرِّضَاْ لَاْزِمٌ لِلْأَمْرِ.

La Volonté (*al-irādah*) a comme domaine tout ce qui est **possible** (*mumkin*), de même que la Puissance (*al-qudrah*)[1]. Cependant, la relation de la Puissance est une relation d'**existenciation** (*ījād*) et de **non-existenciation** (*iʿdām*) tandis que la relation de la Volonté est une relation de **spécification** (*takhṣīṣ*) donc elle n'a pas comme domaine l'obligatoire ou l'impossible, mais elle porte bel et bien sur le possible, bon ou mauvais.

Ainsi, il n'y a rien dans le monde qui ne survient, qu'il soit bon ou mauvais, sans que ce soit issu de la Volonté d'*Allāh*, exalté soit-Il. Puisqu'il n'est pas possible qu'il se produire dans le monde quelque chose de coercitif vis-à-vis de Lui, exalté soit-Il.

Ceci contrairement à l'avis des Mu'tazilites prétendant que Sa Volonté n'est pas reliée aux éléments mauvais et dégradants. **Néanmoins, il nous est nécessaire, par convenance vis-à-vis d'*Allāh*, de ne pas Lui attribuer ce qui est mauvais et dégradant, sauf dans le cadre de l'apprentissage**. Cela n'est pas permis [en dehors de l'apprentissage] comme le fait de Lui, exalté soit-Il, attribuer les choses viles. Il n'est pas permis de dire, en dehors du cadre de l'apprentissage [par exemple] : « *Allāh* a créé les singes et les porcs. »

---

[1] La Puissance et la Volonté sont des attributs liés et dont la liaison se fait en un point qui sont le domaine des possibilités. Leur lien est un lien d'effectivité si ce n'est que l'effet produit par la Puissance sur l'élément possible est son existence ou sa non-existence et l'effet produit par la Volonté est la spécification de l'élément possible dans ce qui est possible pour celui-ci.

On exclut donc par « possible » les éléments obligatoires et impossibles. Ces précédents attributs de la Puissance et de la Volonté ne sont pas liés à ceux-ci.

وَتَتَعَلَّقُ الْإِرَادَةُ بِكُلِّ **مُمْكِنٍ** كَالْقُدْرَةِ[1]. لَكِنَّ تَعَلُّقَ الْقُدْرَةِ تَعَلُّقُ **إِيجَادٍ وَإِعْدَامٍ**، وَتَعَلُّقُ الْإِرَادَةِ تَعَلُّقُ **تَخْصِيصٍ**. فَلَا تَتَعَلَّقُ بِالْوَاجِبِ، وَلَا بِالْمُسْتَحِيلِ. وَشَمَلَ الْمُمْكِنُ الْخَيْرَ وَالشَّرَّ.

فَلَا يَقَعُ فِي الْكَوْنِ شَيْءٌ مِنْ خَيْرٍ أَوْ شَرٍّ إِلَّا بِإِرَادَتِهِ تَعَالَىٰ، إِذْ لَا يَصِحُّ أَنْ يَقَعَ فِي الْكَوْنِ شَيْءٌ قَهْرًا عَنْهُ تَعَالَىٰ.

خِلَافًا لِلْمُعْتَزِلَةِ الْقَائِلِينَ بِأَنَّ إِرَادَتَهُ تَعَالَىٰ لَا تَتَعَلَّقُ بِالشُّرُورِ وَالْقَبَائِحِ، **وَلَكِنْ يَجِبُ عَلَيْنَا الْأَدَبُ مَعَ اللهِ تَعَالَىٰ بِأَنْ لَا نَنْسِبَ الشُّرُورَ وَالْقَبَائِحَ إِلَيْهِ تَعَالَىٰ إِلَّا فِي مَقَامِ التَّعْلِيمِ**، فَإِنَّ ذَٰلِكَ لَا يَجُوزُ، كَنِسْبَةِ خَلْقِ الْأُمُورِ الْخَسِيسَةِ إِلَيْهِ تَعَالَىٰ. فَلَا يَجُوزُ أَنْ يُقَالَ فِي غَيْرِ مَقَامِ التَّعْلِيمِ: اللهُ خَالِقُ الْقِرَدَةِ وَالْخَنَازِيرِ.

---

[1] الْقُدْرَةُ وَالإِرَادَةُ مِنَ الصِّفَاتِ الْمُتَعَلِّقَةِ، وَمُتَعَلَّقُهُمَا وَاحِدٌ وَهُوَ الْمُمْكِنَاتُ، وَتَعَلُّقُهُمَا بِهَا تَعَلُّقُ تَأْثِيرٍ، غَيْرَ أَنَّ التَّأْثِيرَ بِالْقُدْرَةِ فِي وُجُودِ الْمُمْكِنِ أَوْ عَدَمِهِ، وَالتَّأْثِيرُ بِالإِرَادَةِ فِي تَخْصِيصِ الْمُمْكِنِ بِبَعْضِ مَا يَجُوزُ عَلَيهِ.

وَخَرَجَ بِـ"الْمُمكِنَات" الوَجِبَاتُ وَالْمُسْتَحِيلَاتُ، فَلَا يُمْكِنُ أَنْ تَتَعَلَّقَ بِهِمَا الْقُدْرَةُ وَالإِرَادَةُ.

﴾ **La preuve de cela** ﴿ c.-à-d. l'établissement de la Volonté pour *Allāh*, exalté soit-Il, c'est l'existence du monde et de son agencement ﴾ **puisque s'Il** ﴿ exalté soit-Il, n'avait pas été décrit par la Volonté, Il serait alors contraint et s'Il ﴾ **avait été contraint** ﴿ c.-à-d. n'ayant pas de Volonté, Il ne saurait être décrit par la Puissance.

Mais, il est impossible qu'Il ne soit pas qualifié ainsi puisque s'Il n'est pas qualifié ainsi ﴾ **Il serait incapable et le fait qu'Il soit incapable est impossible** ﴿ puisque s'Il l'était, Il n'aurait rien pu faire exister parmi les éléments contingents et cela est invalide puisqu'on observe leur existence.

Donc, l'incapacité, qui implique l'inexistence de ces éléments, est ainsi invalidée. Puis, lorsqu'on a nié l'incapacité, on nie par la suite la contrainte et on établit par conséquent son contraire, qui est la Volonté. Et lorsqu'on Lui, exalté soit-Il, rend obligatoire la Volonté alors il devient impossible pour Lui son contraire.

(وَالدَّلِيْلُ عَلَىٰ ذَلِكَ) أَيْ: ثُبُوْتُ الْإِرَادَةِ لَهُ تَعَالَىٰ، وُجُوْدُ الْعَالَمِ وَتَرْكِيْبُهُ. **(أَنَّهُ)** تَعَالَىٰ **(لَوْ)** لَمْ يَتَّصِفْ بِالْإِرَادَةِ لَكَانَ كَارِهًا، وَلَوْ **(كَانَ كَارِهًا)** أَيْ: عَادِمَ الْإِرَادَةِ، لَمْ يَتَّصِفْ بِالْقُدْرَةِ.

لَكِنَّ عَدَمَ اِتِّصَافِهِ بِهَا مُحَالٌ، إِذْ لَوْ لَمْ يَتَّصِفْ بِهَا **(لَكَانَ عَاجِزًا، وَكَوْنُهُ عَاجِزًا مُحَالٌ)**. إِذْ لَوْ عَجِزَ لَمَا أَوْجَدَ شَيْئًا مِنَ الْحَوَادِثِ. وَذَلِكَ بَاطِلٌ لِمُشَاهَدَةِ وُجُوْدِهَا.

فَبَطَلَ مَا أَدَّىٰ إِلَيْهِ عَدَمُ الْإِيْجَادِ، وَهُوَ عَجْزُهُ. وَإِذَا اِنْتَفَى الْعَجْزُ اِنْتَفَتِ الْكَرَاهَةُ، وَثَبَتَ نَقِيْضُهَا، وَهُوَ الْإِرَادَةُ. وَحَيْثُ وَجَبَتْ لَهُ تَعَالَىٰ الْإِرَادَةُ، اِسْتَحَالَ عَلَيْهِ ضِدُّهَا.

[3ème : Le Savoir (*al-ʿilm*)]

﴾ **Et il est nécessaire Le concernant, exalté soit-Il, le Savoir** (*al-ʿilm*). **C'est un attribut** ﴿ existant ﴾ **Prééternel** (*qadīmah*), **qui subsiste par Son Essence, exalté soit-Il, par lequel il connaît les choses** ﴿ obligatoires, possibles et impossibles[1] ; d'une manière totalisante selon ce qu'elles sont de manière détaillée. Il sait donc ce qui n'a pas de fin de manière précise comme Ses qualités ou le nombre de souffles des gens du paradis.

Le relation (*taʿalluq*) **du Savoir** (*al-ʿilm*) **est unique** : c'est celle de la **réalisation Prééternelle** (*tanjīzī qadīm*). Il, exalté soit-Il, est savant de tout, de manière totalisante de ce qui se trouve du plus profond de la terre jusqu'au plus élevé des cieux. Rien n'échappe à Son Savoir, ne serait-ce qu'un atome d'entre la terre ou du ciel.

Il connaît même ce qui compose une fourmi noire crevassée dans une pierre noire durant une nuit ténébreuse, de par un savoir **Prééternel** (*qadīm*) et **sempiternel** (*azalī*) par lequel Il est éternellement décrit et non par un savoir qui serait renouvelé en étant caractérisé par **l'incarnation** (*ḥulūl*), ou bien caractérisé par le **changement** (*intiqāl*). Il n'y a donc pas de fin à ce qu'Il connaît.

﴾ **Son contraire** ﴿ c.-à-d. à l'attribut du Savoir ﴾ **est l'ignorance** (*al-jahl*) ﴿.

---

[1] C'est un lien de dévoilement dans le sens que ces éléments sont dévoilés par l'attribut du Savoir à Son Essence, exalté soit-Il, de manière sempiternelle, perpétuelle et qui n'est pas le fruit d'une méditation ou d'une étude argumentative.

[الثَّاْلِثَةُ: الْعِلْمُ]

(**وَيَجِبُ فِيْ حَقِّهِ تَعَاْلَىْ: الْعِلْمُ. وَهِيَ صِفَةٌ**) مَوْجُوْدَةٌ، (**قَدِيْمَةٌ، قَاْئِمَةٌ بِذَاْتِهِ تَعَاْلَىْ. يَعْلَمُ بِهَاْ الْأَشْيَاْءَ**) مِنَ الْوَاْجِبَاْتِ، وَالْجَاْئِزَاْتِ، وَالْمُسْتَحِيْلَاْتِ[1] عَلَىْ وَجْهِ الْإِحَاْطَةِ، عَلَىْ مَاْ هِيَ عَلَيْهِ تَفْصِيْلًا. فَيَعْلَمُ سُبْحَاْنَهُ وَتَعَاْلَىْ مَاْ لَاْ نِهَاْيَةَ لَهُ تَفْصِيْلًا، كَكَمَاْلَاْتِهِ، وَأَنْفَاْسِ أَهْلِ الْجَنَّةِ.

فَتَعَلُّقُ الْعِلْمِ وَاْحِدٌ: تَنْجِيْزِيٌّ قَدِيْمٌ. فَهُوَ تَعَاْلَىْ عَاْلِمٌ بِجَمِيْعِ الْمَعْلُوْمَاْتِ، مُحِيْطٌ بِجَمِيْعِ مَاْ يَجْرِيْ تَحْتَ تُخُوْمِ الْأَرْضِ إِلَىْ أَعْلَىْ السَّمَاْوَاْتِ، لَاْ يَعْزُبُ عَنْ عِلْمِهِ مِثْقَاْلُ ذَرَّةٍ فِيْ الْأَرْضِ وَلَاْ فِيْ السَّمَاْءِ.

بَلْ يَعْلَمُ دَبِيْبَ النَّمْلَةِ السَّوْدَاْءِ، عَلَىْ الصَّخْرَةِ الصَّمَّاْءِ، فِيْ اللَّيْلَةِ الظَّلْمَاْءِ، بِعِلْمٍ **قَدِيْمٍ أَزَلِيٍّ**. لَمْ يَزَلْ مَوْصُوْفًا بِهِ فِيْ أَزَلِ الْآزَاْلِ. لَاْ بِعِلْمٍ مُتَجَدِّدٍ، مَوْصُوْفٍ **بِالْحُلُوْلِ وَالْاِنْتِقَاْلِ**. فَلَاْ تَتَنَاْهَىْ مَعْلُوْمَاْتُهُ.

(**وَضِدُّهَاْ**) أَيْ: صِفَةُ الْعِلْمِ: (**الْجَهْلُ**).

---

[1] تَعَلُّقَ انْكِشَافٍ بِمَعْنَى أَنَّ هِذِهِ الْأُمُورَ مُنْكَشِفَةٌ بِصِفَةِ الْعِلْمِ لِذَاتِهِ تَعَالَى أَزَلًا وَأَبَداً بِلَا تَأَمُّلٍ وَلَا اسْتِدْلَالٍ.

Point bénéfique :

La relation (*ta'alluq*) de la Volonté suit celle du Savoir **seulement de manière intelligible** (*ta'aqqul*), **non pas en dehors de l'intellect** puisqu'ils sont tous deux primordiaux dans le sens qu'on peut effectivement se représenter mentalement en premier lieu la relation du Savoir, puis celle de la Volonté, et enfin celle de la Puissance existentialiste (*tanjīzī*) qui suit les deux autres. Mais il y a entre cette dernière et les deux premières un agencement intelligible et réel puisque celle-ci est créée tandis que les deux premières sont prééternelles.

﴾ **Et la preuve de cela** ﴿ c.-à-d. l'affirmation pour Lui, exalté soit-Il, du Savoir est l'existence du monde et de son agencement ﴾ **car s'Il** ﴿ exalté soit-Il, n'avait pas été décrit par le Savoir, Il aurait été décrit par l'ignorance, et s'﴾ **Il était ignorant,** ﴿Il ne serait pas décrit par la Volonté.

Et s'Il ﴾ **n'avait pas été Voulant** ﴿ Il n'aurait rien créé dans le monde ﴾ **et cela est impossible** ﴿ puisque nous observons l'existence de ces choses de manière visuelle et sensorielle. Et lorsqu'on établit pour Lui, exalté soit-Il, le Savoir, il devient impossible pour Lui son contraire.

فَائِدَةٌ:

تَعلُّقُ الْإِرَادَةِ، تَابِعٌ لِتَعلُّقِ الْعِلْمِ **فِيْ التَّعقُّلِ فَقَطْ، لَا فِيْ الْخَارِجِ**؛ لِأَنَّهُمَا قَدِيْمَانِ. بِمَعْنَى أَنَّكَ تَتَعَقَّلُ أَوَّلًا تَعَلُّقَ الْعِلْمِ، ثُمَّ تَتَعَقَّلُ تَعلُّقَ الْإِرَادَةِ. وَتَعلُّقُ الْقُدْرَةِ التَّنْجِيْزِيُ تَابِعٌ لِلْتَعلُّقَيْنِ، وَبَيْنَهُ وَبَيْنَهُمَا تَرْتِيْبٌ فِيْ التَّعقُّلِ وَالْخَارِجِ؛ لِأَنَّهُ حَادِثٌ، وَهُمَا قَدِيْمَانِ.

(وَالدَّلِيْلُ عَلَى ذَلِكَ) أَيْ: ثُبُوْتُ الْعِلْمِ لَهُ تَعَالَى. وُجُوْدُ الْعَالَمِ وَتَرْكِيْبُهُ **(أَنَّهُ)** تَعَالَى **(لَوْ)** لَمْ يَتَّصِفْ بِالْعِلْمِ، لَاتَّصَفَ بِالْجَهْلِ، وَلَوْ **(كَانَ جَاهِلًا)** لَمْ يَتَّصِفْ بِالْإِرَادَةِ،

وَلَوْ **(لَمْ يَكُنْ مُرِيْدًا)** لَمْ يُوْجَدْ شَيْءٌ مِنَ الْعَالَمِ، **(وَهُوَ مُحَالٌ)** لِمُشَاهَدَةِ وُجُوْدِهِ بِالْحِسِّ وَالْعِيَانِ. وَحَيْثُ وَجَبَ لَهُ تَعَالَى الْعِلْمُ، اِسْتَحَالَ عَلَيْهِ ضِدُّهُ.

[4ème : la Vie (*al-ḥayāh*)]

﴾ **Et il est nécessaire Le concernant, exalté soit-Il : la Vie** (*al-ḥayāh*). **C'est un attribut** ﴿ existentiel ﴾ **Prééternel qui subsiste par Son Essence, exalté soit-Il, qui Lui rend possible le fait d'être décrit par le Savoir et par d'autres attributs** ﴿ c.-à-d. les attributs **entitatifs** (*ma'ānī*) comme la Puissance (*qudrah*), la Volonté (*irādah*), l'Ouïe (*sam'*), la Vue (*baṣar*), la Parole (*kalām*). La Vie (*ḥayāh*) d'*Allāh* se fait par Sa propre Essence (*dhāt*) et non par l'intermédiaire d'un esprit (*rūḥ*)[1].

﴾ **Son contraire est la mort** (*al-mawt*). ﴿ Il, exalté soit-Il, n'est donc pas pris par la somnolence, le sommeil, la possibilité d'extinction ou la mort. ﴾ **Et la preuve de cela** ﴿ c.-à-d. l'établissement de la Vie (*ḥayāh*) pour lui, est l'existence du monde et son agencement. ﴾ **S'il** ﴿ n'avait pas été décrit par la Vie (*ḥayāh*), il serait décrit par la mort et s'Il ﴾ **était mort, Il ne serait pas capable, voulant et savant. Et cela** ﴿ c.-à-d. la non-caractérisation d'*Allāh* par les attributs de la Puissance, Volonté et du Savoir ﴾ **est impossible** ﴿ puisque s'Il était ainsi, Il n'aurait rien fait exister dans le monde et ceci est invalide puisque cela contredit l'observation et les sens.

La Vie n'a pas de relation avec quoi que ce soit, et c'est **une condition rationnelle** (*sharṭ 'aqlī*) pour les Attributs entitatifs (*ma'ānī*) dont l'existence implique l'existence des Attributs entitatifs (*ma'ānī*) en dehors de cet attribut-ci et celui qui ne la possède pas, l'inexistence. Et lorsqu'on Lui, exalté soit-Il, rendu obligatoire la Vie, il devient impossible son contraire.

---

[1] Sa Vie n'est pas comme notre vie puisque Sa Vie n'a pas pour cause l'esprit tandis que celle-ci est la cause de notre vie.

[الرَّابِعَةُ: الحَيَاةُ]

(وَيجِبُ فِيْ حَقِّهِ تَعَالَىْ: الحَيَاةُ. وَهِيَ صِفَةٌ) وُجُوْدِيَّةٌ **(قَدِيمَةٌ، قَائِمَةٌ بِذَاتِهِ تَعَالَىْ. تُصَحِّحُ)** أَيْ: تِلْكَ الصِّفَةُ **(لَهُ)** تَعَالَىْ **(أَنْ يَتَّصِفَ بِالْعِلْمِ وَغَيْرِهِ مِنَ الصِّفَاتِ)** أَيْ: صِفَاتُ **الْمَعَانِيْ**، كَالْقُدْرَةِ، وَالْإِرَادَةِ، وَالسَّمْعِ، وَالْبَصَرِ وَالْكَلَامِ. وَحَيَاةُ اللهِ تَعَالَىْ بِذَاتِهِ، لَيسَتْ بِرُوْحٍ[1].

(وَضِدُّهَا: الْمَوْتُ) فَهُوَ تَعَالَىْ لَاْ تَأْخُذُهُ سِنَةٌ وَلَاْ نَوْمٌ، وَلَاْ يُعَارِضُهُ فَنَاءٌ وَلَاْ مَوْتٌ. **(وَالدَّلِيْلُ عَلَىْ ذَلِكَ)** أَيْ: ثُبُوْتُ الْحَيَاةِ لَهُ تَعَالَىْ "وُجُوْدُ الْعَالَمِ". وَتَرْكِيْبُهُ: **(أَنَّهُ)** تَعَالَىْ **(لَوْ)** لَمْ يَتَّصِفْ بِالْحَيَاةِ، لَاتَّصَفَ بِالْمَوْتِ. وَلَوْ **(كَانَ مَيْتًا، لَمْ يَكُنْ قَادِرًا، وَلَاْ مُرِيْدًا، وَلَاْ عَالِمًا. وَهُوَ)** أَيْ: عَدَمُ اِتِّصَافِهِ تَعَالَىْ بِالْقُدْرَةِ، وَالْإِرَادَةِ، وَالْعِلْمِ **(مُحَالٌ)**. إِذْ لَوْ كَانَ تَعَالَىْ كَذَلِكَ، لَمْ يُوْجَدْ شَيْءٌ مِنَ الْعَالَمِ، وَذَلِكَ بَاطِلٌ؛ لِأَنَّهُ خِلَافُ الْحِسِّ وَالْعَيَانِ.

وَالْحَيَاةُ لَاْ تَتَعَلَّقُ بِشَيْءٍ. وَهِيَ **شَرْطٌ عَقْلِيٌّ** فِيْ صِفَاتِ الْمَعَانِيْ، يَلْزَمُ مِنْ وُجُوْدِهَا، وُجُوْدُ صِفَاتِ الْمَعَانِيْ مَا عَدَاهَا، وَمِنْ عَدَمِهَا الْعَدَمُ. وَحَيْثُ وَجَبَتْ لَهُ تَعَالَىْ الْحَيَاةُ، اِسْتَحَالَ عَلَيْهِ ضِدُّهَا.

---

[1] حَيَاتُهُ لَيْسَتْ كَحَيَاتِنَا لِكَوْنِ حَيَاتِهِ لَيْسَتْ بِسَبَبِ الرُّوحِ وَحَيَاتُنَا بِسَبَبِهَا.

[5ème & 6ème : l'Ouïe et la Vue (*al-samʿ wa al-baṣar*)]

﴿ **Et il est nécessaire Le concernant, exalté soit-Il, l'Ouïe** (*al-samʿ*) **et la Vue** (*al-baṣar*) **qui sont deux attributs primordiaux qui subsistent par Son Essence, exalté soit-Il, par lesquels Lui sont révélés ce qui existe** ﴾ parmi les essences, sons, couleurs et autres. Leur relation est une **relation de révélation** (*inkishāf*) comme celle du Savoir (*al-ʿilm*).

Il nous est nécessaire de croire que **"la révélation** (*inkishāf*)**"** résultante l'Ouïe est différente de **"la révélation"** résultante de la Vue et que ces deux ne sont pas **"la révélation"** résultante du Savoir. Il est aussi obligatoire de remettre à *Allāh* la réalité de ces trois types de "révélations".

L'affaire ici présente n'est pas comme nous la connaissons[1] comme étant que la Vue serait utile par l'observation et une clarté supplémentaire à la Science. Au contraire, tous Ses Attributs, exalté soit-Il, sont complets et parfaits. Il est impossible que quelque chose lui soit caché, l'ajout, la diminution et ainsi de suite. Ainsi, Il, exalté soit-Il, rien d'existant n'est caché de Son Ouïe même s'il est quasi-inaudible et rien n'est occulté de Sa Vision même s'il est minuscule.

La distance ne gêne pas Son Ouïe et l'obscurité n'occulte pas Sa Vue. Il, exalté soit-Il, entend sans canaux auditifs ni oreilles et Il voit sans pupille ni paupières. De même, Il connaît sans avoir un cœur, Il saisit sans membre, Il crée sans instrument, car Ses Attributs ne ressemblent pas à ceux de la création. De même, Son Essence ne ressemble pas aux essences de la création.

---

[1] Leur signification concernant les éléments contingents est, pour l'ouïe : une force qu'*Allāh* a créée dans les deux oreilles et pour la vue : une force qu'*Allāh* a créée dans les deux yeux.

[الْخَامِسَةُ وَالسَّادِسَةُ: السَّمْعُ وَالْبَصَرُ]

(وَيَجِبُ فِيْ حَقِّهِ تَعَالَىْ: السَّمْعُ، وَالْبَصَرُ. وَهُمَاْ صِفَتَاْنِ قَدِيْمَتَاْنِ، قَائِمَتَاْنِ بِذَاْتِهِ تَعَاْلَىْ، يَنْكَشِفُ بِهِمَاْ الْمَوْجُوْدُ) مِنْ ذَوَاْتٍ، وَأَصْوَاْتٍ، وَأَلْوَاْنٍ، وَغَيْرِهَاْ. وَتَعَلُّقُهُمَاْ **تَعَلُّقُ اِنْكِشَاْفٍ**، كَتَعَلُّقِ الْعِلْمِ.

وَيَجِبُ عَلَيْنَاْ أَنْ نَعْتَقِدَ أَنَّ "**الاِنْكِشَاْفَ**" الْحَاْصِلَ بِالسَّمْعِ، غَيْرُ "**الاِنْكِشَاْفِ**" الْحَاْصِلِ بِالْبَصَرِ. وَأَنَّ "**الاِنْكِشَاْفَ**" الْحَاْصِلَ بِكُلٍّ مِنْهُمَاْ، غَيْرُ "**الاِنْكِشَاْفِ**" الْحَاْصِلِ بِالْعِلْمِ. وَأَنَّ لِكُلٍّ مِنَ "الاِنْكِشَاْفَاْتِ" الثَّلَاْثَةِ، حَقِيْقَةٌ يُفَوَّضُ عِلْمُهَاْ إِلَىْ اللهِ تَعَاْلَىْ.

وَلَيْسَ الْأَمْرُ عَلَىْ مَاْ نَعْهَدُهُ[1]، مِنْ أَنَّ الْبَصَرَ يُفِيْدُ بِالْمُشَاْهَدَةِ وُضُوْحًا فَوْقَ الْعِلْمِ. بَلْ جَمِيْعُ صِفَاْتِهِ تَعَاْلَىْ تَاْمَّةٌ كَاْمِلَةٌ، يَسْتَحِيْلُ عَلَيْهَاْ الْخَفَاْءُ، وَالزِّيَاْدَةُ، وَالنَّقْصُ إِلَىْ غَيْرِ ذَلِكَ. فَهُوَ تَعَاْلَىْ لَاْ يَعْزُبُ عَنْ سَمْعِهِ مَوْجُوْدٌ وَإِنْ خَفِيَ، وَلَاْ يَغِيْبُ عَنْ بَصَرِهِ شَيْءٌ وَإِنْ دَقَّ.

وَلَاْ يَدْفَعُ سَمْعَهُ بُعْدٌ، وَلَاْ يَحْجُبُ رُؤْيَتَهُ ظَلَاْمٌ. يَسْمَعُ تَعَاْلَىْ مِنْ غَيْرِ أَصْمِخَةٍ وَآذَاْنٍ، وَيَرَىْ مِنْ غَيْرِ حَدَقَةٍ وَأَجْفَاْنٍ. كَمَاْ يَعْلَمُ بِغَيْرِ قَلْبٍ، وَيَبْطِشُ مِنْ غَيْرِ جَاْرِحَةٍ، وَيَخْلُقُ بِغَيْرِ آلَةٍ. إِذْ لَاْ تُشْبِهُ صِفَاْتُهُ صِفَاْتَ الْخَلْقِ، كَمَاْ لَاْ تُشْبِهُ ذَاْتُهُ ذَوَاْتِ الْخَلْقِ.

---

[1] مَعْنَاهَا فِي حَقِّ الْحَادِثِ فَالسَّمْعُ قُوَّةٌ خَلَقَهَا اللهُ فِي الْأُذُنَيْنِ وَالْبَصرُ قُوَّةٌ خَلَقَهَا اللهُ فِي الْعَيْنَيْنِ.

Sachez que l'Ouïe (*al-sam'*) et la Vue (*al-baṣar*) possèdent trois relations :

1. **Réalisation Prééternelle** (*tanjīzī qadīm*) : c'est la relation avec l'Essence d'*Allāh*, exalté soit-Il, et de Ses Attributs[1].
2. **Potentiel Prééternel** (*ṣalāḥī qadīm*) : c'est la relation avec nous précédant notre existence.
3. **Réalisation effective** (*tanjīzī ḥādith*) : c'est la relation avec nous suivant notre existence[2].

Les relations sont communes, les attributs pluriels et leur réalité différente.

﴾ **Leur contraire** ﴿ c.-à-d. à l'Ouïe et à la Vue ﴾ **sont la surdité et la cécité.** ﴿

﴾ **La preuve de cela** ﴿ c.-à-d. l'établissement de l'Ouïe et de la Vue pour *Allāh*, exalté soit-Il, est une preuve textuelle qui est ﴾ **Sa Parole, exalté soit-Il :** ﴾ ***Et Il est l'Entendant, le Voyant*** ﴿ [S.42/V.11] ﴿ et Sa Parole : ﴾ ***Et Allāh est voyant de ce que vous faites*** ﴿ [S.49/V.18] et la parole Prophétique (ﷺ) : **"Calmez-vous dans l'invocation. Assurément, vous n'invoquez pas un sourd ou un absent !"**[3] dans le sens de : "n'élevez pas vos voix dans l'invocation."

---

[1] *Allāh* entend et voit de manière prééternelle son Entité Exaltée et tous Ses Attributs existants, qui incluent Son Ouïe et Sa Vue.

[2] Il entend et voit tous les êtres existants et tous leurs attributs existants, quelle que soit la forme qu'ils prennent. Son Ouïe et Sa Vue ne sont pas conditionnées par le fait que les choses créées ne soient pas très éloignées ou très silencieuses.

[3] *Ṣaḥīḥ al-Bukhārī* #2992.

وَاعْلَمْ أَنَّ لِلْسَمْعِ وَالْبَصَرِ ثَلَاْثَة تَعَلُّقَاْتٍ:

1. **تَنْجِيْزِيًّا قَدِيْمًا**: وَهُوَ التَّعَلُّقُ بِذَاْتِ اللهِ تَعَاْلَىْ وَصِفَاْتِهِ[1].
2. **وَصَلَاْحِيًّا قَدِيْمًا**: وَهُوَ التَّعَلُّقُ بِنَاْ قَبْلَ وُجُوْدِنَاْ.
3. **وَتَنْجِيْزِيًّا حَاْدِثًا**: وَهُوَ التَّعَلُّقُ بِنَاْ بَعْدَ وُجُوْدِنَاْ[2].

فَالتَّعَلُّقُ مُتَّحِدٌ، وَالصِّفَةُ مُتَعَدِّدَةٌ، حَقَاْئِقُهُمَاْ مُتَغَاْيِرَةٌ.

(وَضِدُّهُمَاْ) أَيْ: السَّمْعُ وَالْبَصَرُ: **(الصَّمَمُ وَالْعَمَىْ)**.

(وَالدَّلِيْلُ عَلَىْ ذَلِكَ) أَيْ: ثُبُوْتُ السَّمْعِ وَالْبَصَرِ لَهُ تَعَاْلَىْ سَمْعِيٌّ. وَهُوَ **(قَوْلُهُ تَعَاْلَىْ: ﴿ لَيْسَ كَمِثْلِهِ شَيْءٌ وَهُوَ السَّمِيْعُ الْبَصِيْرُ ﴾)** وَقَوْلُهُ تَعَاْلَىْ: ﴿ **وَاللَّهُ بَصِيْرٌ بِمَاْ تَعْمَلُوْنَ** ﴾ وَقَوْلُهُ صَلَّىْ اللهُ عَلَيْهِ وَسَلَّمَ: "**أَرْبِعُوْا عَلَىْ أَنْفُسِكُمْ فِيْ الدُّعَاْءِ. فَإِنَّكُمْ لَاْ تَدْعُوْنَ أَصَمًّا، وَلَاْ غَاْئِبًا**"[3] بِمَعْنَىْ: لَاْ تَرْفَعُوْا أَصْوَاْتَكُمْ بِالدُّعَاْءِ.

---

[1] فيسمع ويرى في الأزل ذاته العلية وجميع صفاته الوجودية التي منها سمعه وبصره.

[2] ويسمع ويرى فيما لا يزال ذوات الكائنات كلها وجميع صفاتها الوجودية كيف ما كان كل منهما فسمعه تعالى وبصره ليس بشرط عدم البعد جداً وعدم السر جداً.

[3] صحيح البخاري #2992.

Tous les rites et toutes les religions s'accordent pour dire qu'Il est Entendant et Voyant. S'Il n'avait pas été décrit, Glorifié et Exalté soit-Il, par l'Ouïe et la Vue, Il aurait été décrit par la surdité et la cécité, mais le décrire ainsi est invalide puisque ce sont des défauts et le défaut est impossible pour Lui et donc tout ce qui mène à cette conclusion est invalide. On établit ainsi pour Lui l'Ouïe et la Vue.

[7ème : **la Parole** (*al-kalām*)]

﴾ **Et il est nécessaire Le concernant, exalté soit-Il, la Parole** (*al-kalām*) **qui est un attribut Prééternel** (*qadīm*) **qui subsiste par Son Essence** (*dhāt*)**, exalté soit-Il, qui n'est pas par des lettres ou des sons** ﴿ et cet attribut est exempt de "l'avant" et de l' "après", de l'analyse grammaticale, du silence intrinsèque qui ferait qu'Il ne parle pas tout en ayant la capacité de le faire.

Et Il est exempt de la maladie interne qui ferait qu'Il ne soit pas capable de cela comme la personne muette ou les enfants. Il en est de même pour toutes les paroles contingentes [qui peuvent être atteinte par cela].

C'est un attribut unique, **mais qui a plusieurs catégories conceptuelles** (*iʿtibāriyyah*) **:**

- Lorsqu'elle est en relation avec une demande d'acte comme le fait d'effectuer la prière par exemple, c'est un **"ordre** (*amr*)".
- Lorsqu'elle est en relation avec une demande de délaissement comme le fait de délaisser la fornication par exemple, c'est une **"prohibition** (*nahy*)".
- Lorsqu'elle est en relation avec une information comme le fait de dire que "Pharaon a fait cela" par exemple, c'est une **"information** (*khabar*)".

وَقَدْ أَجْمَعَ أَهْلُ الْمِلَلِ وَالْأَدْيَانِ عَلَىٰ أَنَّهُ سَمِيْعٌ بَصِيْرٌ. وَأَيْضًا لَوْ لَمْ يَتَّصِفْ سُبْحَانَهُ وَتَعَالَىٰ بِالسَّمْعِ وَالْبَصَرِ، لَزِمَ أَنْ يَتَّصِفَ بِالصَّمَمِ وَالْعَمَىٰ. لَكِنَّ اِتِّصَافَهُ بِهِمَا بَاطِلٌ؛ لِأَنَّهُمَا صِفَتَا نَقْصٍ، وَالنَّقْصُ عَلَيْهِ تَعَالَىٰ مُحَالٌ، فَبَطَلَ مَا أَدَّىٰ إِلَيْهِ، فَثَبَتَ لَهُ السَّمْعُ وَالْبَصَرُ.

[السَّابِعَةُ: الْكَلَامُ]

(وَيَجِبُ فِيْ حَقِّهِ تَعَالَىٰ: الْكَلَامُ. وَهُوَ صِفَةٌ قَدِيْمَةٌ، قَائِمَةٌ بِذَاتِهِ تَعَالَىٰ، لَيْسَتْ بِحَرْفٍ، وَلَا صَوْتٍ) وَهِيَ مُنَزَّهَةٌ عَنِ التَّقَدُّمِ وَالتَّأَخُّرِ، وَعَنِ الْإِعْرَابِ وَالْبِنَاءِ، وَعَنِ السُّكُوْتِ النَّفْسِيِّ، بِأَنْ لَا يُسِرَّ فِيْ نَفْسِهِ تَعَالَىٰ الْكَلَامَ مَعَ الْقُدْرَةِ عَلَيْهِ.

وَمُنَزَّهَةٌ عَنِ الْآفَةِ الْبَاطِنِيَّةِ، بِأَنْ لَا يَقْدِرَ عَلَىٰ ذَلِكَ، كَمَا فِيْ حَالِ الْخَرَسِ وَالطُّفُوْلِيَّةِ. وَعَنْ جَمِيْعِ صِفَاتِ كَلَامِ الْحَوَادِثِ.

وَهُوَ صِفَةٌ وَاحِدَةٌ لَا تَعَدُّدَ فِيْهَا، **لَكِنْ لَهُ أَقْسَامٌ اِعْتِبَارِيَّةٌ:**

- فَمِنْ حَيْثُ تَعَلُّقِهِ بِطَلَبِ فِعْلِ الصَّلَاةِ مَثَلًا: **أَمْرٌ**.
- وَمِنْ حَيْثُ تَعَلُّقِهِ بِطَلَبِ تَرْكِ الزِّنَا مَثَلًا: **نَهْيٌ**.
- وَمِنْ حَيْثُ تَعَلُّقِهِ بِأَنَّ فِرْعَوْنَ فَعَلَ كَذَا، أَوْ فَعَلَ كَذَا مَثَلًا: **خَبَرٌ**.

- de dire que l'obéissant aura le paradis c'est une **"promesse** (*wa'd*)".
- Lorsqu'elle est en relation avec une menace comme le fait de dire que le désobéissant entrera en enfer, c'est une **"menace** (*wa'īd*)".
- Etc.

Elle est en relation avec les éléments obligatoires, possibles et impossibles, tout comme le Savoir. Néanmoins, la relation du Savoir est une relation de **"dévoilement** (*inkishāf*)" tandis que la relation de la Parole est une relation **"d'indication** (*dalālah*)."[1]

Sa relation vis-à-vis de ce qui n'est pas un ordre ou une prohibition est une **"réalisation Prééternelle** (*tanjīzī qadīm*)".

Concernant ces deux derniers, à savoir l'ordre et la prohibition, s'il n'est pas comme condition pour ces deux l'existence préalable de celui qui est ordonné ou prohibé alors il en est de même [c.-à-d. : il possède une relation Prééternelle]. Et si c'est une condition pour ces deux, alors il y a une relation de **"potentiel Prééternel** (*ṣalūḥī qadīm*)" avant même l'existence de ce qui est ordonné ou prohibé et ensuite une relation de **"réalisation effective** (*tanjīzī ḥādith*)" après qu'ils aient existés.

Il, exalté soit-Il, est donc Parlant, Il Ordonne, Interdit, Promet, Menace par une Parole Sempiternelle, Prééternelle qui subsiste par Son Essence qui ne ressemble pas à la parole des créatures, elle n'est donc pas composée de **sons** (*ṣawt*) qui se déplacerait dans l'air ou en bougeant des corps. Elle n'est pas non plus composée de **lettres** (ḥarf) qui seraient issues de lèvres ou par le mouvement de langue.

---

[1] C.-à-d. : envers de nous dans le sens où si nous en prenions connaissance, nous en comprendrions les éléments obligatoires, possibles et impossibles. La résultante de la Parole c'est le dévoilement de ces trois choses envers nous et la résultante de la Science c'est leur dévoilement envers *Allāh*.

- وَمِنْ حَيْثُ تَعَلُّقِهِ بِأَنَّ الطَّائِعَ لَهُ الْجَنَّةَ: **وَعْدٌ**.
- وَمِنْ حَيْثُ تَعَلُّقُهُ بِأَنَّ الْعَاصِيَ يَدْخُلُ النَّاْرَ: **وَعِيْدٌ**.
- إِلَىْ غَيْرِ ذَلِكَ.

وَيَتَعَلَّقُ بِجَمِيْعِ الْوَاْجِبَاْتِ، وَالْجَاْئِزَاْتِ، وَالْمُسْتَحِيْلَاْتِ كَالْعِلْمِ. لَكِنَّ تَعَلُّقَ الْعِلْمِ تَعَلُّقُ "**اِنْكِشَاْفٍ**"، وَتَعَلُّقُ الْكَلَاْمِ تَعَلُّقُ "**دَلَاْلَةٍ**"[1].

وَتَعَلُّقُهُ بِالنِّسْبَةِ لِغَيْرِ الْأَمْرِ وَالنَّهْيِ، **تَنْجِيْزِيٌّ قَدِيْمٌ**.

وَأَمَّاْ بِالنِّسْبَةِ لَهُمَاْ، فَإِنْ لَمْ يُشْتَرَطْ فِيْهِمَاْ وُجُوْدُ الْمَأْمُوْرِ وَالْمَنْهِيِّ فَكَذَلِكَ، وَإِنْ اِشْتُرِطَ فِيْهِمَاْ ذَلِكَ، كَاْنَ التَّعَلُّقُ فِيْهِمَاْ **صَلُوْحِيًّا قَدِيْمًا**، قَبْلَ وُجُوْدِ الْمَأْمُوْرِ وَالْمَنْهِيِّ، **وَتَنْجِيْزِيًّا حَاْدِثًا**، بَعْدَ وُجُوْدِهِمَاْ.

فَهُوَ تَعَاْلَىْ مُتَكَلِّمٌ، آمِرٌ، نَاْهٍ، وَوَاْعِدٌ مُتَوَعِّدٌ بِكَلَاْمٍ أَزَلِيٍّ، قَدِيْمٍ، قَاْئِمٍ بِذَاْتِهِ. لَاْ يُشْبِهُهُ كَلَاْمُ الْخَلْقِ. **فَلَيْسَ بِصَوْتٍ** يَحْدُثُ مِن اِنْسِلَاْلِ هَوَاْءٍ، أَو اِصْطِكَاْكِ أَجْسَاْمٍ. وَلَاْ **بِحَرْفٍ** يَنْقَطِعُ بِانْطِبَاْقِ شَفَةٍ، أَوْ تَحَرُّكِ لِسَاْنٍ.

---

[1] أي لَنَا بِمَعْنَى : أننا لَو اطلعنا عَلَيْه لَفَهِمْنَا مِنْهُ الْوَاجِبَات وَالْجَائِزَات وَالْمُسْتَحِيلَات، فَالْمترتب عَلَى الْكَلَامِ : انْكِشَاف هَذِهِ الثَّلَاثَة لَنَا، وَالمترتب عَلَى الْعِلْمِ انْكِشَافِهَا لله.

Moïse (ﷺ) a entendu la Parole d'*Allāh* sans qu'elle ne soit de lettre ou de son tout comme les nobles croyants verront l'Essence d'*Allāh* dans l'au-delà sans qu'elle ne soit une substance ou un accident.

﴾ **Son contraire,** ﴿ à l'attribut de la Parole, ﴾ **est la mutité : c'est le mutisme.** ﴿ Ce qui est voulu par le "mutité" c'est l'absence de "**parole intrinsèque** (*kalām al-nafsī*)" issu d'une cause physiologique ou non auquel cas le silence surviendrait. Ce qui est voulu par "mutisme" c'est une cause physiologique qui empêche la parole intrinsèque. On aurait comme similitude observable le fait qu'*Allāh* empêche l'humain de réfléchir ce qui ferait qu'il ne pourrait pas avoir une parole intrinsèque dans son cœur.

Sachez que l'on utilise le terme "parole d'*Allāh*" pour faire référence :

1. à la Parole "**Prééternelle** (*al-qadīm*)" qui subsiste par Son Essence, exalté soit-Il.
2. et aussi à la Parole "**Exprimée** (*al-lafẓī*)" qui est récitée dans le sens qu'Il, exalté soit-Il, la créer et dont personne n'a de part dans l'origine dans sa composition.

Celui qui rejette que ce qui est entre la couverture du codex coranique est la Parole d'*Allāh*, aura alors mécru ; sauf si ce qu'il veut dire est que ce n'est pas l'attribut qui subsiste par Son Essence tout en en croyant que les formules exprimées que nous récitons sont créées. Il n'est pas permis de dire que le Coran est créé sauf dans le cadre de l'enseignement puisque l'on utilise également le terme "Coran" pour faire référence à l'attribut qui subsiste par Son Essence. Cependant, puisque c'est une métaphore, on pourrait s'imaginer que celui qui utilise le terme "Coran" pour faire référence aux lettres, à l'encre, et à ce que l'on récite, et que l'on dise que cela est crée, on pourrait s'imaginer que l'attribut qui subsiste par Son Essence est aussi créé.

وَمُوْسَىٰ عَلَيْهِ السَّلَاْمُ سَمِعَ كَلَاْمَ اللهِ بِغَيْرِ حَرْفٍ، وَلَاْ صَوْتٍ، كَمَاْ يَرَىْ الْأَبْرَاْرُ ذَاْتَ اللهِ تَعَاْلَىْ فِيْ الْآخِرَةِ مِنْ غَيْرِ جَوْهَرٍ وَلَاْ عَرَضٍ.

(وَضِدُّهَاْ) أَيْ: صِفَةُ الْكَلَاْمِ: **(الْبُكْمُ. وَهُوَ: الْخَرَسُ)** وَالْمُرَاْدُ بِالْبُكْمِ: عَدَمُ **الْكَلَاْمِ النَّفْسِيِّ**. سَوَاْءٌ كَاْنَ بِآفَةٍ أَمْ لَاْ، فَدَخَلَ فِيْهِ السُّكُوْتُ. وَالْمُرَاْدُ بِالْخَرَسِ: آفَةٌ تَمْنَعُ مِنَ الْكَلَاْمِ النَّفْسِيِّ. وَمِثَاْلُهُ فِيْ الشَّاْهِدِ أَنْ يَمْنَعَ اللهُ عَنِ الْإِنْسَاْنِ التَّفَكُّرَ، فَلَاْ يُجْرِيْ عَلَىْ قَلْبِهِ كَلَاْمٌ نَفْسِيٌّ.

وَاعْلَمْ أَنَّ كَلَاْمَ اللهِ تَعَاْلَىْ يُطْلَقُ:

1. عَلَىْ الْكَلَاْمِ "**الْقَدِيْمِ**" الْقَاْئِمِ بِذَاْتِهِ تَعَاْلَىْ.
2. وَعَلَىْ الْكَلَاْمِ "**اللَّفْظِيِّ**" الْمَقْرُوْءِ. بِمَعْنَىْ: أَنَّهُ تَعَاْلَىْ خَلَقَهُ، وَلَيْسَ لِأَحَدٍ فِيْ أَصْلِ تَرْكِيْبِهِ كَسْبٌ.

فَمَنْ أَنْكَرَ أَنَّ مَاْ بَيْنَ دَفَّتَيْ الْمُصْحَفِ كَلَاْمُ اللهِ فَقَدْ كَفَرَ، إِلَّاْ أَنْ يُرِيْدَ أَنَّهُ لَيْسَ هُوَ الصِّفَةُ الْقَاْئِمَةُ بِذَاْتِهِ تَعَاْلَىْ. وَمَعْ كَوْنِ الْأَلْفَاْظِ الَّتِيْ نَقْرَؤُهَاْ حَاْدِثَةٌ، لَاْ يَجُوْزُ أَنْ يُقَاْلَ: الْقُرْآنُ حَاْدِثٌ، إِلَّاْ فِيْ مَقَاْمِ التَّعْلِيْمِ. لِأَنَّ الْقُرْآنَ يُطْلَقُ عَلَىْ الصِّفَةِ الْقَاْئِمَةِ بِذَاْتِهِ تَعَاْلَىْ أَيْضًا. لَكِنْ مَجَاْزًا، فَرُبَّمَاْ يَتَوَهَّمُ مَنْ أَطْلَقَ أَنَّ الْقُرْآنَ حَاْدِثٌ، أَنَّ الصِّفَةَ الْقَاْئِمَةَ بِذَاْتِهِ تَعَاْلَىْ حَاْدِثَةٌ.

L'avis vérifié est que ce à quoi renvoient les formules exprimées que nous récitons n'est qu'une partie de ce à quoi renvoie totalement l'attribut Prééternel, puisque l'attribut retranscrit **'l'entièreté'** des obligations, permissions et interdictions tandis que les **formules** (*alfāẓ*) que nous récitons ne retranscrivent qu'une '**partie**' de cela[1].

---

[1] À ce sujet, le Pôle Caché et Sceau de la sainteté Muḥammadienne, *Sīdī Aḥmad al-Tijānī* a dit comme le rapporte son disciple *Sīdī 'Alī Ḥarāzim* dans son livre « *Jawāhir al-Ma'ānī* » :

« Le *Shaykh*, qu'*Allāh* soit satisfait de lui, a dit : 'Le dire des gens de la *Sunnah*, qu'*Allāh* soit satisfait deux, disant que le Coran retranscrit la Parole d'*Allāh* est une parole que l'on n'accepte que par tolérance. Cela, parce que l'avis correct sur ce sujet est que ta parole du Coran retranscrit les portées de la Parole prééternelle et non la Parole prééternelle elle-même qui émerge de l'Essence. En effet, il n'est pas possible d'accéder à cette dernière et il n'est pas possible pour les êtres créés, à travers la lecture du Coran, de parvenir au Coran sauf par cette voie seulement. Ils n'arriveront jamais à l'élocution de la Parole émergente de l'Essence sans passer par ses portées. Cela n'est pas possible en raison de la grande différence qu'il y a entre les deux.

Assurément, si l'on entend une personne dire : « ce mur et ce cheval » par exemple, et que l'on répèterait ces paroles à notre tour en disant : « ce mur et ce cheval » ; il est évident que les termes émergents de ton entité retranscrivant le mur et le cheval, ne sont pas les mêmes termes qui ont émergés de l'entité de la personne qui parlait initialement du mur et du cheval. Il ne s'agit pas des mêmes mots, mais il s'agit d'une union de leurs significations à propos du mur et du cheval.

De même, lorsqu'on lit le Coran, la parole ne retranscrit pas le sens subsistant dans l'Essence d'*Allāh*, exalté soit-Il. Elle n'est pas non plus le sens lui-même subsistant dans l'Entité Suprême. Par contre, il y a une union sur ce que signifie votre expression du Coran et ce que signifie le sens subsistant dans l'Entité d'*Allāh*. Cette union est formée dans le domaine des portées de la parole. C'est à partir de là qu'elle a été appelée 'Coran' puisqu'il n'y a pas d'autre moyen que celui-ci pour lui accorder une appellation.

En ce sens, *Allāh* a dit : ﴿ **C'est pour une juste raison qu'*Allāh* a créé les cieux et la terre** ﴾ [S.29/V.44]. Ce qui est concevable dans ces propos c'est la création, qui est l'émergence du possible à partir du néant. De même, '*Allāh*' est un nom qui renvoie à l'Entité Sacrée et les cieux et la terre sont les corps composites connus.

وَالتَّحْقِيْقُ: أَنَّ مَدْلُوْلَ الْأَلْفَاظِ الَّتِيْ تَقْرَؤُهَا، بَعْضُ مَدْلُوْلِ الصِّفَةِ الْقَدِيْمَةِ؛ لِأَنَّ الصِّفَةَ تَدُلُّ عَلَىْ "**جَمِيْعِ**" الْوَاْجِبَاْتِ، وَالْجَاْئِزَاْتِ، وَالْمُسْتَحِيْلَاْتِ. **وَالْأَلْفَاْظُ** الَّتِيْ نَقْرَؤُهَاْ تَدُلُّ عَلَىْ "**بَعْضِ**" ذَلِكَ[1].

---

[1] وَفِي هَذَا الْمَوْضُوعِ قَالَ الْقُطْبُ الْمَكْتُومُ وَالْخَتْمُ الْمُحَمَّدِي الْمَعْلُوم سَيِّدِي أَحْمَد التِّجَانِي كَمَا نَقَلَ عَنْهُ تِلْمِيذه سَيِّدِي عَلِي حَرَازِمِ فِي كِتَابِهِ "جَوَاهِرِ الْمَعَانِي" : "قَالَ شَيْخُنَا رَضِيَ اللهُ عَنْهُ : أَمَّا قَوْلُ أَهْلِ السُّنَّةِ رَضِيَ اللهُ عَنْهُمْ الْقُرْآنُ دَالٌّ عَلَى كَلَامِ اللهِ تَعَالَى فِيهِ إِطْلَاقُ تَسَامُحٍ وَإِلَّا فَوَجْهُ التَّحْقِيقِ فِي ذَلِكَ أَنَّ كَلَامَكَ بِالْقُرَآنِ دَالٌّ عَلَى مَدْلُولَاتِ الْكَلَامِ الْأَزَلِيِّ لَا عَلَى عَيْنِ الْكَلَامِ الْأَزَلِيِّ الْبَارِزِ مِنَ الذَّاتِ فَإِنَّ ذَلِكَ لَا تُمْكِنُ الدَّلَالَةُ عَلَيْهِ، وَلَا وُصُولَ لِلْخَلْقِ فِي تِلَاوَةِ الْقُرْآنِ إِلَى الْقُرْآنِ إِلاَّ بِهَذِهِ الْمَثَابَةِ فَقَطْ لَا أَنَّهُمْ يَصِلُونَ إِلَى النُّطْقِ بِالْكَلَامِ الْبَارِزِ مِنَ الذَّاتِ دُونَ مَدْلُولَاتِهِ فَإِنَّ ذَلِكَ غَيْرُ مُمْكِنٍ لِبُعْدِ تَغَايُرِهِمَا ، لِأَنَّكَ إِذَا سَمِعْتَ شَخْصًا قَالَ : "هَذَا الْحَائِطُ وَالْفَرَسُ" مَثَلًا ، فَقُلْتَ أَنْتَ أَيْضًا مِثْلَ قَوْلِهِ : "هَذَا الْحَائِطُ وَالْفَرَسُ"، فَإِنَّهُ بِالضَّرُورَةِ يُعْقَلُ أَنَّ اللَّفْظُ الْبَارِزَ مِنْ ذَاتِكَ الدَّالَّ عَلَى"الْحَائِطِ وَالْفَرَسِ" غَيْرُ اللَّفْظِ الْبَارِزِ مِنْ ذَاتِ الشَّخْصِ الْمُتَكَلِّمِ"بِالْحَائِطِ وَالْفَرَسِ"، وَإِنَّمَا اتَّحَدَتْ دَلَالَتُهُمَا عَلَى"الْحَائِطِ وَالْفَرَسِ" وَاللَّفْظَانِ مُتَغَايِرَانِ، فَبَانَ لَكَ بِهَذَا أَنَّ الْكَلَامَ الَّذِي تَتْلُوهُ فِي الْقُرْآنِ لَيْسَ دَالاً عَلَى الْمَعْنَى الْقَائِمِ بِذَاتِ اللهِ تَعَالَى وَلَا أَنَّهُ عَيْنُ الْمَعْنَى الْقَائِمِ بِالذَّاتِ الْعَلِيَّةِ، وَإِنَّمَا اتَّحَدَتْ دَلَالَةُ لَفْظِكَ بِالْقُرْآنِ وَدَلَالَةُ الْمَعْنَى الْقَائِمِ بِذَاتِ اللهِ عَلَى الْمَدْلُولَاتِ فِي الْكَلَامِ فَأُطْلِقَ عَلَيْهِ إِسْمُ الْقُرْآنِ مِنْ هَذَا الْبَابِ إِذْ لَمْ يَكُنْ لِذَلِكَ سَبِيلٌ إِلاَّ هَذَا .وَمِثَالُهُ قَالَ اللهُ سُبْحَانَهُ: خَلَقَ السَّمَاوَاتِ وَالْأَرْضَ بِالْحَقِّ، وَالْمَعْقُولُ فِي هَذَا الْكَلَامِ هُوَ الْخَلْقُ، وَهُوَ أِخْرَاجُ الْمُمْكِنِ مِنَ الْعَدَمِ إِلَى الْوُجُودِ، وَاللهُ هُوَ الْإِسْمُ الدَّالُّ عَلَى الذَّاتِ الْمُقَدَّسَةِ، وَالسَّمَاوَاتُ وَالْأَرْضُ هِيَ الْأَجْرَامُ الْمَعْلُومَاتُ.

﴾ **La preuve de cela** ﴿ c.-à-d. l'établissement de la Parole pour Lui est une preuve textuelle qui est ﴾ **Sa Parole, exalté soit-Il : ﴾ *Et Allāh s'est véritablement adressé à Moïse* ﴿** [S.4/V.164] ﴿ c.-à-d. qu'*Allāh* a retiré de lui le voile et Il lui a fait entendre la Parole Prééternelle puis, Il lui a remis le voile.

Cela ne veut pas dire qu'Il a commencé à parler puis qu'Il s'est tu ; puisqu'Il est perpétuellement en train de parler, et cela sans interruption.

= Donc si vous veniez à réciter : **'C'est pour une juste raison qu'*Allāh* a créé les cieux et la terre'**, vous auriez alors prononcé un dire dont le sens est identique à la signification de la Parole d'*Allāh*. Néanmoins, votre parole n'est pas la Parole réellement issue de l'Entité Sacrée ni ne la retranscrit non plus. Par contre, elle retranscrit bien les significations qu'elle détient : on l'appelle ainsi Coran et c'est le sens le plus approprié qu'on peut lui donner. En effet, le nom 'Coran' est donné à la Parole émergent de l'être créé, qui retranscrit les portées de la Parole d'*Allāh*.

Le terme 'Coran' ne peut être employé pour le sens qui émerge de l'Entité Sacrée puisque ce 'sens' ne peut en aucun cas être appelé 'Coran'. C'est plutôt un Attribut qui subsiste par Son Essence Suprême. Le nom 'Coran' n'est employé que pour notre formulation de la Parole d'*Allāh* et de notre récitation de celle-ci.

Il vous apparaît clairement que lorsque vous connaissez certaines choses, cela ne retranscrit pas le Savoir d'*Allāh*, mais cela retranscrit plutôt une des portées du Savoir d'*Allāh*. Les portées de votre savoir sont les portées du savoir d'Allāh, mais votre savoir n'est pas le Savoir d'Allāh puisque ce sont deux choses très différentes. Il en est de même pour l'Ouïe, la Vue ainsi que la Volonté. La retranscription de votre volonté est la retranscription de la Volonté d'*Allāh*, mais votre volonté n'est pas la Sienne en elle-même et ne la signifie pas non plus. Vous pouvez ainsi extraire cet exemple a la Parole prééternelle. » Fin de sa dictée, qu'*Allāh* soit satisfait de lui. »

(وَالدَّلِيْلُ عَلَىٰ ذٰلِكَ) أَيْ: ثُبُوْتُ الْكَلَامِ لَهُ تَعَالَىٰ سَمْعِيٌّ. وَهُوَ **(قَوْلُهُ: ﴿ وَكَلَّمَ اللَّهُ مُوسَى تَكْلِيمًا ﴾)** أَيْ: أَزَالَ اللهُ عَنْهُ الْحِجَابَ، وَأَسْمَعَهُ الْكَلَامَ الْقَدِيْمَ، ثُمَّ عَادَ عَلَيْهِ الْحِجَابُ.

وَلَيْسَ الْمُرَادُ أَنَّهُ تَعَالَىٰ اِبْتَدَأَ كَلَامًا ثُمَّ سَكَتَ؛ لِأَنَّهُ لَمْ يَزَلْ مُتَكَلِّمًا دَائِمًا وَأَبَدًا.

= فَإِذَا قَرَأْتَ أَنْتَ: خَلَقَ السَّمَاوَاتِ وَالْأَرْضَ بِالْحَقِّ، فَإِنَّكَ تَكَلَّمْتَ بِكَلَامٍ تَكُونُ دَلَالَتُهُ مُمَاثِلَةً لِمَدْلُولَاتِ كَلَامِ اللهِ تَعَالَى وَلَيْسَ كَلَامُكَ هُوَ عَيْنُ الْكَلَامِ الْبَارِزِ مِنَ الذَّاتِ الْمُقَدَّسَةِ وَلَا دَالٌّ عَلَيْهِ، وَإِنَّمَا هُوَ دَالٌّ عَلَى مَدْلُولَاتِهِ فَأُطْلِقَ عَلَيْهِ اسْمُ الْقُرْآنِ وَذَلِكَ هُوَ اللَّائِقُ بِهِ، فَإِنَّ اسْمَ الْقُرْآنِ مَا أُطْلِقَ إِلاَّ عَلَى الْكَلَامِ الْبَارِزِ مِنَ الْخَلْقِ الدَّالِّ عَلَى مَدْلُولَاتِ كَلَامِ اللهِ وَلَيْسَ اسْمُ الْقُرْآنِ يُطْلَقُ عَلَى الْمَعْنَى الْبَارِزِ مِنَ الذَّاتِ الْمُقَدَّسَةِ فَإِنَّ ذَلِكَ لَا يُطْلَقُ عَلَيْهِ اسْمُ الْقُرْآنِ وَإِنَّمَا هِيَ صِفَةٌ قَائِمَةٌ بِالذَّاتِ الْعَلِيَّةِ، وَالْقُرْآنُ لَا يُطْلَقُ إِلاَّ عَلَى تَلَفُّظِنَا بِكَلَامِ اللهِ تَعَالَى وَقِرَاءَتِنَا لَهُ.

وَيَضِّحُ لَكَ هَذَا وَهُوَ أَنَّ عِلْمَكَ بِالْمَعْلُومَاتِ لَيْسَ دَالاًّ عَلَى عِلْمِ اللهِ وَإِنَّمَا هُوَ دَالٌّ عَلَى مَدْلُولَاتِ عِلْمِ اللهِ، فَمَدْلُولَاتُ عِلْمِكَ هِيَ مَدْلُولَاتِ عِلْمِ اللهِ تَعَالَى وَعِلْمُكَ لَيْسَ هُوَ عِلْمَ اللهِ تَعَالَى، فَإِنَّهُمَا مُتَغَايِرَانِ، وَهَكَذَا فِي السَّمْعِ وَالْبَصَرِ، وَهَكَذَا فِي الْإِرَادَةِ، فَإِنَّ مَدْلُولَاتِ إِرَادَتِكَ هِيَ مَدْلُولَاتُ إِرَادَةِ اللهِ تَعَالَى وَلَيْسَتْ إِرَادَتُكَ عَيْنَ إِرَادَتِهِ وَلَا دَالَّةً عَلَيْهَا ، وَخُذْ هَذَا الْمِثَالَ حَتَّى فِي الْكَلَامِ الْأَزَلِيِّ. إِنْتَهَى مِنْ إِمْلَائِهِ رَضِيَ اللهُ عَنْهُ.

Il est rapporté que Moïse (ﷺ) bouchait ses oreilles lorsqu'il est revenu de son entretient afin de ne pas entendre la parole des créatures. Ceci puisqu'il ne pouvait plus la supporter, car elle était devenue pour lui parmi les voix les plus détestées des bêtes, à cause de ce qu'il avait goûté spirituellement de ce qu'on ne peut embrasser lorsqu'il a entendu la Parole de Celui dont rien ne Lui ressemble.

Son visage s'est illuminé de lumière, et nul ne le voyait sans qu'il ne devienne aveugle. Il s'est alors voilé et est resté ainsi jusqu'à ce qu'il mourut.

Toutes les communautés et religions se sont accordées pour dire qu'Il est Parlant.

De plus, tout être vivant accepte le fait d'être décrit par la parole. Et lorsqu'on accepte quelque chose, on ne peut pas en être dépourvu ou bien de son contraire et puisque si on ne Le décrivait pas par la parole, on L'aurait décrit par son contraire, mais ceci est impossible puisque c'est un défaut et que le défaut Lui est impossible.

Ceci fait donc sept attributs et qui sont :

1. La Puissance (*al-qudrah*).
2. La Volonté (*al-irādah*).
3. Le Savoir (*al-ʿilm*).
4. La Vie (*al-ḥayāh*).
5. L'Ouïe (*al-samʿ*).
6. La Vue (*al-baṣar*).
7. La Parole (*al-kalām*).

وَرُوِيَ أَنَّ مُوْسَىْ -عَلَيْهِ السَّلَاْمُ- كَاْنَ يَسُدُّ أُذُنَيْهِ عِنْدَ قُدُوْمِهِ مِنَ الْمُنَاْجَاْةِ؛ لِئَلَّاْ يَسْمَعَ كَلَاْمَ الْخَلْقِ. لِكَوْنِهِ لَاْ يَسْتَطِيْعُ سَمَاْعَهُ؛ لِأَنَّهُ صَاْرَ عِنْدَهُ كَأَشَدِّ مَاْ يَكُوْنُ مِنْ أَصْوَاْتِ الْبَهَاْئِمِ الْمُنْكَرَةِ، بِسَبَبِ مَاْ ذَاْقَ مِنَ اللَّذَّاْتِ الَّتِيْ لَاْ يُحَاْطُ بِهَاْ عِنْدَ سَمَاْعِ كَلَاْمِ مَنْ لَيْسَ كَمِثْلِهِ شَيْءٌ.

وَقَدْ أَشْرَقَ وَجْهُهُ مِنَ النُّوْرِ، فَمَاْ رَآهُ أَحَدٌ إِلَّاْ عَمِيَ، فَتَبَرْقَعَ، وَبَقِيَ الْبُرْقُعُ عَلَىْ وَجْهِهِ إِلَىْ أَنْ مَاْتَ.

وَقَدْ أَجْمَعَ أَهْلُ الْأَدْيَاْنِ وَالْمِلَلِ عَلَىْ أَنَّهُ تَعَاْلَىْ مُتَكَلِّمٌ.

وَأَيْضًا كُلُّ حَيٍّ قَاْبِلٌ لِلاتِّصَاْفِ بِالْكَلَاْمِ، وَالْقَاْبِلُ لِلْشَيْءِ لَاْ يَخْلُوْ عَنْهُ أَوْ عَنْ ضِدِّهِ. فَلَوْ لَمْ يَتَّصِفْ -سُبْحَاْنَهُ وَتَعَاْلَىْ- بِالْكَلَاْمِ لَاتَّصَفَ بِضِدِّهِ، لَكِنَّ اِتِّصَاْفَهُ بِهِ مُحَاْلٌ؛ لِأَنَّهُ نَقْصٌ، وَالنَّقْصُ عَلَيْهِ تَعَاْلَىْ مُحَاْلٌ.

وَهَذِهِ الصِّفَاْتُ السَّبْعَةُ، وَهِيَ:

1. الْقُدْرَةُ.
2. وَالْإِرَاْدَةُ.
3. وَالْعِلْمُ.
4. وَالْحَيَاْةُ.
5. وَالسَّمْعُ.
6. وَالْبَصَرُ.
7. وَالْكَلَاْمُ.

Ils sont appelés **“attributs entitatifs** (*maʿānī*)**”** et qui sont existants c.-à-d. que si l’on venait à retirer le voile qui est sur nos yeux, nous les verrions ou nous les entendrions.

Ces sept attributs impliquent nécessairement les sept qu’on appelle **“qualitatifs** (*maʿnawiyyah*)” qui sont des **“éléments conceptuels** (*iʿtibāriyyah*)”.

تُسَمَّىْ: **صِفَاْتُ الْمَعَاْنِيْ**. وَهِيَ وُجُوْدِيَّةٌ بِحَيْثُ لَوْ كُشِفَ الْحِجَاْبُ لَرُئِيَتْ، أَوْ سُمِعَتْ.

وَهَذِهِ السَّبْعَةُ تُلَاْزِمُ السَّبْعَةَ الَّتِيْ تُسَمَّىْ: **مَعْنَوِيَّةٌ**، وَهِيَ **أُمُوْرٌ اِعْتِبَاْرِيَّةٌ**.

* * *

[Les attributs qualificatifs (*ma'nawiyyah*)]

[1er : Être puissant]

﴾ **Et il est nécessaire Le concernant que Son être soit Puissant.** ﴿ Le fait "d'être (*kawniyyah*)" ici est en fait un attribut établi en lui-même, qui subsiste par l'Essence[1] impliquée par la Puissance.

La signification de "Son être est Puissant" est que la Puissance subsiste par Son Essence, exalté soit-Il. Ce n'est pas ici un autre attribut supplémentaire du fait que la Puissance subsiste par l'Essence et qui serait établi en dehors de l'esprit.

﴾ **Son contraire est que Son être serait incapable.** ﴿

---

[1] Sachez que l'avis vérifié est que l'on nie ces attributs qualificatifs (*ma'nawiyyah*) et qu'on ne les établit pas puisque la vérité est que l'on nie les 'modalités (*aḥwāl*)'. Et puisqu'il en est ainsi, il aurait été plus propice pour l'auteur de ne pas les mentionner. Si l'on venait à dire : 'comment se peut-il que l'avis vérifié soit le fait de les nier tout en sachant que celui qui les renie est mécréant ?' La réponse serait : le mécréant n'est que celui qui les nie et qui établit en plus leur contraire comme le fait de nier le fait qu'Il soit Savant et d'établir qu'Il soit ignorant. Quant au fait de nier qu'il y ait un attribut prééternel que l'on appellerait 'être Savant' qui serait établi pour le fait que les choses Lui soient révélées de manière prééternelle par Son Essence ; il n'y a pas de mal en cela. Quant aux attributs entitatifs (*ma'ānī*), nier qu'ils soient supplémentaires à l'Essence tout en établissant leurs attenants nécessaires, cela est de la perversité seulement. Quant à celui qui les nie et qui établit leur contraire, ceci est de la mécréance.

On comprend donc de ce qu'on a établi précédemment que la divergence chez les théologiens ne porte qu'à savoir si ces sept 'fait d'être' sont des 'modalités' [et donc des attributs] ou bien si ce sont seulement des éléments conceptuels [et donc qui ne sont pas des attributs]. Quant à ce que ces 'fait d'être' impliquent pour *Allāh*, il y a un consensus sur cela et que le fait de nier cela est de la mécréance comme explicité.

En conclusion : ceux qui nient la 'modalité' disent que le fait qu'Il est Savant par exemple est dû au fait que la Science subsiste en lui et non pas à cause d'un attribut additionnel qui serait supplémentaire au fait de celui de posséder la Science, et qui serait existant en dehors de l'esprit.

[الصِّفَاتُ الْمَعْنَوِيَّةُ]

[الْأُوْلَىٰ: كَوْنُهُ قَادِرًا]

(**وَيَجِبُ فِيْ حَقِّهِ تَعَالَىٰ: كَوْنُهُ قَادِرًا**)، "فَالْكَوْنِيَّةُ" الْمَذْكُوْرَةُ: صِفَةٌ ثَاْبِتَةٌ فِيْ نَفْسِهَاْ، قَاْئِمَةٌ بِالذَّاْتِ[1]، لَاْزِمَةٌ لِلْقُدْرَةِ.

فَمَعْنَىٰ: "كَوْنُهُ قَادِرًا" هُوَ: قِيَاْمُ الْقُدْرَةِ بِذَاْتِهِ تَعَاْلَىٰ. وَلَيْسَ هُنَاْكَ صِفَةٌ أُخْرَىٰ زَاْئِدَةٌ عَلَىٰ قِيَاْمِ الْقُدْرَةِ بِالذَّاْتِ ثَاْبِتَةٌ فِيْ خَاْرِجِ الذِّهْنِ.

(**وَضِدُّهُ: كَوْنُهُ عَاْجِزًا**).

---

[1] اعْلَمْ أَنَّ التَّحْقِيقَ نَفْيُ هَذِهِ الصِّفَاتِ الْمَعْنَوِيَّةِ وَعَدَمُ ثُبُوتِهَا لِأَنَّ الْحَقَّ نَفْيُ الْأَحْوَالِ وَإِذَا كَانَ كَذَالِكَ فَكَانَ الْأَولَى لِلْمُصَنَّفِ تَرْكُهَا. فَإِنْ قُلْتَ : كَيْفَ يَكُونُ التَّحْقِيقُ نَفْيُهَا مَعَ أَنَّ مُنْكِرَهَا يَكْفُرُ ؟ فَالْجَوَابُ : أَنَّ الْكَافِرَ إِنَّمَا هُوَ نَافِيهَا الْمُثْبِتُ لِضِدِّهَا كَالنَّافِي لِكَوْنِهِ عَالِماً وهُوَ مُثْبِتٌ لِكَوْنِهِ جَاهِلاً. وَأَمَّا النَّافِي لِأَنْ يَكُونَ لَهُ صِفَةٌ قَدِيمَةٌ يُقَالُ لَهَا الْكَوْنَ عَالِماً وَهُوَ لِانْكِشَافِ الْأَشْيَاءِ لَهُ أَزَلًا بِذَاتِهِ فَلَا ضَرَرَ فِي ذَلِكَ. وَأَمَّا صِفَاتُ الْمَعَانِي فَنَفْيُ زِيَادَتِهَا عَلَى الذَّاتِ مَعْ إِثْبَاتِ أَحْكَامِهَا لَهَا مُوجِبٌ لِلْفِسْقِ فَقَطْ. وَأَمَّا نَفْيُهَا مَعَ إِثْبَاتِ أَضْدَادِهَا فَهُوَ كُفْرٌ.

عُلِمَ مِمَّا قَرَّرْنَاهُ قَبْلُ أَنَّ الْخِلَافَ بَيْنَ الْمُتَكَلِّمِينَ إِنَّمَا هُوَ فِي مَدْلُولِ الْأَكْوَانِ السَّبْعَةِ هَلْ هُوَ مِنَ الْأَحْوَالِ أَوْ مِنَ الْأُمُورِ الاعْتِبَارِيَّةِ. وَأَمَّا وُجُوبُ تِلْكَ الْأَكْوَانِ لِلَّهِ فَقَدْ أَجْمَعُوا عَلَيْهِ كُلُّهُم وَإِنْكَارُهُ كُفْرٌ كَمَا صَرَّحُوا بِهِ.

الْحَاصِلُ : فَمَنْ قَالَ بِنَفْيِ الْحَالِ قَالَ : مَعْنَى كَوْنِهِ عَالِمًا مَثَلًا هُوَ قِيَامُ الْعِلْمِ بِهِ وَلَيْسَ هُنَاكَ صِفَةٌ أُخْرَى زَائِدَةٌ عَلَى قِيَامِ الْعِلْمِ، ثَابِتَةٌ فِي خَارِجِ الذِّهْنِ.

﴾ **La preuve de cela** ﴿ c.-à-d. l'établissement de Son état de Puissance ﴾ **est la même preuve que celle de la Puissance.** ﴿ Et si tu le veux, tu peux dire : "la preuve de son obligation Le concernant, exalté soit-Il, est que le fait que 'être Puissant' est une implication du fait que la Puissance subsiste par Son Essence, exalté soit-Il." Et quand on établit pour Lui, exalté soit-Il, le fait qu'Il soit Puissant, il devient impossible qu'Il soit incapable.

[2ème : Être Voulant]

﴾ **Et il est nécessaire Le concernant, exalté soit-Il, que Son être soit Voulant** ﴿ qui est un attribut qu'Il possède, exalté soit-Il, sempiternel et distinct de la Volonté. Cependant, cet attribut est en fait une implication de la Volonté : c'est un **état conceptuel** qui n'a pas de réalité en dehors de la pensée, mais elle possède plutôt une réalité en elle-même et dans la pensée seulement.

﴾ **Son contraire est que Son être serait contraint** ﴿ c.-à-d. sans volonté.

﴾ **La preuve de cela** ﴿ c.-à-d. l'établissement qu'Il soit, exalté soit-Il, Voulant ﴾ **est la même preuve que celle de la Volonté.** ﴿ Et si tu le veux, tu pourrais dire : "la preuve de son obligation Le concernant, exalté soit-Il, est que le 'fait d'être Voulant' est une implication du fait que la Volonté subsiste par Son Essence, exalté soit-Il." Et lorsqu'il est obligatoire Le concernant, exalté soit-Il, cet attribut, son contraire devient impossible.

(**وَالدَّلِيْلُ عَلَىْ ذَلِكَ**) أَيْ: ثُبُوْتُ كَوْنِهِ قَاْدِرًا (**دَلِيْلُ الْقُدْرَةِ**). وَإِنْ شِئْتَ قُلْتَ: وَالدَّلِيْلُ عَلَىْ وُجُوْبِهِ لَهُ تَعَاْلَىْ، أَنَّ "الْكَوْنَ قَاْدِرًا" لَاْزِمٌ لِقِيَاْمِ الْقُدْرَةِ بِذَاْتِهِ تَعَاْلَىْ. وَإِذَاْ ثَبَتَ لَهُ تَعَاْلَىْ كَوْنُهُ قَاْدِرًا، اِسْتَحَاْلَ عَلَيْهِ كَوْنُهُ عَاْجِزًا.

[الثَّاْنِيَةُ: كَوْنُهُ مُرِيْدًا]

(**وَيَجِبُ فِيْ حَقِّهِ تَعَاْلَىْ: كَوْنُهُ مُرِيْدًا**) وَهُوَ صِفَةٌ لَهُ تَعَاْلَىْ، أَزَلِيَّةٌ مُغَاْيِرَةٌ لِلْإِرَاْدَةِ، لَكِنَّهَاْ لَاْزِمَةٌ لِلْإِرَاْدَةِ. وَهُوَ: **أَمْرٌ اِعْتِبَاْرِيٌّ**، لَيْسَ لَهُ تَحَقُّقٌ فِيْ خَاْرِجِ الْأَذْهَاْنِ، بَلْ لَهُ تَحَقُّقٌ فِيْ نَفْسِهِ، وَفِيْ الذِّهْنِ فَقَطْ.

(**وَضِدُّهُ: كَوْنُهُ كَاْرِهًا**) أَيْ: عَاْدِمَ الْإِرَاْدَةِ.

(**وَالدَّلِيْلُ عَلَىْ ذَلِكَ**) أَيْ: ثُبُوْتُ كَوْنِهِ تَعَاْلَىْ مُرِيْدًا (**دَلِيْلُ الْإِرَاْدَةِ**) وَإِنْ شِئْتَ قُلْتَ: وَالدَّلِيْلُ عَلَىْ وُجُوْبِهِ لَهُ تَعَاْلَىْ، أَنَّ "الْكَوْنَ مُرِيْدًا" لَاْزِمٌ لِقِيَاْمِ الْإِرَاْدَةِ بِذَاْتِهِ تَعَاْلَىْ، وَحَيْثُ وَجَبَتْ لَهُ تَعَاْلَىْ هَذِهِ الصِّفَةُ، اِسْتَحَاْلَ عَلَيْهِ ضِدُّهَاْ.

[3ème : Être Savant]

﴾ **Et il est nécessaire Le concernant, exalté soit-Il, que Son être soit Savant** ﴿ qui est un attribut sempiternel distinct du Savoir. Cependant, cet attribut est en fait une implication du Savoir et c'est un état conceptuel qui n'a pas de réalité dans l'esprit, mais seulement en elle-même et dans la pensée seulement.

﴾ **Son contraire est que Son être serait ignorant.** ﴿

﴾ **Et la preuve de cela est la même preuve que celle du Savoir.** ﴿ Et si tu veux tu pourrais dire : "la preuve de son obligation Le concernant, exalté soit-Il, est que le 'fait d'être Savant' est une implication du fait que la Science subsiste par Lui, exalté soit-Il." Et lorsqu'il est obligatoire Le concernant, exalté soit-Il, cet attribut, son contraire devient impossible.

[4ème : Être Vivant]

﴾ **Et il est nécessaire Le concernant, exalté soit-Il, que Son être soit vivant** ﴿ qui est un attribut sempiternel et distinct de la Vie. Cependant, cet attribut est en fait une implication de la Vie et c'est un état conceptuel qui n'a pas de réalité sauf en elle-même.

﴾ **Son contraire est que Son être serait mort.** ﴿

﴾ **Et la preuve de cela est la même preuve que celle de la Vie.** ﴿ Et si tu veux tu pourrais dire : "la preuve de son obligation Le concernant, exalté soit-Il, est que le 'fait d'être Vivant' est une implication du fait que la Vie subsiste par Lui, exalté soit-Il." Et lorsqu'il est obligatoire Le concernant, exalté soit-Il, cet attribut, son contraire devient impossible.

[الثَّالِثَةُ: كَوْنُهُ عَالِمًا]

(وَيجِبُ فِيْ حَقِّهِ تعَالَىْ: كَوْنُهُ عَالِمًا) وَهُوَ صِفَةٌ لَهُ تَعَالَىْ، أَزَلِيَّةٌ مُغَايِرَةٌ لِلْعِلْمِ، لَكِنَّهَاْ لَاْزِمَةٌ لَهُ. وَهُوَ أَمْرٌ اِعْتِبَاْرِيٌّ، لَيْسَ لَهُ تَحَقُّقٌ فِيْ الْخَاْرِجِ، بَلْ فِيْ نَفْسِهِ، وَفِيْ الذِّهْنِ فَقَطْ.

(وَضِدُّهُ: كَوْنُهُ جَاهِلًا).

(وَالدَّلِيْلُ عَلَىْ ذَلِكَ: دَلِيْلُ الْعِلْمِ) وَإِنْ شِئْتَ قُلْتَ: وَالدَّلِيْلُ عَلَىْ وُجُوْبِهِ لَهُ تَعَالَىْ أَنَّ "الْكَوْنَ عَالِمًا" لَاْزِمٌ لِقِيَاْمِ الْعِلْمِ بِهِ تَعَاْلَىْ. وَحَيْثُ وَجَبَتْ لَهُ تَعَاْلَىْ هَذِهِ الصِّفَةُ، اِسْتَحَاْلَ عَلَيْهِ ضِدُّهَاْ.

[الرَّاْبِعَةُ: كَوْنُهُ حَيًّا]

(وَيجِبُ فِيْ حَقِّهِ تَعَاْلَىْ: كَوْنُهُ حَيًّا) وَهُوَ صِفَةٌ لَهُ تَعَاْلَىْ، أَزَلِيَّةٌ مُغَاْيِرَةٌ لِلْحَيَاْةِ، لَكِنَّهَاْ لَاْزِمَةٌ لَهَاْ. وَهُوَ: أَمْرٌ اِعْتِبَاْرِيٌّ، لَيْسَ لَهُ تَحَقُّقٌ إِلَّاْ فِيْ نَفْسِهِ فَقَطْ.

(وَضِدُّهُ: كَوْنُهُ مَيِّتًا).

(وَالدَّلِيْلُ عَلَىْ ذَلِكَ: دَلِيْلُ الْحَيَاْةِ) وَإِنْ شِئْتَ قُلْتَ: وَالدَّلِيْلُ عَلَىْ وُجُوْبِهِ لَهُ تَعَاْلَىْ، أَنَّ "الْكَوْنَ حَيًّا" لَاْزِمٌ لِقِيَاْمِ الْحَيَاْةِ بِهِ تَعَاْلَىْ. وَحَيْثُ وَجَبَتْ لَهُ تَعَاْلَىْ هَذِهِ الصِّفَةُ، اِسْتَحَاْلَ عَلَيْهِ ضِدُّهَاْ.

[5ème & 6ème : **Être Entendant & Voyant**]

﴾ **Et il est nécessaire Le concernant, exalté soit-Il, que Son être soit Entendant et Voyant** ﴿ qui sont deux attributs sempiternel et distinct de l'Ouïe et de la Vue. Cependant, ces deux attributs sont en fait deux implications de l'Ouïe et de la Vue et ce sont des concepts qui n'ont de réalité qu'en eux-mêmes seulement.

﴾ **Leur contraire est que Son être serait sourd et aveugle.** ﴿

﴾ **Les preuves de cela** ﴿ c.-à-d. l'établissement que Son être est Entendant et Voyant ﴾ **sont les mêmes preuves que celle de l'Ouïe et de la Vue.** ﴿ Et si tu veux tu pourrais dire : “la preuve de leur obligation Le concernant, exalté soit-Il, est que le ‘fait d'être Entendant’ est une implication du fait que l'Ouïe subsiste par Son Essence, exalté soit-Il. Et que le ‘fait d'être Voyant’ est une implication du fait que la Vue subsiste par Lui, exalté soit-Il.” Et lorsqu'il est obligatoire Le concernant, exalté soit-Il, ces deux attributs, leur contraire devient impossible.

[7ème : **Être Parlant**]

﴾ **Et il est nécessaire Le concernant, exalté soit-Il, que Son être soit Parlant** ﴿ qui est un attribut pour Lui, exalté soit-Il, sempiternel et distinct de la Parole. Cependant, cet attribut est en fait une implication de cette dernière. Puisque la Parole subsiste dans Son Essence, exalté soit-Il, cela implique que Son être, exalté soit-Il, est Parlant. Mais ceci n'a de réalité qu'en lui-même seulement.

[الْخَامِسَةُ وَالسَّادِسَةُ: كَوْنُهُ سَمِيْعًا بَصِيْرًا]

(وَيَجِبُ فِيْ حَقِّهِ تَعَالَىْ: كَوْنُهُ سَمِيْعًا بَصِيْرًا) وَهُمَاْ صِفَتَاْنِ لَهُ تَعَاْلَىْ، أَزَلِيَّتَاْنِ، مُغَاْيِرَتَاْنِ لِلْسَمْعِ وَالْبَصَرِ، لَكِنَّهُمَاْ لَاْزِمَتَاْنِ لَهُمَاْ، وَهُمَاْ أَمْرَاْنِ اِعْتِبَاْرِيَّاْنِ، وَلِكُلٍّ مِنْهُمَاْ تَحَقُّقٌ فِيْ نَفْسِهِ فَقَطْ.

(وَضِدُّهُمَاْ كَوْنُهُ أَصَمٌّ، وَكَوْنُهُ أَعْمَىْ).

(وَالدَّلِيْلُ عَلَىْ ذَلِكَ دَلِيْلُ السَّمْعِ وَدَلِيْلُ الْبَصَرِ) وَإِنْ شِئْتَ قُلْتَ: وَالدَّلِيْلُ عَلَىْ وُجُوْبِهِمَاْ لَهُ تَعَالَىْ، أَنَّ "الْكَوْنَ سَمِيْعًا" لَاْزِمٌ لِقِيَاْمِ السَّمْعِ بِذَاْتِهِ تَعَاْلَىْ، وَ"الْكَوْنَ بَصِيْرًا" لَاْزِمٌ لِقِيَاْمِ الْبَصَرِ بِهِ تَعَاْلَىْ، وَحَيْثُ وَجَبَتْ لَهُ تَعَاْلَىْ هَاْتَاْنِ الصِّفَتَاْنِ اِسْتَحَاْلَ عَلَيْهِ ضِدُّهُمَاْ.

[السَّاْبِعَةُ: كَوْنُهُ مُتَكَلِّمًا]

(وَيَجِبُ فِيْ حَقِّهِ تَعَاْلَىْ: كَوْنُهُ مُتَكَلِّمًا) وَهُوَ صِفَةٌ لَهُ تَعَاْلَىْ، أَزَلِيَّةٌ، مُغَاْيِرَةٌ لِلْكَلَاْمِ، لَكِنَّهَاْ لَاْزِمَةٌ لَهُ. فَيَلْزَمُ مِنْ قِيَاْمِ الْكَلَاْمِ بِذَاْتِهِ تَعَاْلَىْ كَوْنُهُ تَعَاْلَىْ مُتَكَلِّمًا، وَلَيْسَ لَهُ تَحَقُّقٌ إِلَّاْ فِيْ نَفْسِهِ فَقَطْ.

﴿ **Son contraire est que Son être soit muet. La preuve de cela est la même preuve que celle de la Parole.** ﴾ Et si tu veux tu pourrais dire : “la preuve de son obligation Le concernant, exalté soit-Il, est que le ‘fait d’être Parlant’ est une implication du fait que la Parole subsiste par Son Essence, exalté soit-Il.” Et lorsqu’on établit Le concernant, exalté soit-Il, le fait qu’Il est Parlant, Il lui devient impossible, exalté soit-Il, que Son être soit silencieux ou ce qui est semblable linguistiquement qui est le contraire que Son être, exalté soit-Il, soit Parlant.

Ces vingt attributs Lui sont obligatoires, exalté soit-Il, et les vingt contraires mentionnés Lui sont impossibles : ce sont ceux qui sont obligatoires pour chaque personne responsable légalement de connaître en détail à travers une preuve, fut-elle globale.

Ensuite, il est nécessaire de croire globalement qu’*Allāh* est décrit par toutes les perfections qui ne peuvent convenir qu’à *Allāh* et qu’Il est exempt de tous les défauts qui ne peuvent Lui convenir.

Deux remarques :

La première : Sachez que les vingt attributs sont répartis en quatre catégories :

1. **Intrinsèque** (*nafsiyyah*) : c’est l’Existence (*al-wujūd*).
2. **Exonératif** : qui sont cinq :
    1. La Prééternité (*al-qidam*).
    2. La Permanence (*al-baqā’*).
    3. L’Autosubsistance (*al-qiyām bi-n-nafs*).
    4. La dissemblance avec les éléments contingents (*al-mukhālafah lil-ḥawādith*).
    5. L’Unicité (*al-waḥdāniyyah*).

(وَضِدُّهُ كَوْنُهُ أَبْكَمُ. وَالدَّلِيْلُ عَلَىْ ذَلِكَ دَلِيْلُ الْكَلَاْمِ) وَإِنْ شِئْتَ قُلْتَ: وَالدَّلِيْلُ عَلَىْ وُجُوْبِهِ لَهُ تَعَاْلَىْ، أَنَّ "الْكَوْنَ مُتَكَلِّمًا" لَاْزِمٌ لِقِيَاْمِ الْكَلَاْمِ بِذَاْتِهِ تَعَاْلَىْ. وَإِذَاْ ثَبَتَ لَهُ تَعَاْلَىْ كَوْنُهُ مُتَكَلِّمًا، اِسْتَحَاْلَ عَلَيْهِ تَعَاْلَىْ كَوْنُهُ أَخْرَسًا وَمَاْ فِيْ مَعْنَاْهُ، الَّذِيْ هُوَ ضِدُّ كَوْنِهِ تَعَاْلَىْ مُتَكَلِّمًا.

فَهَذِهِ الصِّفَاْتُ الْوَاْجِبَةُ لَهُ تَعَاْلَىْ الْعِشْرُوْنَ، وَالْمُسْتَحِيْلَاْتُ الْعُشْرُوْنَ، الَّتِيْ يَجِبُ عَلَىْ كُلِّ مُكَلَّفٍ مَعْرِفَتُهَاْ تَفْصِيْلًا بِالدَّلِيْلِ وَلَوْ إِجْمَاْلِيًّا.

ثُمَّ يَجِبُ أَنْ يَعْتَقِدَ إِجْمَاْلًا، أَنَّهُ تَعَاْلَىْ مُتَّصِفٌ بِجَمِيْعِ الْكَمَاْلَاْتِ الَّتِيْ لَاْ يُحْصِيْهَاْ إِلَّاْ اللهُ تَعَاْلَىْ، وَأَنَّهُ مُنَزَّهٌ عَنْ جَمِيْعِ النَّقَاْئِصِ الَّتِيْ لَاْ يُحْصِيْهَاْ إِلَّاْ هُوَ.

تَنْبِيْهَاْنِ:

الْأَوَّلُ: عُلِمَ مِمَّاْ مَرَّ أَنَّ الصِّفَاْتَ الْعِشْرِيْنَ أَرْبَعَةُ أَقْسَاْمٍ:

1. **نَفْسِيَّةٌ** وَهِيَ: الْوُجُوْدُ.
2. **وَسَلْبِيَّةٌ** وَهِيَ خَمْسَةٌ:
    1. الْقِدَمُ.
    2. وَالْبَقَاْءُ.
    3. والْقِيَاْمُ بِالنَّفْسِ.
    4. وَالْمُخَاْلَفَةُ لِلْحَوَاْدِثِ.
    5. وَالْوَحْدَاْنِيَّةُ.

3. **Entitatifs** (*maʿān*) : qui sont sept (7) :

    1. La Puissance (*al-qudrah*).
    2. La Volonté (*al-irādah*).
    3. Le Savoir (*al-ʿilm*).
    4. La Vie (*al-ḥayāh*).
    5. L'Ouïe (*al-samʿ*).
    6. La Vue (*al-baṣar*).
    7. La Parole (*al-kalām*).

4. **Qualificatifs** (*maʿnawiyyah*) qui sont : qu'Il soit :

    1. Puissant.
    2. Voulant.
    3. Savant.
    4. Vivant.
    5. Entendant.
    6. Voyant.
    7. Parlant.

3. **وَصِفَاْتُ مَعَاْنٍ**، وَهِيَ سَبْعَةٌ:

1. الْقُدْرَةُ.
2. وَالْإِرَاْدَةُ.
3. وَالْعِلْمُ.
4. وَالْحَيَاْةُ.
5. وَالسَّمْعُ.
6. وَالْبَصَرُ.
7. وَالْكَلَاْمُ.

- **وَصِفَاْتٌ مَعْنَوِيَّةٌ** وَهِيَ: كَوْنُهُ

1. قَاْدِرًا.
2. وَمُرِيْدًا.
3. وَعَاْلِمًا.
4. وَحَيًّا.
5. وَسَمِيْعًا.
6. وَبَصِيْرًا.
7. وَمُتَكَلِّمًا.

La seconde : Il n'y a de **"relation"** que dans le cadre des **Attributs entitatifs** (*ma'ānī*). Eu égard à la **"relation"** et à son absence, et à la **généralité** de celle-ci avec l'obligatoire, le possible, l'impossible, de sa particularisation du possible et de l'existant ; elle est de quatre catégories :

Première : ce qui est en relation avec le possible et c'est :

- la Puissance (*al-qudrah*).
- et la Volonté (*al-irādah*).

Cependant, dans le premier cas c'est un lien de **"mise en existence** (*ījād*)**"** ou de **"mise en non-existence** (*i'dām*)" tandis que dans le second c'est un lien de **"spécification** (*takhṣīṣ*)".

Deuxième : Ce qui est en relation avec l'obligatoire, le possible et l'impossible c'est :

- Le Savoir (*al-'ilm*).
- Et la Parole (*al-kalām*).

Cependant, dans le premier cas c'est un lien de **"dévoilement** (*inkishāf*)**"** tandis que dans le second c'est un lien d' **"indication** (*dalālah*)".

Troisième : Ce qui a comme domaine l'existant c'est :

- l'Ouïe (*al-sam'*).
- et la Vue (*al-baṣar*).

الثَّاْنِيْ: لَاْ **يَتَعَلَّقُ** إِلَّاْ مَاْ كَاْنَ مِنْ **صِفَاْتِ الْمَعَاْنِيْ**. وَهِيَ مِنْ حَيْثُ **التَّعَلُّقُ** وَعَدَمُهُ، وَمِنْ حَيْثُ **عُمُوْمُهُ** لِلْوَاْجِبَاْتِ وَالْجَاْئِزَاْتِ وَالْمُسْتَحِيْلَاْتِ، وَخُصُوْصِهِ بِالْمُمْكِنَاْتِ وَبِالْمَوْجُوْدَاْتِ أَقْسَاْمٌ أَرْبَعَةٌ:

الْأَوَّلُ: مَاْ يَتَعَلَّقُ بِالْمُمْكِنَاْتِ وَهِيَ:

- الْقُدْرَةُ.
- وَالْإِرَاْدَةُ.

لَكِنَّ تَعَلُّقَ الْأُوْلَىْ تَعَلُّقُ **إِيْجَاْدٍ وَإِعْدَاْمٍ**، وَتَعَلُّقُ الثَّاْنِيَةِ تَعَلُّقُ **تَخْصِيْصٍ**.

والثَّاْنِيْ: مَاْ يَتَعَلَّقُ بِالْوَاْجِبَاْتِ، وَالْجَاْئِزَاْتِ، وَالْمُسْتَحِيْلَاْتِ. وَهُوَ:

- الْعِلْمُ
- والْكَلَاْمُ

لَكِنَّ تَعَلُّقَ الْأَوَّلِ تَعَلُّقُ **اِنْكِشَاْفٍ**، وَتَعَلُّقُ الثَّاْنِيْ تَعَلُّقُ **دَلَاْلَةٍ**.

وَالثَّاْلِثُ: مَاْ يَتَعَلَّقُ بِالْمَوْجُوْدَاْتِ. وَهُوَ:

- السَّمْعُ
- وَالْبَصَرُ.

Quatrième : Ce qui n'a aucun lien avec quoi que ce soit : et c'est :

- La Vie (*al-ḥāyah*).

Il n'est pas obligatoire pour le responsable légalement de connaître ces relations (*ta'alluqāt*) **puisque cela fait partie des arcanes de la science scolastique.**

والرَّابِعُ: مَاْ لَاْ يَتَعَلَّقُ بِشَيْءٍ. وَهُوَ:

- الْحَيَاْةُ.

وَلَاْ يَجِبُ عَلَىْ الْمُكَلَّفِ مَعْرِفَةُ هَذِهِ التَّعَلُّقَاْتِ؛ لِأَنَّ ذَلِكَ مِنْ غَوَاْمِضِ عِلْمِ الْكَلَاْمِ.

[Les possibilités concernant *Allāh*]

﴾ **Le permis, Le concernant, est d'effectuer tout élément possible** (*mumkin*) **ou bien de le laisser** (inexistant). ﴿

Ce qui est "possible (*mumkin*)" c'est : ce qui accepte la possibilité d'exister et aussi celle de ne pas exister même si c'est un mal comme : la mécréance, la désobéissance, la création, la subsistance et ce qui est semblable[1]. Il n'y a donc pas de possible qui ne soit point entré en existence de par Son Acte[2] et émergeant de Sa Justice.

---

[1] Certaines possibilités sont devenues obligatoires en raison de ce qui est parvenu dans la Législation établissant leur réalisation et que l'on appelle "**obligatoire accidentellement** (*'araḍiyy*)" ou "obligatoire par autrui" : comme le fait de faire rentrer l'obéissant au Paradis. Et certaines sont devenus impossibles en raison de ce qui est parvenu dans la Législation établissant leur non-réalisation et que l'on appelle "**impossible accidentellement** (*'araḍiyy*)" ou "impossible par autrui" : comme le fait de faire rentrer le mécréant en enfer.

[2] Le fait de rentrer en existence ou non et tout ce qui est possible pour Lui, exalté soit-Il, s'intitule **"Attributs d'actions"** c'est-a-dire les attributs qui sont des actes d'*Allāh*. C'est une considération des relations (*ta'alluqāt*) d' "effectivité (*tanjīzī*)" c'est-à-dire les relations par l'action issue de la Puissance, comme le fait de faire entrer *Zayd* en existence par une action ou bien de faire que *'Amr* soit inexistant par une action.

Tout cela est contingent (*ḥādith*) puisque c'est de l'ordre du possible et tout ce qui est possible est contingent (*ḥādith*). Ainsi, les **"Attributs d'actions"** sont contingents. Ils ne font pas partie des attributs qui subsistent par Son Essence, exalté soit-Il, à tel point qu'il serait obligatoire que les contingents subsistent par Son Essence puisque ceci est impossible. Nous ne les comptons comme étant Ses Attributs puisqu'ils émanent de Sa Puissance, c'est donc un résultat de celle-ci et non pas en raison du fait que cela soit subsistant dans Son Essence. En effet, ceci est dû au fait que c'est quelque chose de possible comme vous le savez, et le possible ne subsiste pas par Son Essence.......................................=

[الْجَائِزَاتُ فِيْ حَقِّ اللهِ]

(وَالْجَائِزُ فِيْ حَقِّهِ تَعَالَىْ: فِعْلُ كُلِّ مُمْكِنٍ، أَوْ تَرْكُهُ.)

وَ"الْمُمْكِنُ" هُوَ: الَّذِيْ **يَجُوْزُ عَلَيْهِ الْوُجُوْدُ وَالْعَدَمُ، وَلَوْ شَرًّا**: كَالْكُفْرِ، وَالْمَعَاصِيْ[1]، وَالْخَلْقِ، وَالرِّزْقِ وَنَحْوِهَا. فَلَا مُمْكِنَ إِلَّا وَهُوَ حَادِثٌ بِفِعْلِهِ[2]، وَفَائِضٌ مِنْ عَدْلِهِ.

---

[1] قَدْ يَعْرِضُ لِبَعْضِ الْمُمْكِنَاتِ الْوُجُوبُ لِإِخْبَارِ الشَّرْعِ بِوُقُوعِهِ، وَيُسَمَّى **"وَاجِبًا عَرَضِيًّا"**، وَوَاجِبًا لِغَيْرِهِ كَدُخُولِ الطَّائِعِ الْجَنَّةَ. قَدْ يَعْرِضُ لِبَعْضِ الْمُمْكِنَاتِ الاسْتِحَالَةُ لِإِخْبَارِ الشَّرْعِ بِعَدَمِ وُقُوعِهِ، وَيُسَمَّى **"مُسْتَحِيلًا عَرَضِيًّا"** وَمُسْتَحِيلًا لِغَيْرِهِ كَدُخُولِ الكَافِرِ الْجَنَّةَ.

[2] الْإِيجَادُ وَالْإِعْدَامُ وَغَيْرُهُمَا مِمَّا يَجُوزُ فِي حَقِّهِ تَعَالَى تُسَمَّى **بِصِفَاتِ الْأَفْعَالِ**، أَيْ صِفَاتٌ هِيَ أَفْعَالُ اللهِ، وَهْيَ عِبَارَةٌ عَنِ التَّعَلُّقَاتِ التَّنْجِيزِيَّةِ، أَيْ التَّعَلُّقَاتِ بِالْفِعْلِ لِلْقُدْرَةِ، كَإِيجَادِ زَيْدٍ بِالْفِعْلِ وَإِعْدَامِ عَمْرٍو بِالْفِعْلِ.

وَكُلُّهَا حَادِثَةٌ لِأَنَّهَا جَائِزَةٌ، وَكُلُّ جَائِزٍ حَادِثٌ، فَصِفَاتُ الْأَفْعَالِ حَادِثَةٌ، وَلَيْسَتْ مِنَ الصِّفَاتِ الْقَائِمَةِ بِذَاتِهِ تَعَالَى حَتَّى يَلْزَمَ قِيَامُ الْحَوَادِثِ بِذَاتِهِ، وَهُوَ مُحَالٌ، وَإِنَّمَا عَدُّوهَا مِنْ صِفَاتِهِ تَعَالَى لِأَنَّهَا صَادِرَةٌ عَنْ قُدْرَتِهِ، فَهْيَ أَثَرٌ لَهَا لَا لِكَوْنِهَا قَائِمَةً بِذَاتِهِ تَعَالَى ؛ إِذْ هِيَ جَائِزَةٌ كَمَا عَلِمْتَ، وَالْجَائِزُ لَا يَقُومُ بِذَاتِهِ.............=

﴾ **La preuve de cela est que s'Il Lui avait été obligatoire, exalté soit-Il, de faire quelque chose ou bien de le laisser alors le possible serait devenu soit obligatoire soit impossible** ﴿ c.-à-d. que la preuve que le fait d'effectuer les possibles est quelque chose de permis Le concernant, exalté soit-Il, est que tu dises : "On s'est accordé sur la possibilité des éléments possible puisque s'ils avaient été obligatoires pour Lui, exalté soit-Il, de faire quelque chose parmi ces éléments, le possible serait devenu obligatoire."

Et s'Il avait été impossible pour Lui de faire quelque chose, le possible serait devenu impossible ﴾ **et cela** ﴿ c.-à-d. le fait que le possible devienne obligatoire ou impossible ﴾ **est impossible.** ﴿

Cela invalide donc ce qui fait parvenir à cette conclusion qui est que le possible soit obligatoire ou impossible. Ainsi, la possibilité de ces éléments est donc établie et c'est cela qu'on cherchait à prouver.

= En effet, ne subsistent par Son Essence que les attributs qui ont une réalité en dehors de l'esprit, et les attributs d'actions ne sont pas ainsi puisqu'ils ne sont que des annexions, c'est à dire des relations entre la Puissance et ce qui fait l'objet de celle-ci. Et les annexions sont des éléments conceptuels (*iʿtibāriyyah*) qui ne sont pas établis en dehors [de l'esprit]. C'est pour cela que l'on n'emploie pas pour les Attributs d'actions la contingence (*ḥudūth*) dans le sens d'existence après la non-existence, mais que l'on emploie le terme 'contingence' dans le sens d' 'actualisation (*tajaddud*)', et il n'y a pas de doute que [cet attribut] est actualisé de manière infinie.

(**وَالدَّلِيْلُ عَلَىْ ذَلِكَ، أَنَّهُ لَوْ وَجبَ عَلَيْهِ سُبْحَانَهُ وَتعَاْلَىْ فِعْلُ شَيْءٍ، أَوْ تَرْكُهُ، لَصَاْرَ الْجَاْئِزُ وَاْجِبًا، أَوْ مُسْتَحِيْلًا**) أَيْ: وَالدَّلِيْلُ عَلَىْ أَنَّ فِعْلَ الْمُمْكِنَاْتِ، أَوْ تَرْكَهَا، جَاْئِزٌ فِيْ حَقِّهِ تعَاْلَىْ، أَنْ تَقُوْلَ: قَدِ اِتُّفِقَ عَلَىْ جَوَاْزِ الْمُمْكِنَاْتِ. فَلَوْ وَجَبَ عَلَيْهِ تَعَاْلَىْ فِعْلُ شَيْءٍ مِنْهَاْ، لَصَاْرَ الْجَاْئِزُ وَاْجِبًا.

وَلَو اِمْتَنَعَ عَلَيْهِ فِعْلُ شَيْءٍ مِنْهَاْ لَصَاْرَ الْجَاْئِزُ مُسْتَحِيْلًا. (**وَهُوَ**) أَيْ: صَيْرُوْرَةُ الْجَاْئِزِ وَاْجِبًا، أَوْ مُسْتَحِيْلًا (**مُحَاْلٌ**).

فَبَطَلَ مَاْ أَدَّىْ إِلَيْهِ وَهُوَ وُجُوْبُهَاْ، أَو اِمْتِنَاْعُهَاْ. وَثَبَتَ جَوَاْزُهَاْ وَهُوَ الْمَطْلُوْبُ.

= وَلِأَنَّ الَّذِي يَقُومُ بِذَاتِهِ مِنَ الصِّفَاتِ مَا كَانَ لَهُ تَحَقُّقٌ فِي الْخَارِجِ عَنِ الذِّهْنِ، وَصِفَاتُ الْأَفْعَالِ لَيْستْ كَذَلِكَ حَيْثُ إِنَّهَا إِضَافَاتٌ . أَيْ تَعَلُّقَاتٌ . بَيْنَ الْقُدْرَةِ وَمَقْدُورِهَا، وَالْإِضَافَاتُ أُمُورٌ اعْتِبَارِيَّةٌ لَا ثُبُوتَ لَهَا فِي الْخَارِجِ، وَلِهَذَا لَا يُطْلَقُ عَلَى صِفَاتِ الْأَفْعَالِ الْحُدُوثُ بِمَعْنَى الْوُجُودِ بَعْدَ الْعَدَمِ، وَإِنَّمَا يُطْلَقُ عَلَيْهَا الْحُدُوثُ بِمَعْنَى التَّجَدُّدِ، وَلَا شَكَّ أَنَّهَا مُتَجَدِّدَةٌ فِيمَا لَا يَزَالُ.

Ces quarante-et-un (41) points de croyance s'attachent à la divinité dont vingt (20) sont obligatoires, vingt (20) sont impossibles et un (1) qui est possible.

La première catégorie qui est ce qui se **rattache à la divinité** (*ilahiyyāt*) est terminée.

فَهَذِهِ إِحْدَىٰ وَأَرْبَعُوْنَ عَقِيْدَةً تَتَعَلَّقُ بِالْإِلَهِ عَزَّ وَجَلَّ: عُشْرُوْنَ وَاْجِبَاْتٌ، وَعُشْرُوْنَ مُسْتَحِيْلَاْتٌ، وَوَاْحِدَةٌ جَاْئِزَةٌ. وَقَدْ تَمَّ الْقِسْمُ الْأَوَّلُ مِنْ هَذَاْ الْفَنِّ، وَهُوَ **الْإِلَهِيَّاْتُ**.

***

LA PROPHÉTOLOGIE

﴿ **Et** ﴾ la deuxième catégorie c'est ce qui est **relatif aux Prophètes** (*nabawiyyāt*). Cela englobe ce qui est obligatoire pour les Prophètes, impossible et possible les concernant.

[Ce qui est obligatoire de manière détaillée concernant les prophètes]

[1er : La véracité (*al-ṣidq*)]

Ce qui est ﴿ **obligatoire pour les messagers**[1]**, sur eux la prière et la paix : la véracité** (*ṣidq*) ﴾ qui est : **le fait que ce qu'ils informent soit conforme à ce qu'ils sont réellement même si c'est selon leur conviction** comme dans sa parole (ﷺ) : « **Rien de cela n'est arrivé** » lorsque *Dhū al-Yadayn* a dit après que le Prophète (ﷺ) avait salué après deux unités dans la prière du *Ẓuhr* : « Est-ce que tu as raccourci la prière ou bien as-tu oublié, ô Messager d'*Allāh* ? »

﴿ **Son contraire est le mensonge** ﴾ c.-à-d. que l'information donnée est contraire à ce qu'elle est réellement, qu'elle soit selon sa conviction ou non.

---

[1] « **Messager** (*rasūl*) » : c'est l'homme qui reçoit la révélation d'une législation et qui est ordonné de la transmettre, qu'il reçoive un livre ou non.

« **Prophète** (*nabī*) » : c'est l'homme qui reçoit la révélation d'une législation, qui peut être ordonné de la transmettre ou non.

Tout Messager est un Prophète, mais le contraire n'est pas forcément vrai.

مَعْرِفَةُ النُّبُوَّاْتِ

(وَ) أَمَّاْ الْقِسْمُ الثَّاْنِيْ، وَهُوَ **النَّبَوِيَّاْتُ**. فَيَشْتَمِلُ عَلَىْ مَاْ يَجِبُ لِلْأَنْبِيَاْءِ، وَمَاْ يَسْتَحِيْلُ فِيْ حَقِّهِمْ، وَمَاْ يَجُوْزُ عَلَيْهِمْ.

[الْوَاْجِبَاْتُ التَّفْصِيْلِيَّةُ فِيْ حَقِّ الْأَنْبِيَاْءِ]

[الْأُوْلَىْ: الصِّدْقُ]

فَالَّذِيْ (**يَجِبُ فِيْ حَقِّ الرُّسُلِ**[1] **عَلَيْهِمُ الصَّلَاْةُ وَالسَّلَاْمُ : الصِّدْقُ**) وَهُوَ: **مُطَاْبَقَةُ خَبَرِهِمْ لِلْوَاْقِعِ. وَلَوْ بِحَسَبِ اعْتِقَاْدِهِمْ**، كَمَاْ فِيْ قَوْلِهِ صَلَّىْ اللهُ عَلَيْهِ وَسَلَّمَ : "**كُلُّ ذَلِكَ لَمْ يَكُنْ**" لَمَّاْ قَاْلَ ذُوْ الْيَدَيْنِ حِيْنَ سَلَّمَ صَلَّىْ اللهُ عَلَيْهِ وَسَلَّمَ مِنْ رَكْعَتَيْنِ مِنَ الظُّهْرِ : أَقَصُرَتِ الصَّلَاْةُ، أَمْ نَسِيْتَ يَاْ رَسُوْلَ اللهِ ؟

(**وَضِدُّهُ: الْكَذِبُ**) أَيْ: عَدَمُ مُطَاْبَقَةِ خَبَرِهِمْ لِلْوَاْقِعِ. وَاْفَقَ الْاِعْتِقَاْدَ، أَمْ لَاْ.

---

[1] **الرَسُولُ** : هُوَ إِنْسَانٌ أُوحِيَ إِلَيْهِ بِشَرْعٍ وَأُمِرَ بِتَبْلِيغِهِ، كَانَ لَهُ كِتَابٌ أَوْ لَا.
النَّبِيءُ : هُوَ إِنْسَانٌ أُوحِيَ إِلَيْهِ بِشَرْعٍ، أُمِرَ بِتَبْلِيغِهِ أَوْ لَا.
فَكُلُّ رَسُولٍ نَبِيءٌ، وَلَا عَكْسَ.

﴾ **La preuve de cela** ﴿ c.-à-d. l'obligation de la véracité (*ṣidq*) les concernant, prière et salut sur eux, ﴾ **c'est que s'ils n'avaient été** ﴿ véridiques, ils seraient nécessairement menteurs puisqu'il n'y a pas d'intermédiaire entre le fait d'être véridique ou menteur. Et s'ils avaient été ﴾ **menteurs, alors l'information d'*Allāh*, exalté soit-Il** ﴿ stipulant qu'ils sont véridiques ﴾ **aurait été fausse.** ﴿

Ce qui est voulu ici c'est Son information **décisionnelle**, qui est le **miracle** (*muʿjizah*)[1], étant lui-même un **acte d'*Allāh***, exalté soit-Il, puisqu'*Allāh*, exalté soit-Il, les a rendus véridiques par des miracles. En effet, Il, exalté soit-Il, n'a pas fait de Son habitude et cela depuis le début du monde jusqu'à nos jours, la possibilité de mélanger les mensonges avec les miracles. Plutôt, Il a fait de Son habitude de les faire apparaître aux mains des sincères en dehors des menteurs. Et si cela avait été mélangé avec la sorcellerie (*siḥr*) ou quelque chose de similaire, alors il [c.-à-d. le prophète] aurait été décrié pour être proche de cela. Il est également reconnu que le fait d'avérer comme vrai un menteur est un mensonge.

﴾ **Et cela** ﴿ c.-à-d. le fait que Son information, exalté soit-Il, soit un mensonge ﴾ **est impossible** ﴿ puisque Son information, exalté soit-Il, est en concordance avec Son Savoir, **et l'information qui est en concordance avec Son Savoir ne peut être que vraie.** Lorsqu'il est impossible pour Lui, exalté soit-Il, de mentir, on établit alors Sa véracité. Et lorsqu'on a établi Sa véracité, le fait qu'Il ait déclaré les messagers comme véridiques est donc valable. Et on a donc bien établi authentiquement leur véracité et c'est cela qui était recherché.

---

[1] Le miracle (*muʿjizah*, litt : ce qui affaiblit) est une chose extraordinaire qui advient à un prophète dans le but de l'aider à transmettre son message. Il s'inscrit dans une démarche de défi, dès lors que le négateur se sent incapable d'apporter cette chose extraordinaire. Contrairement au prodige (*karāma*) qui lui ne s'inscrit pas dans une perspective de défi, mais plutôt comme étant une marque de noblesse qu'Allāh octroie à un serviteur pieux. Le prodige d'un saint est un miracle parmi les miracles de son prophète.

(**وَالدَّلِيْلُ عَلَىٰ ذَلِكَ**) أَيْ: وُجُوْبُ الصِّدْقِ لَهُمْ -عَلَيْهِمُ الصَّلَاْةُ وَالسَّلَاْمُ- (**أَنَّهُمْ لَوْ**) لَمْ يَصْدُقُوْا لَلَزِمَ كَذِبُهُمْ؛ لِأَنَّهُ لَاْ وَاْسِطَةَ بَيْنَ الصِّدْقِ وَالْكَذِبِ. وَلَوْ (**كَذَبُوْا، لَكَاْنَ خَبَرُ اللهِ سُبْحَاْنَهُ وَتَعَاْلَىٰ**) بِأَنَّهُمْ صَاْدِقُوْنَ (**كَاْذِبًا**).

وَالْمُرَاْدُ خَبَرُهُ تَعَاْلَىٰ **الْحُكْمِيُّ**. وَهُوَ: **الْمُعْجِزَةُ**[1]. وَهُوَ: **فِعْلُ اللهِ** تَعَاْلَىٰ؛ لِأَنَّ اللهَ تَعَاْلَىٰ صَدَّقَهُمْ بِالْمُعْجِزَاْتِ، فَإِنَّهُ تَعَاْلَىٰ لَمْ يُجْرِ عَاْدَتَهُ مِنْ أَوَّلِ الدُّنْيَاْ إِلَىٰ الْآنَ بِتَمْكِيْنِ الْكَاْذِبِ مِنَ الْمُعْجِزَاْتِ، بَلْ أَجْرَىٰ عَاْدَتَهُ بِوُقُوْعِهَاْ مِنَ الصَّاْدِقِ دُوْنَ الْكَاْذِبِ. وَإِذَاْ خَيَّلَ بِسِحْرٍ، أَوْ نَحْوَهُ أَظْهَرَ فَضِيْحَتَهُ عَنْ قُرْبِ ذَلِكَ. وَمَعْلُوْمٌ أَنَّ تَصْدِيْقَ الْكَاْذِبِ كَذِبٌ.

(**وَهُوَ**) أَيْ: كَوْنُ خَبَرِهِ تَعَاْلَىٰ كَاْذِبًا (**مُحَاْلٌ**)؛ لِأَنَّ خَبَرَهُ تَعَاْلَىٰ عَلَىٰ وَفْقِ عِلْمِهِ، **وَالْخَبَرُ الَّذِيْ عَلَىٰ وَفْقِ الْعِلْمِ لَاْ يَكُوْنُ إِلَّاْ حَقًّا**. وَإِذَاْ اِسْتَحَاْلَ كَذِبُهُ تَعَاْلَىٰ، ثَبَتَ صِدْقُهُ. وَإِذَاْ ثَبَتَ صِدْقُهُ، صَحَّ تَصْدِيْقُهُ لِلرُّسُلِ. وَإِذَاْ صَحَّ ذَلِكَ، ثَبَتَ صِدْقُهُمْ. وَهُوَ الْمَطْلُوْبُ.

---

[1] الْمُعْجِزَةُ أَمْرٌ خَارِقٌ لِلْعَادَةِ يجريه اللهُ عَلَى يد نبي ليؤيده عَلَى تَبْلِيغِ رِسَالَته فَهُوَ عَلَى قَصْدِ التّحدي بِأن يعجز الْمُنْكِر عَن الإتيان بِمثله. أَمَّا الْكَرَامَةُ لَا تَكُون عَلَى وَجْهِ التَّحدي بَلْ هِيَ تَكْرِيم اللهِ لِعَبْدٍ صَالِحٍ. فَكَرَامَة وَلِي مُعْجِزَة مِنْ مُعْجِزَات نَبِيِّيه.

[2ème : **La fiabilité** (*al-amānah*)]

﴾ **Et il est obligatoire les concernant, prière et salut sur eux, la fiabilité** (*al-amānah*) ﴿ qui est le fait que leur intérieur et extérieur soit préservé d'être touché par quelconque chose réprouvable, même si c'est quelque chose de répréhensible ou bien différent de ce qui est le mieux à faire.

Ils sont donc infaillibles de toutes les désobéissances liées aux corps comme la fornication, boire du vin, le mensonge et autres éléments réprouvables qui sont extérieurs[1].

---

[1] À ce sujet, le Pôle Caché et Sceau de la sainteté Muḥammadienne, *Sīdī Aḥmad al-Tijānī* a dit comme le rapporte son disciple *Sīdī ʿAlī Ḥarāzim* dans son livre « *Jawāhir al-Maʿānī* » :

« Il a dit, qu'*Allāh* soit satisfait de lui : 'Sachez que les péchés mentionnés à propos des Prophètes, c'est-à-dire l'exécution de ce qui est illicite selon la Législation est impossible à leur égard. On ne peut pas l'imaginer à cause de leur 'infaillibilité (*ʿiṣmah*)' qui les entoure dans le moindre détail. Le pardon à l'égard des Prophètes, prière et salut d'Allāh sur eux, concerne ce qui surgit d'eux dans le cadre de leurs actes permis selon la Législation, mais qu'il est préférable d'omettre d'un point de vue global et non pas de manière explicite.

Ainsi, la demande d'abandonner un tel acte ne concerne pas ce qui est illicite selon la Législation, mais concerne plutôt des actes permis. Il leur est alors recommandé d'abandonner tout ce qui peut provoquer une certaine ambiguïté, et ce, afin d'éviter de polluer leur haut niveau spirituel.En effet, pour les Prophètes, les actes permis se divisent en deux catégories :

La première catégorie concerne les actes dont la permission est totalement absolue. Aucune objection pouvant inciter a abandonner ces actes ne peut être possible. Dans ce cas, il n'y aura aucune admonition.

La deuxième catégorie concerne des actes permis dont la permission est accordée dans certains cas et certains aspects, et dont le désistement est sollicité dans d'autres cas et d'autres aspects. Ces actes ainsi décrits sont évités en général par les Prophètes lorsqu'ils s'en rendent compte. .... =

[الثَّانِيَةُ: الْأَمَانَةُ]

(وَيَجِبُ فِيْ حَقِّهِمْ عَلَيْهِمُ الصَّلَاْةُ وَالسَّلَاْمُ : الْأَمَاْنَةُ) وَهِيَ: حِفْظُ ظَوَاْهِرِهِمْ، وَبَوَاْطِنِهِمْ، مِنَ التَّلَبُّسِ بِمَنْهِيٍّ عَنْهُ. وَلَوْ نَهْيَ كَرَاْهَةٍ، أَوْ خِلَاْفِ الْأَوْلَىْ.

فَهُمْ مَعْصُوْمُوْنَ عَنْ جَمِيْعِ الْمَعَاْصِيْ الْمُتَعَلِّقَةِ بِظَاْهِرِ الْبَدَنِ كَالزِّنَاْ، وَشُرْبِ الْخَمْرِ، وَالْكَذِبِ، وَغَيْرِ ذَلِكَ مِنْ مَنْهِيَّاْتِ الظَّاْهِرِ[1].

---

[1] وَفِي هَذَا الْمَوْضُوعِ قَالَ الْقُطْبُ الْمَكْتُوم وَالْخَتْم الْمُحَمَّدِي الْمَعْلُوم سَيِّدِي أَحْمَد التِّجَانِي كَمَا نَقَلَ عَنْهُ تِلْمِيذه سَيِّدِي عَلِي حَرَازِم فِي كِتَابِهِ "جَوَاهِر الْمَعَانِي" :"قَالَ رَضِيَ اللهُ عَنْهُ : اعْلَمْ أَنَّ الذُّنُوبَ فِي حَقِّ الْأَنْبِيَاءِ الَّتِي هِيَ اقْتِحَامُ الْمَنْهِيِّ عَنْهُ شَرْعًا مُسْتَحِيلَةٌ فِي حَقِّهِمْ لَا تُتَصَوَّرُ مِنْهُمْ لِثُبُوتِ الْعِصْمَةِ لَهُمْ مِمَّا دَقَّ أَوْ جَلَّ مِنْهَا، وَالَّذِي وَقَعَتْ فِيهِ الْمَغْفِرَةُ مِنْهُ فِي حَقِّهِمْ عَلَيْهِمُ الصَّلَاةُ وَالسَّلَامُ هِيَ الَّتِي تَصْدُرُ مِنَ الْأَنْبِيَاءِ بِلِسَانِ الْإِبَاحَةِ الشَّرْعِيَّةِ لَكِنْ يَتَنَاوَلُهَا طَلَبُ التَّرْكِ مِنْ وَجْهٍ إِجْمَالِيٍّ لَا تَصْرِيحِيٍّ.

وَطَلَبُ التَّرْكِ هَا هُنَا لَيْسَ الْمُحَرَّمَ شَرْعًا وَإِنَّمَا يُطْلَبُ تَرْكُ ذَلِكَ الْأَمْرِ وَإِنْ كَانَ فِي نَفْسِهِ مُبَاحاً تَنْزِيهاً لِعُلُوِّ مَقَامِهِمْ بِالتَّدَنُّسِ بِمُلَابَسَةِ ذَلِكَ الْمُبَاحِ الَّذِي تَنَاوَلَهُ وَجْهُ طَلَبِ التَّرْكِ.

مِنْ وَجْهٍ آخَرَ فَإِنَّ الْمُبَاحَاتِ فِي حَقِّ الْأَنْبِيَاءِ مُنْقَسِمَةٌ قِسْمَيْنِ :

قِسْمٌ يَتَمَحَّضُ فِيهِ حُكْمُ الْإِبَاحَةِ مِنْ كُلِّ وَجْهٍ لَا يُعَارِضُهُ طَلَبُ التَّرْكِ بِوَجْهٍ مِنَ الْوُجُوهِ، فَهَذَا لَا عِتَابَ عَلَيْهِ.

وَقِسْمٌ مِنَ الْمُبَاحِ يَتَنَاوَلُهُ حُكْمُ الْإِبَاحَةِ مِنْ وَجْهٍ وَيَتَنَاوَلُهُ طَلَبُ التَّرْكِ مِنْ وَجْهٍ أَوْ وُجُوهٍ فَهَذَا إِنْ تَفَطَّنُوا لَهُ وَعَلِمُوهُ تَرَكُوهُ وَلَمْ يَقْتَحِمُوهُ، ....=

Et ils sont aussi infaillibles de toutes les désobéissances liées au cœur (litt. : intérieures) comme l'envie, l'orgueil ou bien l'ostentation et autres éléments réprouvables qui sont liés au cœur.

= Mais lorsqu'ils ne font pas attention à l'aspect selon lequel il est recommandé de les abandonner, et quand ils les commettent parce qu'ils sont permis ; c'est alors qu'ils reçoivent des reproches d'*Allāh*, et c'est cela le péché considéré en tant que tel a leur égard.

Sachez que ce péché ne fait pas partie de l'illicite selon la Législation. Ils n'ont pas entendu clairement une sollicitation qui recommande de l'abandonner en particulier. Mais il est inclus dans un ensemble d'actes a éviter. Ce n'est pas un vrai péché du point de vue de la religion, mais il a été qualifié ainsi au sens figuré. Et bien qu'il soit permis aux autres ; on leur a recommandé de l'abandonner à cause de leur rang spirituel élevé. On dit : « les bonnes œuvres des vertueux sont considérés comme des péchés chez les gens dignes de la proximité [d'*Allāh*]. »

Ce 'péché' est permis dans la Législation, mais pour ne pas polluer leur rang spirituel compte tenu de leur solennité élevée, il a été recommandé de l'éviter. Concernant ce qui a été mentionné à propos de l'inattention des Prophètes, il ne s'agit pas d'une inattention ordinaire, c'est-à-dire le refus de l'observation de la présence divine à un certain moment. Il s'agit plutôt de l'oubli qui ne leur est pas impossible, puisque c'est une caractéristique humaine naturelle. Le Prophète, prière et salut d'Allāh sur lui, a dit : **« Je ne suis qu'un être humain, j'oublie comme vous oubliez. Si j'oublie, alors rappelez-moi. »**

L'histoire de *Dhū al-Yadayn* en est un exemple : le Prophète (ﷺ) a raccourci la prière quaternaire en deux unités. *Dhū al-Yadayn* lui a fait alors la remarque suivante : « La prière a-t-elle été raccourcie ou bien simplement tu as oublié, ô Messager d'*Allāh* ? » Il lui dit alors (ﷺ) : **« Elle n'a pas été raccourcie ni je n'ai oublié. »** Il répliqua : « Mais si ! Tu as oublié ! » Afin d'être certain, le Prophète (ﷺ) interrogea *Abū Bakr* et *'Umar*. Ils lui confirmèrent la remarque de *Dhū* al-*Yadayn*. Alors, il retourna a sa place pour compléter la prière.

En somme, l'oubli est possible à l'égard des Prophètes, prière et salut d'Allāh sur eux, lorsqu'il s'agit de la gestion des règles législatives, et de la prière en particulier, qui en est la plus importante. Le Prophète (ﷺ) a oublié une des parties de cette prière. C'est la preuve d'après le récit précédent que l'oubli qui concerne la gestion des principes et des verdicts religieux n'est pas impossible à l'égard des Prophètes. »

وَمَعْصُوْمُوْنَ عَنْ جَمِيْعِ الْمَعَاصِيْ الْمُتَعَلِّقَةِ بِالْبَاْطِنِ مِنَ الْحَسَدِ، وَالْكِبْرِ، وَالرِّيَاْءِ، وَغَيْرِ ذَلِكَ مِنْ مَنْهِيَّاْتِ الْبَاْطِنِ.

= وَإِنْ غَفَلُوا عَنْ وَجْهِ طَلَبِ التَّرْكِ فِيهِ وَاقْتَحَمُوهُ لِأَجْلِ مَا فِيهِ مِنَ الْإِبَاحَةِ وَقَعَ الْعِتَابُ لَهُمْ، وَهَذَا هُوَ الذَّنْبُ الْمَعْهُودُ فِي حَقِّهِمْ وَلْتَعْلَمْ أَنَّ هَذَا الذَّنْبَ لَمْ يَكُنْ مِنْ قِسْمِ الْمُحَرَّمِ عَلَيْهِمْ شَرْعًا، وَلَا مِنْ قِسِيمِ مَا سَمِعُوا طَلَبَ التَّرْكِ فِي عَيْنِهِ، بَلْ هُوَ دَاخِلٌ فِي جُمْلَةِ طَلَبِ التَّرْكِ فَهُوَ لَيْسَ بِذَنْبٍ شرعاً وَإِنَّمَا أُطْلِقَ عَلَيْهِ اسْمُ الذَّنْبِ مَجَازًا وَإِنْ كَانَ مُبَاحًا لِغَيْرِهِمْ مِنَ العَامَّةِ، وطُلِبَ مِنْهُمْ تَرْكُهُ لِعُلُوِّ مَقَامِهِمْ، فَهُوْ كَمَا قِيلَ : حَسَنَاتُ الْأَبْرَارِ سَيِّئَاتُ الْمُقَرَّبِينَ.

فَهَذَا الذَّنْبُ هُوَ فِي نَفْسِهِ مُبَاحٌ شَرْعًا وَلَكِنْ طُلِبَ مِنْهُمْ تَرْكُهُ لِأَجْلِ تَنْزِيهِ الْمَقَامِ لِعُلُوِّ جَلَالِهِم. وَأَمَّا مَا ذُكِرَ مِنَ الْغَفْلَةِ فَلَيْسَ هِيَ الْغَفْلَةُ الْمَعْهُودَةُ فِي حَقِّ العَامَّةِ، وَهِيَ الْإِعْرَاضُ عَنْ مُطَالَعَةِ الْحَضْرَةِ الْإِلَهِيَّةِ، وَلَكِنَّ الْغَفْلَةَ هَا هُنَا فِي حَقِّهِمْ هِيَ النِّسْيَانُ، والنِّسْيَانُ غَيْرُ مُسْتَحِيلٍ فِي حَقِّهِمْ لِأَنَّهُ جِبِلَّةٌ بَشَرِيَّةٌ، فَقَدْ قَالَ صَلَّى اللهُ عَلَيْهِ وَسَلَّمَ : « **إِنَّمَا أَنَا بَشَرٌ أُنْسَى كَمَا تَنْسُوْنَ فَإِذَا نَسِيتُ فَذَكِّرُونِي** ».

وَكَمَا فِي قَضِيَّةِ حَدِيثِ ذِي الْيَدَيْنِ حَيْثُ سَلَّمَ مِنْ رَكْعَتَيْنِ فِي الرُّبَاعِيَّةِ صَلَّى اللهُ عَلَيْهِ وَسَلَّمَ، فَقَالَ لَهُ ذُو الْيَدَيْنِ : « أَقَصُرَتِ الصَّلَاةُ أَمْ نَسِيتَ يَا رَسُولَ اللهِ، فَقَالَ لَهُ صَلَّى اللهُ عَلَيْهِ وَسَلَّمَ : **لَمْ تَقْصُرْ وَلَمْ أَنْسَ**، فَقَالَ لَهُ بَلَى نَسِيتَ، فَلَمَّا قَالَ لَهُ ذَلِكَ سَأَلَ صَلَّى اللهُ عَلَيْهِ وَسَلَّمَ أَبَا بَكْرٍ وَعُمَرَ فَقَالَ لَهُمَا أَحَقٌّ مَا يَقُولُ ذُو الْيَدَيْنِ، فَقَالَا لَهُ نَعَمْ، فَرَجَعَ لِلصَّلَاةِ وَأَكْمَلَهَا ».

فَظَهَرَ لَكَ مِنْ هَذَا الْخَبَرِ أَنَّ النِّسْيَانَ يَطْرَأُ عَلَى الْأَنْبِيَاءِ بِتَصَرُّفَاتِ الْأَحْكَامِ الشَّرْعِيَّةِ وَهِيَ الصَّلَاةُ وَهِيَ أَعْظَمُ مَا يُطْلَبُ شَرْعًا وَنَسِيَ صَلَّى اللهُ عَلَيْهِ وَسَلَّمَ بَعْضَ أَجْزَائِهَا، فَهُوَ دَلِيلٌ أَنَّ النِّسْيَانَ فِي تَصَرُّفِ الْأَحْكَامِ الشَّرْعِيَّةِ غَيْرُ مُسْتَحِيلٍ فِي حَقِّهِمْ بِشَاهِدِ الْحَدِيثِ."

Ce qui est voulu, c'est **tout ce qui est réprouvable, même en apparence.** Cela est valable que ce soit avant qu'ils aient reçu la prophétie et même lorsqu'ils étaient enfants. Rien de ce qui est répréhensible ou bien différent de ce qui est le mieux ne survient d'eux. Voir même, aucune chose permise qui serait considérée comme répréhensible, différent de ce qui est mieux ou simplement permise. Lorsque quelque chose d'entre cela survient d'eux, c'est dans le but de légiférer ce qui rend cela soit obligatoire ou permis les concernant. Leurs actes, prière et salut sur eux, gravitent donc soit autour de l'obligatoire, soit autour du recommandé. D'ailleurs, cela est même valable pour les saints qui suivent ces derniers, en ayant atteint la station de l'imitation complète dans leurs mouvements et immobilités dans les actes d'obéissances via les intentions.

﴾ **Son contraire est la trahison. La preuve de cela** ﴿ c.-à-d. l'obligation de la fiabilité les concernant, ﴾ **c'est que s'ils avaient été des traîtres** ﴿ c.-à-d. s'opposant à l'ordre d'*Allāh*, exalté soit-Il, ﴾ **en effectuant un acte interdit, répréhensible** ﴿ ou différent de ce qui est le mieux et cela sans que ce soit dans le but de légiférer ; ﴾ **nous serions enjoints à faire la même chose** ﴿ c.-à-d. ce qu'ils effectuent.

Ce qui est voulu par « action » c'est ce qui englobe les actes de la langue qui sont les paroles et les actions du cœur puisqu'*Allāh*, exalté soit-Il, nous a ordonné de les suivre dans leurs actes, paroles et états. Exception est faite pour ce qui leur est spécifique, ou en ce qui concerne les actes laborieux comme la position debout, l'assise ou la marche, car nous ne sommes pas ordonnés de les imiter exactement en cela.

وَالْمُرَادُ: **الْمَنْهِيُّ عَنْهُ، وَلَوْ صُوْرَةً.** فَيَشْمَلُ مَا قَبْلَ النُّبُوَّةِ، وَمَا فِيْ حَالَةِ الصِّغَرِ. وَلَا يَقَعُ مِنْهُمْ مَكْرُوْهٌ، وَلَوْ خِلَافَ الْأَوْلَىْ. بَلْ وَلَا مُبَاحٌ عَلَىْ وَجْهِ كَوْنِ ذَلِكَ مَكْرُوْهًا، أَوْ خِلَافَ الْأَوْلَىْ، أَوْ مُبَاحًا. وَإِذَا وَقَعَ صُوْرَةُ ذَلِكَ مِنْهُمْ، فَهُوَ لِلتَشْرِيْعِ. فَيَصِيْرُ وَاجِبًا، أَوْ مَنْدُوْبًا فِيْ حَقِّهِمْ. فَأَفْعَالُهُمْ عَلَيْهِمُ الصَّلَاةُ وَالسَّلَامُ دَائِرَةٌ بَيْنَ الْوَاجِبِ وَالْمَنْدُوْبِ. بَلْ فِيْ الْأَوْلِيَاءِ الَّذِيْنَ هُمْ أَتْبَاعُهُمْ مَنْ يَصِلُ إِلَىْ مَقَامٍ، تَصِيْرُ فِيْهِ حَرَكَاتُهُ، وَسَكَنَاتُهُ طَاعَاتٍ بِالنِّيَّاتِ.

(وَضِدُّهَا: الْخِيَانَةُ. وَالدَّلِيْلُ عَلَىْ ذَلِكَ) أَيْ: وُجُوْبُ الْأَمَانَةِ لَهُمْ **(أَنَّهُمْ لَوْ خَانُوْا)** أَيْ: خَالَفُوْا أَمْرَ اللهِ تَعَالَىْ **(بِفِعْلٍ مُحَرَّمٍ، أَوْ مَكْرُوْهٍ)** أَوْ خِلَافِ الْأَوْلَىْ لِغَيْرِ التَّشْرِيْعِ **(لَكُنَّا مَأْمُوْرِيْنَ بِمِثْلِ ذَلِكَ)** أَيْ: مَا يَفْعَلُوْنَهُ.

وَالْمُرَادُ بِالْفِعْلِ: مَا يَعُمُّ فِعْلَ اللِّسَانِ. وَهُوَ الْقَوْلُ، وَفِعْلُ الْقَلْبِ؛ لِأَنَّ اللهَ تَعَالَىْ أَمَرَنَا بِاتِّبَاعِهِمْ فِيْ أَفْعَالِهِمْ، وَأَقْوَالِهِمْ، وَأَحْوَالِهِمْ مِنْ غَيْرِ تَفْصِيْلٍ. مَا عَدَا مَا ثَبَتَ اخْتِصَاصُهُمْ بِهِ، وَمَا عَدَا الْأُمُوْرِ الْجِبِلِّيَّةِ كَالْقِيَامِ، وَالْقُعُوْدِ، وَالْمَشْيِ فَإِنَّا لَمْ نُؤْمَرْ بِالْاِتِّبَاعِ فِيْ ذَلِكَ.

﴾ **Il n'est pas concevable que nous soyons ordonnés d'effectuer l'interdit ou le détestable** ﴿ ou ce qui est différent de ce qui est le mieux puisqu'*Allāh*, exalté soit-Il, n'ordonne pas le blâmable. Il convient donc qu'ils n'effectuent que ce qui est une obéissance qu'elle soit obligatoire ou appréciée. Leurs actes ne sont donc pas interdits, détestables ou différents de ce qui est mieux.

Leurs actes gravitent donc autour de l'obligatoire et de l'apprécié et on exclut donc ce qui est simplement permis puisque s'ils l'effectuent, cela ne serait fait que pour expliciter le fait que c'est un acte permis et donc de légiférer, est cela est soit obligatoire ou apprécié.

Ceci est une preuve textuelle ou législative même s'il a l'apparence d'un argument rationnel puisque la preuve s'appuie sur la législation qui est Sa parole, exalté soit-Il : ﴾ ***Dis : Si vous aimez Allāh, alors suivez-moi*** ﴿ [S.3/V.31] et : ﴾ ***Certes Allāh n'ordonne pas le blâmable*** ﴿ [S.7/V.28] contrairement à la preuve de l'obligation de leur véracité est une preuve rationnelle. C'est pour cela qu'*al-Sanūsī* a dit : « Il est impossible pour eux le mensonge d'un point de vue rationnel et les désobéissances de manière législative. »

(وَلَاْ يَصِحُّ أَنْ نُؤْمَرَ بِمُحَرَّمٍ، أَوْ مَكْرُوْهٍ) أَوْ خِلَاْفِ الْأَوْلَىْ؛ لِأَنَّ اللهَ تَعَاْلَىْ لَاْ يَأْمُرُ بِالْفَحْشَاْءِ. فتعيَّنَ أَنَّهُمْ لَاْ يَفْعَلُوْنَ إِلَّاْ الطَّاْعَةَ، إِمَّاْ وَاْجِبَةً، أَوْ مَنْدُوْبَةً. فَلَاْ تَكُوْنُ أَفْعَاْلُهُمْ مُحَرَّمَةً، أَوْ مَكْرُوْهَةً، وَلَاْ خِلَاْفَ الْأَوْلَىْ.

فَأَفْعَاْلُهُمْ دَاْئِرَةٌ بَيْنَ الْوَاْجِبِ، وَالْمَنْدُوْبِ. وَلَاْ يَدْخُلُهَاْ الْمُبَاْحُ؛ لِأَنَّهُمْ إِذَاْ فَعَلُوْهُ يَكُوْنُ لِبَيَاْنِ الْجَوَاْزِ، وَالتَّشْرِيْعِ. وَهُوَ إِمَّاْ وَاْجِبٌ، أَوْ مَنْدُوْبٌ. وَهَذِهِ الْحُجَّةُ سَمْعِيَّةٌ، أَوْ شَرْعِيَّةٌ. وَإِنْ كَاْنَتْ عَلَىْ صُوْرَةِ الدَّلِيْلِ الْعَقْلِيِّ؛ لِأَنَّ دَلِيْلَ الْمُلَاْزَمَةِ شَرْعِيٌّ. وَهُوَ قَوْلُهُ تَعَاْلَىْ: ﴿ **قُلْ إِنْ كُنْتُمْ تُحِبُّوْنَ اللَّهَ فَاتَّبِعُوْنِي** ﴾. وَإِنَّ بُطْلَاْنَ التَّاْلِيْ بِدَلِيْلٍ شَرْعِيٍّ. وَهُوَ قَوْلُهُ تَعَاْلَىْ: ﴿ **إِنَّ اللهَ لَاْ يَأْمُرُ بِالْفَحْشَاءِ** ﴾. بِخِلَاْفِ الْحُجَّةِ عَلَىْ وُجُوْبِ صِدْقِهِمْ، فَإِنَّهَاْ عَقْلِيَّةٌ. وَلِذَاْ قَاْلَ السَّنُوْسِيُّ: «وَيَسْتَحِيْلُ عَلَيْهِمُ الْكَذِبُ عَقْلًا، وَالْمَعَاْصِيْ شَرْعًا.»

[3ème : **La transmission** (*al-tablīgh*)[1]]

﴿ **Et il est obligatoire les concernant, prière et salut sur eux, la transmission de ce qu'ils ont été ordonnés de transmettre à la création** ﴾ contrairement à ce qu'ils ont été ordonnés de dissimuler et ce dont ils ont eu le choix (de transmettre ou non). Concernant ces deux cas précédents, transmettre n'est pas obligatoire. Il est même obligatoire de dissimuler ce qu'ils ont été ordonnés de dissimuler et n'ont aucune obligation concernant ce dont ils ont le choix.

﴿ **Son contraire est la dissimulation de cela** ﴾ c.-à-d. tout ce dont ils ont été ordonnés de transmettre à la créature.

﴿ **La preuve de cela** ﴾ c.-à-d. concernant tout ce qu'ils ont été ordonnés de transmettre ﴿ **c'est que s'ils** ﴾ ne l'avaient pas transmis, ils l'auraient dissimulé puisqu'il n'y a pas d'intermédiaire entre le fait de dissimuler et de transmettre. Cependant, ils ne l'ont pas dissimulé.

Et s'ils avaient ﴿ **dissimulés quelque chose** ﴾ c.-à-d. une partie ﴿ **de ce qu'ils ont été ordonnés de transmettre** ﴾ à la création ﴿ **nous aurions été ordonné de dissimuler le savoir** ﴾ puisqu'*Allāh*, nous a ordonné de les suivre en raison de Sa parole envers notre prophète : ﴿ ***Et suivez-le afin que vous soyez bien guidés*** ﴾ [S.7/V.158].

---

[1] La transmission (*tablīgh*) est spécifique aux messagers puisque les prophètes seulement ne sont pas ordonnés de transmettre.

[الثَّاْلِثَةُ: التَّبْلِيْغُ[1]]

(وَيَجِبُ فِيْ حَقِّهِمْ عَلَيْهِمُ الصَّلَاْةُ وَالسَّلَاْمُ تَبْلِيْغُ مَاْ أُمِرُوْا بِتَبْلِيْغِهِ لِلْخَلْقِ) بِخِلَاْفِ مَاْ أُمِرُوْا بِكِتْمَاْنِهِ، وَمَاْ خُيِّرُوْا فِيْهِ. فَلَيْسَ تَبْلِيْغُ كُلٍّ مِنْهُمَاْ وَاْجِبًا. بَلْ يَجِبُ كِتْمَاْنُ مَاْ أُمِرُوْا بِكِتْمَاْنِهِ، وَلَاْ يَجِبُ عَلَيْهِمْ شَيْءٌ فِيْمَاْ خُيِّرُوْا فِيْهِ.

(وَضِدُّهُ: كِتْمَاْنُ ذَلِكَ) أَيْ: جَمِيْعُ مَاْ أُمِرُوْا بِتَبْلِيْغِهِ لِلْخَلْقِ.

(وَالدَّلِيْلُ عَلَىْ ذَلِكَ) أَيْ: جَمِيْعُ مَاْ أُمِرُوْا بِتَبْلِيْغِهِ **(أَنَّهُمْ لَوْ)** لَمْ يُبَلِّغُوْا لَكَتَمُوْا. إِذْ لَاْ وَاْسِطَةَ بَيْنَ الْكِتْمَاْنِ، وَالتَّبْلِيْغِ. لَكِنَّهُمْ لَمْ يَكْتُمُوْا.

إِذْ لَوْ **(كَتَمُوْا شَيْئًا)** أَيْ: بَعْضًا **(مِمَّاْ أُمِرُوْا بِتَبْلِيْغِهِ)** لِلْخَلْقِ، **(لَكُنَّاْ مَأْمُوْرِيْنَ بِكِتْمَاْنِ الْعِلْمِ)**؛ لِأَنَّ اللهَ تَعَاْلَىْ أَمَرَنَاْ بِالْاِقْتِدَاْءِ بِهِمْ، حَيْثُ قَاْلَ فِيْ حَقِّ نَبِيِّنَاْ: ﴿ **وَاتَّبِعُوهُ لَعَلَّكُمْ تَهْتَدُونَ** ﴾.

[1] التَّبْلِيغُ خَاصٌّ بِالرَّسُلِ لِأَنَّ النَّبِيءَ فَقَطْ غَيْرُ مَأْمُورٍ بِالتَّبْلِيغِ.

﴿ **Mais il n'est pas possible que nous soyons ordonnés de cela** ﴾ c.-à-d. la dissimulation du savoir ﴿ **car celui qui dissimule le savoir est maudit.** ﴾

Allāh a dit : ﴿ ***Certes ceux qui cachent ce que Nous avons fait descendre en fait de preuves et de guide après l'exposé que Nous en avons fait aux gens, dans le Livre, voilà ceux qu'Allah maudit et que les maudisseurs maudissent.*** ﴾ [S.2/V.159]

(وَلَاْ يَصِحُّ أَنْ نُؤْمَرَ بِهِ) أَيْ: بِكِتْمَاْنِ الْعِلْمِ؛ **(لِأَنَّ كَاْتِمَ الْعِلْمِ مَلْعُوْنٌ)**.

قَاْلَ اللهُ تَعَاْلَىْ: ﴿ **إِنَّ الَّذِيْنَ يَكْتُمُوْنَ مَاْ أَنزَلْنَاْ مِنَ الْبَيِّنَاْتِ وَالْهُدَىْ مِنْ بَعْدِ مَاْ بَيَّنَّاهُ لِلنَّاسِ فِي الْكِتَابِ أُولَئِكَ يَلْعَنُهُمُ اللَّهُ وَيَلْعَنُهُمُ اللَّاعِنُونَ** ﴾.

[4ème : La sagacité (*al-faṭānah*)]

﴾ **Et il est obligatoire les concernant, prière et salut sur eux, la sagacité** (*faṭānah*) ﴿ qui est la vigilance contre le fait d'être dupés par des adversaires et le fait de rendre vain leurs fausses prétentions.

﴾ **Son contraire est la faiblesse d'esprit** (*balādah*) ﴿ c.-à-d l'insouciance (*ghaflah*).

﴾ **La preuve de cela** ﴿ c.-à-d l'obligation de la sagacité pour eux, prière et salut sur eux, ﴾ **est que s'ils n'étaient pas sagaces** (*faṭānah*)**, ils n'auraient pas pu établir une preuve contre leur adversaire et cela** ﴿ c.-à-d qu'ils soient en incapacité d'établir une preuve ; et cela ﴾ **est impossible, car le Coran a montré à de nombreuses reprises qu'ils ont établies des preuves contre leurs adversaires.** ﴿

Comme Sa parole, exalté soit-Il : ﴾ ***Et tel est*** ﴿ c.-à-d. la preuve d'*Ibrāhīm* contre son peuple ﴾ ***Notre argument que Nous accordâmes a Ibrāhīm*** ﴿ [S.6/V.83], Sa parole, exalté soit-Il, en rapportant les propos du peuple de *Nūḥ* : ﴾ ***Ô Nūḥ ! Tu as débattu avec nous et multiplié les débats*** ﴿ [S.11/V.32] ; Sa parole : ﴾ ***Et débats avec eux de la meilleure façon.*** ﴿ [S.16/V.125] c.-à-d. d'une manière qui comporte de la bienveillance avec eux, et celui qui n'est pas sagace, est en incapacité d'apporter une preuve ni de débattre.

[الرَّابِعَةُ: الْفَطَانَةُ]

(وَيجِبُ فِيْ حَقِّهِمْ عَلَيْهِمُ الصَّلاَةُ وَالسَّلاَمُ: الْفَطَانَةُ) وَهِيَ: التَّيَقُّظُ لِإِلْزَامِ الْخُصُوْمِ، وَإِبْطَالُ دَعَاوِيْهُمُ الْبَاطِلَةِ.

(وَضِدُّهَا: الْبَلاَدَةُ) أَيْ: الْغَفْلَةُ.

(وَالدَّلِيْلُ عَلَىْ ذَلِكَ) أَيْ: وُجُوْبُ الفَطَانَةِ لَهُمْ عَلَيْهِمُ الصَّلاَةُ وَالسَّلاَمُ **(أَنَّهُ)** أَيْ: الشَّأْنُ **(لَو انْتَفَتْ عَنْهُمُ "الفَطَانَةُ"، لَمَا قَدِرُوْا أَنْ يُقِيْمُوْا "حُجَّةً" عَلَىْ الْخَصْمِ. وَهُوَ)** أَيْ: عَدَمُ الْقُدْرَةِ عَلَىْ إِقَامَةِ الْحُجَّةِ **(مُحَالٌ؛ لِأَنَّ الْقُرْآنَ دَلَّ فِيْ مَوَاضِعَ كَثِيْرَةٍ عَلَىْ إِقَامَتِهِمُ الْحُجَّةَ عَلَىْ الْخَصْمِ)**.

كَقَوْلِهِ تَعَالَىْ: ﴿ **وَتِلْكَ** ﴾ أَيْ: حُجَّةُ إِبْرَاهِيْمَ عَلَىْ قَوْمِهِ ﴿ **حُجَّتُنَا آتَيْنَاهَا إِبْرَاهِيْمَ** ﴾، وَكَقَوْلِهِ تَعَالَىْ حِكَايَةً عَنْ قَوْمِ نُوْحٍ: ﴿ **يَاْ نُوْحُ قَدْ جَادَلْتَنَا فَأَكْثَرْتَ جِدَالَنَا** ﴾، وَكَقَوْلِهِ تَعَالَىْ: ﴿ **وَجَادِلْهُمْ بِالَّتِيْ هِيَ أَحْسَنُ** ﴾ أَيْ: بِالطَّرِيْقِ الَّتِيْ تَشْتَمِلُ عَلَىْ نَوْعِ إِرْفَاقٍ بِهِمْ. وَمَنْ لَمْ يَكُنْ فَطِنًا لَا يُمْكِنُهُ إِقَامَةُ الْحُجَّةِ، وَلَا الْمُجَادَلَةُ.

Ces versets, même s'ils s'adressent à une partie d'entre les prophètes, indiquent bien que cela est établi pour l'ensemble d'entre eux puisque ce que l'on établit pour une partie d'entre eux parmi les perfections qui, si elles n'étaient pas présentes, ne pourraient atteindre leur objectif ; est établi pour la totalité d'entre eux. Ainsi, nous établissons pour **l'ensemble la sagacité,** et ce, même s'ils ne sont pas messagers, mais simplement prophètes. Il est donc obligatoire pour l'ensemble des prophètes d'être sagaces. Quant aux messagers, il est nécessaire pour eux d'être **parfaitement sagace**.

Lorsqu'on établit pour eux ces quatre attributs, il devient impossible à leur égard les opposés de ceux-ci. Ce que l'on entend par « leur impossibilité » c'est le fait de l'absence d'acceptation de l'établissement à travers une preuve légale.

وَهَذِهِ الْآيَاْتُ وَإِنْ كَاْنَتْ وَاْرِدَةً فِيْ بَعْضِهِمْ، إِلَّاْ أَنَّ مَاْ ثَبَتَ لِبَعْضِهِمْ مِنَ الْكَمَاْلِ الَّذِيْ لَاْ يَتِمُّ الْمَقْصُوْدُ إِلَّاْ بِهِ، يَثْبُتُ لِجَمِيْعِهِمْ. فَثَبَتَتْ **الْفَطَاْنَةُ لِلْجَمِيْعِ**، وَإِنْ لَمْ يَكُوْنُوْا رُسُلاً، بَلْ أَنْبِيَاْءَ فَقَطْ. نَعَم الوَاْجِبُ لِلْأَنْبِيَاْءِ مُطْلَقُ الفِطْنَةِ. وَأَمَّاْ الرُّسُلُ، فَالْوَاْجِبُ لَهُمْ **كَمَاْلُ الْفِطْنَةِ**.

وَإِذَاْ ثَبَتَ لَهُمْ هَذِهِ الصِّفَاْتُ الْأَرْبَعَةُ، اِسْتَحَاْلَ عَلَيْهِمْ أَضْدَاْدُهَاْ. وَمَعْنَىْ اِسْتِحَاْلَتِهَاْ: عَدَمُ قَبُوْلِهَاْ الثُّبُوْتُ بِالدَّلِيْلِ الشَّرْعِيِّ.

[Ce qui est possible pour les Prophètes]

[1er : Les accidents humains qui ne sont pas humiliants]

﴾ **Ce qui est permis les concernant, prière et salut sur eux : les accidents** (*aʿrāḍ*) **humains qui n'impliquent pas un manquement de leur rang élevé. Par exemple, la maladie** ﴿ sauf celles repoussantes, ﴾ **et ce qui est semblable** ﴿ comme la faim, la soif, le sommeil, le fait de manger, boire, marcher, se déplacer en monture, l'achat, la vente, avoir des rapports avec des femmes dans un cadre autorisé comme le mariage ou via la possession. Ceci contrairement à la folie légère ou sévère, la lèpre, la leucodermie, la cécité et autres attraits repoussants et contrairement aux attraits dénués de dignité comme le fait de manger dans la rue, le caractère incommode et ce qui y ressemble de ce qui ne leur convient pas. Cela n'est donc pas possible pour eux.

Et l'opinion stipulant que *Shuʿayb* était devenu aveugle n'est pas valable. Et *Ayyūb* ne faisait pas partie des lépreux, mais sa maladie se trouvait en réalité entre sa peau et ses os et n'était donc pas repoussante. Et *Yaʿqūb* n'était pas (aveugle), mais c'était un voile sur ses yeux de par l'abondance des larmes.

Quant à la sortie de sperme à cause de la plénitude des vaisseaux, cela est possible pour eux contrairement aux rêves érotiques, qui ne leur sont pas possibles puisque ce sont des manipulations de Satan et que ce dernier n'a aucune emprise sur eux.

[الْجَائِزَاتُ التَّفْصِيْلِيَّةُ فِيْ حَقِّ الْأَنْبِيَاءِ]

[أَوَّلًا: الْأَعْرَاضُ الْبَشَرِيَّةُ غَيْرِ الْمَعِيْبَةِ]

(وَالْجَائِزُ فِيْ حَقِّهِمْ عَلَيْهِمُ الصَّلَاْةُ وَالسَّلَاْمُ : الْأَعْرَاْضُ الْبَشَرِيَّةُ، الَّتِيْ لَاْ تُؤَدِّيْ إِلَىْ نَقْصٍ فِيْ مَرَاْتِبِهِم الْعَلِيَّةِ، كَالْمَرَضِ) غَيْرِ الْمُنَفِّرِ **(وَنَحْوِهِ)**، كَالْجُوْعِ، وَالْعَطَشِ، وَالنَّوْمِ، وَالْأَكْلِ، وَالشُّرْبِ، وَالْمَشْيِ، وَالرُّكُوْبِ، وَالْبَيْعِ، وَالشِّرَاْءِ، وَالْجِمَاْعِ لِلْنِساْءِ عَلْىٰ وَجْهِ الْحِلِّ بِالنِّكَاْحِ، أَوْ بِالْمُلْكِ. بِخِلَاْفِ الْجُنُوْنِ قَلِيْلُهُ وَكَثِيْرُهُ، وَالْجُذَاْمِ، وَالْبَرَصِ، وَالْعَمَىْ، وَغَيْرِ ذَلِكَ مِنَ **الْأُمُوْرِ الْمُنَفِّرَةِ**. وَبِخِلَاْفِ **الْأُمُوْرِ الْمُخِلَّةِ بِالْمُرُوْءَةِ**، كَالْأَكْلِ عَلَىْ الطُّرُقِ، **وَالْحِرَفِ الدَّنِيْئَةِ**، وَنَحْوِ ذَلِكَ مِمَّاْ لَاْ يَلِيْقُ بِهِمْ، فَلَاْ يَجُوْزُ ذَلِكَ.

وَلَمْ يَصِحَّ أَنَّ شُعَيْبًا كَاْنَ ضَرِيْرًا. وَمَاْ كَاْنَ بِأَيُّوْبَ مِنَ الْبَلَاْءِ، فَكَاْنَ بَيْنَ الْجِلْدِ وَالْعَظْمِ، فَلَمْ يَكُنْ مُنَفِّرًا. وَمَاْ كَاْنَ بِيَعْقُوْبَ، فَهُوَ حِجَاْبٌ عَلَىْ الْعَيْنِ مِنْ تَوَاْصُلِ الدُّمُوْعِ.

أَمَّاْ خُرُوْجُ الْمَنِيِّ مِن اِمْتِلَاْءِ الْأَوْعِيَةِ فَجَاْئِزٌ عَلَيْهِمْ، بِخِلَاْفِ الْاِحْتِلَاْمِ، فَلَاْ يَجُوْزُ عَلَيْهِمْ؛ لِأَنَّهُ مِنْ تَلَاْعُبِ الشَّيْطَاْنِ، لِأَنَّهُ لَاْ سَبِيْلَ لَهُ عَلَيْهِمْ.

[2ème : la distraction (*al-sahw*)]

Quant à la distraction, cela est impossible pour eux concernant les **informations communicatives** (*al-akhbār al-balāghiyyah*), c.-à-d. ce dont ils sont demandés de transmettre de la part d'*Allāh*, exalté soit-Il, comme leur parole : « Le paradis est préparé pour les craintifs », « le châtiment de la tombe est obligatoire » et ainsi de suite. Et aussi dans **ce qui n'est pas communicatif** comme le fait de dire « *Zayd* se soit levé » ou « *Bakr* s'est assis » et ainsi de suite

Mais il est possible pour eux dans **les actions communicatives dans l'objectif de légiférer** (*tashrīʿ*) comme la distraction dans la prière et le fait qu'ils soient distraits, car ils étaient complètement préoccupés par leur Seigneur[1].

---

[1] À ce sujet, le Pôle Caché et Sceau de la sainteté Muḥammadienne, *Sīdī Aḥmad al-Tijānī* a dit comme le rapporte son disciple *Sīdī ʿAlī Ḥarāzim* dans son livre « *Jawāhir al-Maʿānī* » :

« Notons qu'il y a là une anecdote. Seuls les grands gnostiques s'en rendent compte : les gnostiques subissent en effet des chocs à la suite de la forte intensité de la manifestation divine et de l'influence de la solennité. Il se peut que ce choc soit tellement excessif qu'ils ne fassent plus attention au culte qu'ils sont en train d'effectuer. Cela fait partie de l'effet de la manifestation divine. Ce qui leur est demandé dans la présence divine c'est le respect des droits des moments à chaque instant. Il ne faut pas qu'ils soient inattentifs à l'égard d'un des droits divins. Il se peut qu'ils soient enveloppés de partout à la suite de l'ampleur de l'influence de la manifestation divine, au point de ne pas faire attention à la sortie du moment du culte dû, alors qu'ils sont anéantis devant l'intensité de ce qui leur arrive.

C'est le cas de l'oubli du Prophète, prière et salut d'Allah sur lui, qui a salué après deux unités dans une prière à quatre jusqu'à ce que *Dhū al-Yadayn* lui ait fait la remarque. »

[ثَانِيًا: السَّهْوُ]

وَأَمَّا السَّهْوُ، فَمُمْتَنِعٌ عَلَيْهِمْ فِيْ **الْأَخْبَارِ الْبَلَاغِيَّةِ**؛ أَيْ: الَّتِيْ طُلِبَ مِنْهُمْ تَبْلِيْغُهَا عَنِ اللهِ تَعَالَىٰ، كَقَوْلِهِمْ: الْجَنَّةُ أُعِدَّتْ لِلْمُتَّقِيْنَ، وَعَذَابُ الْقَبْرِ وَاْجِبٌ... وَهَكَذَا. وَفِيْ **غَيْرِ الْبَلَاغِيَّةِ**، كَقَامَ زَيْدٌ، وَقَعَدَ بَكْرٌ، وَهَكَذَا.

وَجَائِزٌ عَلَيْهِمْ فِيْ **الْأَفْعَالِ الْبَلَاغِيَّةِ لِلتَّشْرِيْعِ**، كَالسَّهْوِ فِيْ الصَّلَاةِ. وَسَهْوُهُمْ إِنَّمَا هُوَ لِاشْتِغَالِهِمْ بِرَبِّهِمْ[1].

---

[1] وَفِي هَذَا الْمَوْضُوعِ قَالَ الْقُطْبُ الْمَكْتُومُ وَالْخَتْمُ الْمُحَمَّدِي الْمَعْلُوم سَيِّدِي أَحْمَد التِّجَانِي كَمَا نَقَلَ عَنْهُ تِلْمِيذه سَيِّدِي عَلِي حَرَازِمِ فِي كِتَابِهِ "جَوَاهِر الْمَعَانِي":

"ثُمَّ إِنَّ هُنَاكَ نُكْتَةً لَا يَتَعَقَّلُهَا إِلَّا الْأَكَابِرُ، وَهِيَ أَنَّ الْأَكَابِرَ لَهُمْ صَدَمَاتٌ مِنْ قُوَّةِ التَّجَلِّي لِسَطْوَةِ جَلَالِهِ، فَرُبَّمَا أَفْرَطَتْ بِهِمْ تِلْكَ الصَّدْمَةُ عَنِ النَّظَرِ فِي غَيْرِ تِلْكَ الطَّاعَةِ الَّتِي هُمْ فِيهَا لِقُوَّةِ التَّجَلِّي لِأَنَّ الْمَطْلُوبَ مِنْهُمْ فِي الْحَضْرَةِ مُرَاعَاةُ حُقُوقِ الْأَوْقَاتِ فِي كُلِّ آنٍ، لَا يَغْفُلُونَ عَنْ حَقٍّ مِنَ الْحُقُوقِ، وَقَدْ تَقَعُ بِهِمْ لَمَّاتٌ مِنْ قُوَّةِ سُلْطَانِ التَّجَلِّي الْإِلَهِي فَتُؤَثِّرُ فِيهِمْ غَفْلَةً عَنِ الطَّاعَةِ الَّتِي تَأْتِي بَعْدُ فَيَمْضِي وَقْتُهَا وَهُمْ ذَاهِلُونَ عَنْهَا لِقُوَّةِ مَا فِيهِ.

وَمِنْ هَذِهِ الْقَضِيَّةِ سَهْوُهُ صَلَّى اللهُ عَلَيْهِ وَسَلَّمَ حَتى سَلَّمَ فِي الرُّبَاعِيَةِ مِنَ اثْنَتَيْنِ حَتَّى نَبَّهَهُ ذُو الْيَدَيْنِ."

[3ème : **l'oubli** (*al-nisyān*)]

Quant à l'oubli (*al-nisyān*), il est impossible pour eux dans ce qui doit être communiqué avant qu'il soit transmis, que l'information soit une parole (*qawliyyah*) ou un acte (*fi'liyyah*). Concernant la parole, comme leur parole : « Le paradis est préparé pour les craintifs » ou l'acte comme la prière de la matinée, lorsqu'*Allāh* leur ordonne de les effectuer, ils l'effectueront. Il n'est donc pas permis qu'ils oublient un de ces deux avant qu'ils soient transmis : la parole ou l'acte.

Quant au fait que cela survienne **après** la transmission, il est permis qu'ils oublient ce qu'ils ont mentionné et cela de la part d'*Allāh*, exalté soit-Il, et non de la part de Satan puisqu'il n'a aucune emprise sur eux. Et il (ﷺ) a dit : **« Moi je n'oublie pas, mais on me fait oublier. »**

En somme, il est permis pour leurs apparences extérieures d'être caractérisés par ce qui est possible pour les humains tant que cela n'implique pas le rabaissement. Quant à leur intérieur, il est exempt de tout défaut puisqu'il est attaché à *Allāh*, exalté soit-Il.

﴾ **La preuve de cela** ﴿ c.-à-d. la possibilité de la survenance des accidents, c.-à-d. les attributs contingents humains ﴾ **c'est ce qu'on observe d'eux, prière et salut sur eux** ﴿ pour ceux qui ont été contemporains d'eux et dont les informations ont été transmises de manière notoire pour autrui. Le fait qu'ils soient survenus à leur égard est la preuve la plus convaincante concernant cette possibilité puisque la survenance est une section du possible.

[ثَاْلِثًا: النِّسْيَاْنُ]

وَأَمَّاْ النِّسْيَاْنُ، فَمُمْتَنِعٌ عَلَيْهِمْ فِيْ البَلَاْغِيَّاْتِ **قَبْلَ** تَبْلِيْغِهَاْ. "قَوْلِيَّةً" كَاْنَتْ، أَوْ "فِعْلِيَّةً". فَالْقَوْلِيَّةُ كَقَوْلِهِمْ: "الجَنَّةُ أُعِدَّتْ لِلْمُتَّقِيْنَ"، وَالْفِعْلِيَّةُ: كَصَلَاْةِ الضُّحَىْ، إِذْ أَمَرَهُمُ اللهُ بِفِعْلِهَاْ لِيُقْتَدَىْ بِهِمْ فِيْهَاْ. فَلَاْ يَجُوْزُ نِسْيَاْنُ كُلٍّ مِنْهُمَاْ قَبْلَ تَبْلِيْغِ الْأُوْلَىْ بِالْقَوْلِ، وَالثَّاْنِيَةِ بِالْفِعْلِ.

أَمَّاْ **بَعْدَ** التَّبْلِيْغِ، فَيَجُوْزُ عَلَيْهِمْ نِسْيَاْنُ مَاْ ذُكِرَ مِنَ اللهِ تَعَاْلَىْ، لَاْ مِنَ الشَّيْطَاْنِ؛ لِأَنَّهُ لَاْ سَبِيْلَ لَهُ عَلَيْهِمْ. وَقَدْ قَاْلَ صَلَّىْ اللهُ عَلَيْهِ وَسَلَّمَ: **(إِنِّيْ لَاْ أَنْسَىْ، وَلَكِنْ أُنَسَّىْ)**.

وَبِالْجُمْلَةِ، فَيَجُوْزُ عَلَىْ ظَوَاْهِرِهِمْ مَاْ يَجُوْزُ عَلَىْ الْبَشَرِ، مِمَّاْ لَاْ يُؤَدِّيْ إِلَىْ نَقْصٍ. وَأَمَّاْ بَوَاْطِنُهُمْ، فَهِيَ مُنَزَّهَةٌ عَنْ ذَلِكَ؛ لِتَعَلُّقِهَاْ بِاللهِ تَعَاْلَىْ.

(وَالدَّلِيْلُ عَلَىْ ذَلِكَ) أَيْ: جَوَاْزُ وُقُوْعِ الْأَعْرَاْضِ؛ أَيْ: الصِّفَاْتُ الحَاْدِثَةُ الْبَشَرِيَّةُ **(مُشَاْهَدَتُهَاْ بِهِمْ عَلَيْهِمُ الصَّلَاْةُ وَالسَّلَاْمُ)** لِمَنْ عَاْصَرَهُمْ، وَبُلُوْغُ ذَلِكَ بِالتَّوَاْتُرِ لِغَيْرِهِ. فَوُقُوْعُهَاْ بِهِمْ أَقْوَىْ دَلِيْلٍ عَلَىْ الجَوَاْزِ؛ لِأَنَّ الْوُقُوْعَ فَرْعٌ عَنِ الجَوَاْزِ.

De plus, ils sont constamment propulsés dans les rangs élevés et le fait que ces accidents surviennent pour eux par exemple est une raison de l'accroissement de leurs rangs élevés. Et également afin qu'autrui s'amuse d'eux de cela et que la personne sagace sache que le monde d'ici-bas n'est pas la demeure de la rétribution pour Ses bien-aimés, exalté soit-Il. S'il avait été la demeure de la rétribution pour eux, ils n'auraient pas été affectés par quoi que ce soit parmi ses troubles. C'est donc un accroissement de l'élévation de leurs rangs, prière et salut sur eux.

Cela constitue donc neuf (9) croyances liées aux messagers, prière et salut sur eux, faisant suite aux quarante-et-une liées à La Divinité, exalté soit-Il. La somme de ces croyances fait donc cinquante croyances qui sont obligatoires d'être connues pour chaque responsable légalement avec leurs preuves comme nous avons vu.

وَأَيْضًا، هُمْ يَتَرَقَّوْنَ دَائِمًا فِيْ الْمَرَاتِبِ الْعَلِيَّةِ، وَوُقُوْعُ الْأَمْرَاضِ بِهِمْ مَثَلًا سَبَبٌ فِيْ زِيَادَةِ مَرَاتِبِهِمْ الْعَلِيَّةِ. وَلِأَجْلِ أَنْ يَتَسَلَّى بِهِمْ غَيْرُهُمْ، وَيَعْرِفَ الْعَاقِلُ أَنَّ الدُّنْيَا لَيْسَتْ دَارَ جَزَاءٍ لِأَحْبَابِهِ تَعَالَى. إِذْ لَوْ كَانَتْ دَارَ جَزَاءٍ لَهُمْ، لَمْ يُصِبْهُمْ شَيْءٌ مِنْ كُدُوْرَاتِهَا، فَهُوَ زِيَادَةٌ فِيْ عُلُوِّ مَرَاتِبِهِمْ، عَلَيْهِمُ الصَّلَاةُ وَالسَّلَامُ.

فَهَذِهِ تِسْعُ عَقَائِدَ تَتَعَلَّقُ بِالرُّسُلِ عَلَيْهِمُ الصَّلَاةُ وَالسَّلَامُ، وَتَقَدَّمَ إِحْدَى وَأَرْبَعُوْنَ تَتَعَلَّقُ بِالْإِلَهِ سُبْحَانَهُ وَتَعَالَى، فَالْجُمْلَةُ خَمْسُوْنَ عَقِيْدَةً يَجِبُ عَلَى كُلِّ مُكَلَّفٍ مَعْرِفَتُهَا بِأَدِلَّتِهَا عَلَى مَا مَرَّ.

✵ ✵ ✵

LES ÉLÉMENTS TRANSMIS

﴾ **En conclusion** ﴿, et on demande à *Allāh*, exalté soit-Il, une bonne fin.

[1er : Ce qui se rattache au Prophète]

﴾ **Il est nécessaire pour chaque personne** ﴿ homme ou femme ﴾ **est de connaître sa filiation (ﷺ) de par son père et de sa mère** ﴿ jusqu'à *ʿAdnān* seulement. Quant à ce qui vient après, cela n'est pas obligatoire de le connaître, sans divergence, voir même *Mālik* l'a réprouvé.

﴾ **Quant a sa filiation (ﷺ) de par son père, il est : notre maître *Muḥammad* fils de *ʿAbdallāh*** ﴿ parmi ses paroles, qu'*Allāh* l'agréé, d'un long poème :

Les Bédouins de toutes les contrées ont certes attesté

Que nous possédons un mérite sur les nobles sur terre

Et que mon père, le majestueux et digne, est celui

Qui est reconnu par les dignitaires et les subalternes

﴾ **fils de *ʿAbd al-Muṭṭalib*** ﴿ dont le nom est *ʿĀmir* ou "La bande blanche de louange" ; ﴾ **fils de *Hāshim*** ﴿ dont le nom est *ʿAmr* ou *ʿUmar* ; ﴾ **fils de *ʿAbd Manāf*** ﴿ dont le nom est *al-Mughīrah* ; ﴾ **fils de *Quṣay*** ﴿ dont le nom est *Zayd* ou *Yazīd* ; ﴾ **fils de *Kilāb*** ﴿ dont le nom est *Ḥakīm* ou *al-Mughīrah* ou *al-Muhadhdhab* ; ﴾ **fils de *Murrah*, fils de *Kaʿb* fils de *Luʾayy*** ﴿ ou *Luyy* mais le premier est l'avis de la majorité.

(**خَاتِمَةٌ**) نَسْأَلُ اللهَ تَعَالَىْ حُسْنَهَاْ:

[أَوَّلًا: مَاْ يَتَعَلَّقُ بِالنَّبِيِّ]

(**يَجِبُ عَلَىْ الشَّخْصِ**) أَيْ: الذَّكَرُ وَالْأُنْثَىْ (**أَنْ يَعْرِفَ نَسَبَهُ صَلَّىْ اللهُ عَلَيْهِ وَسَلَّمَ مِنْ جِهَةِ أَبِيْهِ، وَمِنْ جِهَةِ أُمِّهِ**) إِلَىْ عَدْنَاْنَ فَقَطْ. أَمَّاْ مَاْ بَعْدَهُ، فَلَاْ يَجِبُ مَعْرِفَتَهُ بِلَاْ خِلَاْفٍ، بَلْ كَرِهَهُ مَاْلِكٌ.

(**فَأَمَّاْ نَسَبُهُ صَلَّىْ اللهُ عَلَيْهِ وَسَلَّمَ مِنْ جِهَةِ أَبِيْهِ: فَهُوَ سَيِّدُنَاْ مُحَمَّدٌ بنُ عَبْدِ اللهِ**) فَمِنْ كَلَاْمِهِ رَضِيَ اللهُ عَنْهُ مِنَ الطَّوِيْلِ:

لَقَدْ حَكَمَ الْبَاْدُوْنَ فِيْ كُلِّ بَلْدَةٍ ** بِأَنَّ لَنَاْ فَضْلًا عَلَىْ سَاْدَةِ الْأَرْضِ

وَأَنَّ أَبِيْ ذُوْ الْمَجْدِ وَالسُّؤْدُدِ الَّذِيْ ** يُسَاْرُ بِهِ مَاْ بَيْنَ نَشْزٍ إِلَىْ خَفْضِ

(**بنِ عَبْدِ الْمُطَّلِبِ**) اِسْمُهُ: عَاْمِرٌ، أَوْ شَيْبَةُ الْحَمْدِ (**بنِ هَاْشِمٍ**)، اِسْمُهُ: عَمْرُو، أَوْ عُمَرُ (**بنِ عَبْدِ مَنَاْفٍ**) اِسْمُهُ: الْمُغِيْرَةُ (**بنِ قُصَيٍّ**) بِضَمٍّ فَفَتْحٍ، اِسْمُهُ: زَيْدٌ، أَوْ يَزِيْدُ (**بنِ كِلَاْبٍ**) اِسْمُهُ: حَكِيْمٌ بِفَتْحٍ فَكَسْرٍ، أَوِ الْمُغِيْرَةُ، أَوِ الْمُهَذَّبُ (**بنِ مُرَّةَ**) بِضَمِّ الْمِيْمِ، وَفَتْحِ الرَّاْءِ الْمُشَدَّدَةِ (**بنِ كَعْبٍ**) بِفَتْحٍ، وَسُكُوْنٍ (**بنِ لُؤَيٍّ**) بِالْهَمْزِ وَتَرْكِهِ، لَكِنَّ الْأَكْثَرَ الْأَوَّلُ.

﴾ **Fils de *Ghālib* fils de *Fihr* fils de *Mālik*** ﴿ dont le patronyme était « *Abū Ḥārith* » ; ﴾ **fils de *al-Naḍr*** ﴿ dont le nom était « *Qays* » ; ﴾ **fils de *Kinānah*** ﴿ qui était un maître beau et majestueux. Les Arabes se dirigeaient vers lui pour son savoir et son mérite. ﴾ **Fils de *Khuzaymah*, fils de *Mudrikah*** ﴿ dont le nom était *ʿUmar* selon l'avis authentique. Il y avait d'ailleurs en lui la lumière du Prophète (ﷺ) de manière apparente ; ﴾ **fils de *Ilyās*** ﴿ dont le nom était « *Huṣayn* » et le patronyme « *Abū ʿAmr* ». Il a entendu lors de sa crucifixion la *talbiyyah* du Prophète (ﷺ) connue lors du pèlerinage. ﴾ **Fils de *Muḍar*** ﴿ dont le nom était « *ʿAmr* » et le patronyme « *Abū Ilȳas* » ; ﴾ **fils de *Nizār*** ﴿ dont le nom était *Khildān* ﴾ **fils de *Maʿadd*.** ﴿

Et lorsqu'*Allāh* donna la victoire Nabuchodonosor sur les Arabes, Il ordonna à Jérémie de le monter (i.e. : *Maʿadd*) sur *al-Burāq* afin de le préserver des représailles. Il monta sur son dos avec ce dernier et ce, jusqu'en terre du *Shām* où il fut élevé parmi les enfants d'Israël. Puis, lorsque la sédition (*fitnah*) fût dissipée suite au décès de Nabuchodonosor, il revint de l'exil.

﴾ **Fils de *ʿAdnān*** ﴿ qui est de l'époque de Moïse (ﷺ) selon l'avis authentique.

Les savants s'accordent sur la généalogie du Messager d'*Allāh* (ﷺ) jusqu'à *ʿAdnān* ﴾ **mais il n'y a pas après lui** ﴿ c.-à-d. *ʿAdnān* ﴾ **jusqu'à Adam (ﷺ) une filiation rapportée authentique** ﴿ parmi les différents avis.

(**بنِ غَالِبٍ**) بِالْغَيْنِ الْمُعْجَمَةِ وَكَسْرِ اللَّامِ (**بنِ فِهْرٍ**) بِكَسْرٍ، فَسُكُوْنٍ (**بنِ مَالِكٍ**) وَكُنْيَتُهُ: أَبُوْ حَارِثٍ (**بنِ النَّضْرِ**) اِسْمُهُ: قَيْسٌ (**بنُ كِنَانَةَ**) كَانَ شَيْخًا حَسَنًا، عَظِيْمَ الْقَدْرِ، تَقْصِدُ الْعَرَبُ إِلَيْهِ لِعِلْمِهِ وَفَضْلِهِ (**بنِ خُزَيْمَةَ**) بِالتَّصْغِيْرِ (**بنِ مُدْرِكَةَ**) بِضَمٍّ، فَسُكُوْنٍ، فَكَسْرٍ. وَاِسْمُهُ: عُمَرُ عَلَى الصَّحِيْحِ، وَكَانَ فِيْهِ نُوْرُ النَّبِيِّ -صَلَّىْ اللهُ عَلَيْهِ وَسَلَّمَ- ظَاْهِرًا (**بنِ إِلْيَاْسَ**) وَاِسْمُهُ: حُسَيْنٌ، وَكُنْيَتُهُ: أَبُوْ عَمْرٍو، وَكَاْنَ يَسْمَعُ فِيْ صُلْبِهِ تَلْبِيَةَ النَّبِيِّ صَلَّىْ اللهُ عَلَيْهِ وَسَلَّمْ الْمَعْرُوْفَةَ فِيْ الْحَجِّ (**بنِ مُضَرٍ**) بِضَمٍّ، فَفَتْحٍ. اِسْمُهُ: عَمْرُو، وَكُنْيَتُهُ: أَبُوْ إِلْيَاسَ (**بنِ نِزَاْرٍ**) وَاِسْمُهُ: خَلْدَاْنُ (**بنِ مَعْدٍ**).

وَلَمَّاْ سَلَّطَ اللهُ بُخْتَنَصَّرَ عَلَى الْعَرَبِ، أَمَرَ اللهُ أَرْمِيَاْءَ أَنْ يَحْمِلَهُ عَلَى الْبُرَاْقِ كَيْ لَاْ تُصِيْبَهُ النَّقْمَةُ، فَفَعَلَ ذَلِكَ أَرْمِيَاْءُ، وَاِحْتَمَلَهُ مَعَهُ إِلَىْ أَرْضِ الشَّاْمِ. فَنَشَأَ فِيْ بَنِيْ إِسْرَاْئِيْلَ، ثُمَّ عَاْدَ بَعْدَ أَنْ سَكَنَتِ الْفِتْنَةُ بِمَوْتِ بُخْتَنَصَّرَ.

(**بنِ عَدْنَاْنَ**) وَكَاْنَ فِيْ زَمَنِ مُوْسَىْ عَلَيْهِ السَّلَاْمُ عَلَىْ الصَّحِيْحِ.

وَأَجْمَعَ الْعُلَمَاْءُ عَلَىْ أَنَّ رَسُوْلَ اللهِ صَلَّىْ اللهُ عَلَيْهِ وَسَلَّمَ إِنَّمَاْ اِنْتَسَبَ إِلَىْ عَدْنَاْنَ (**وَلَيْس فِيمَاْ بَعْدَهُ**) أَيْ: عَدْنَاْنُ (**إِلَىْ آدَمَ عَلَيْهِ الصَّلَاْةُ وَالسَّلَاْمُ طَرِيْقٌ صَحِيحٌ فِيمَاْ يُنْقَلُ**) لِمَاْ وَقَعَ فِيْهِ مِنَ الْأَقْوَاْلِ الْمُخْتَلِفَةِ الْمُتَبَاْعِدَةِ.

﴾ **Quant à sa filiation (ﷺ) de par sa mère, il est notre maître *Muḥammad* fils de *Amīnah* fille de *Wahb* fils de *'Abd Manāf* fils de de *Zuhrah*** ﴿ qui est un nom d'homme selon l'avis correct, ﴾ **fils de *Kilāb*.** ﴿ Le *'Abd Manāf* qui est dans la filiation de sa (ﷺ) mère n'est pas le *'Abd Manāf* du côté de son père. Mais ce *Kilāb* est l'un de ses ascendants (ﷺ) ﴾ **qui rejoint** ﴿ sa *Āminah* ﴾ **avec lui (ﷺ) au niveau de son ascendant *Kilāb*.** ﴿

Sa filiation (ﷺ) est purifiée des impuretés de la période d'ignorance. Ils ont tous été enfantés par un mariage valable semblable à celui de l'*Islām*, depuis *Ādam* jusqu'à sa naissance (ﷺ) de par son père et sa mère. Certains ont argumenté cet avis par sa parole (ﷺ) : « **Je n'ai cessé d'être transféré à travers les lombes purs jusqu'aux utérus des femmes pures.** »[1]

La totalité de ses (ﷺ) parents, hommes et femmes, jusqu'à *Ādam* et *Ḥawā'* ne contiennent aucun mécréant puisqu'on ne qualifie de pur que les croyants[2].

---

[1] Rapporté par *Ibn Ḥibbān* d'après *Ibn 'Abbās*.

[2] Le Pôle Caché *Sīdī Aḥmad al-Tijānī*, qu'*Allāh* l'agrée, a dit comme mentionné dans « *Jawāhir al-Ma'ānī* » : « Sache que les ancêtres du Prophète (ﷺ) sont tous des croyants, depuis son père jusqu'à Adam (ﷺ). L'interrogateur réplique : 'alors, que signifie le verset coranique suivant : ﴾ ***Rappelle le moment où Ibrāhīm dit à son père Azar*** *[: Prends-tu des idoles comme divinités ? Je te vois, toi et ton peuple, dans un égarement évident]* ﴿ [S.6/V.74] ?' ....=

(وَأَمَّاْ نَسَبُهُ صَلَّىْ اللهُ عَلَيْهِ وَسَلَّمَ مِنْ جِهَةِ أُمِّهِ فَهُوَ: سَيِّدُنَاْ مُحَمَّدُ بنُ آمِنَةَ بِنْتِ وَهَبٍ بنِ عَبْدِ مَنَاْفٍ ابنِ زُهْرَةَ) بِضَمِّ الزَّاْيِ وَسُكُوْنِ الْهَاْءِ. وَهُوَ اِسْمُ رَجُلٍ عَلَىْ الصَّوَاْبِ **(بنِ كِلَاْبٍ)** وَعَبْدُ مَنَاْفٍ الَّذِيْ فِيْ نَسَبِهِ صَلَّىْ اللهُ عَلَيْهِ وَسَلَّمَ مِنْ جِهَةِ أُمِّهِ غَيْرُ عَبْدِ مَنَاْفٍ جَدُّهُ صَلَّىْ اللهُ عَلَيْهِ وَسَلَّمَ مِنْ جِهَةِ أَبِيْهِ. وَكِلَاْبٌ هَذَاْ أَحَدُ أَجْدَاْدِهْ صَلَّىْ اللهُ عَلَيْهِ وَسَلَّمَ **(فَتَجْتَمِعُ)** أَيْ: آمِنَةُ **(مَعَهُ صَلَّىْ اللهُ عَلَيْهِ وَسَلَّمَ فِيْ جَدِّهِ كِلَاْبٍ)**.

وَنَسَبُهُ صَلَّىْ اللهُ عَلَيْهِ وَسَلَّمَ مُطَهَّرٌ مِنْ سِفَاْحِ الْجَاْهِلِيَّةِ. وَلَمْ يَلِدْهُ إِلَّاْ نِكَاْحٌ كَنِكَاْحِ الْإِسْلَاْمِ، مِنْ لَدُنِ آدَمَ إِلَىْ أَنْ وَلَدَهُ صَلَّىْ اللهُ عَلَيْهِ وَسَلَّمَ أَبُوْهُ وَأُمُّهُ. وَاِسْتَدَلَّ بَعْضُهُمْ بِقَوْلِهِ صَلَّىْ اللهُ عَلَيْهِ وَسَلَّمَ: **"لَمْ أَزَلْ أُنْقَلُ مِنْ أَصْلَاْبِ الطَّاْهِرِيْنَ إِلَىْ أَرْحَاْمِ الطَّاْهِرَاْتِ"**[1].

أَنَّ جَمِيْعَ آبَاْئِهِ صَلَّىْ اللهُ عَلَيْهِ وَسَلَّمَ وَجَمِيْعَ أُمَّهَاْتِهِ إِلَىْ آدَمَ وَحَوَّاْءَ لَيْسَ فِيْهِمْ كَاْفِرٌ؛ لِأَنَّهُ لَاْ يُوْصَفُ بِالطَّهَاْرَةِ إِلَّاْ الْمُؤْمِنُ[2].

---

[1] رَوَاهُ إبن حِبَّان عَن إبنِ عبَّاس.

[2] قَالَ الْقُطْبُ الْمَكْتُوم سَيِّدِي أَحْمَد التِّجَانِي رَضِيَ اللهُ عَنْهُ كَمَا هَذَا مَذْكُور فِي كِتَاب جَوَاهِر الْمَعَانِي : اعْلَمْ أَنَّ أَجْدَادَهُ صَلَّى اللهُ عَلَيْهِ وَسَلَّمَ كُلُّهُمْ مُؤْمِنُونَ مِنْ أَبِيهِ عَلَيْهِ السَّلَامُ إِلَى سَيِّدِنَا آدَمَ عَلَيْهِ السَّلَامُ، فَقَالَ لَهُ السَّائِلُ: مَا مَعْنَى قَوْلِهِ تَعَالَى: **(وَإِذْ قَالَ إِبْرَاهِيمُ لِأَبِيهِ آزَرَ)**........................=

= Il a répondu, qu'*Allāh* l'agrée, en disant : '*Azar* est son oncle. S'il était son père, *Allāh* n'aurait pas mentionné le nom *Azar* après avoir dit « père » ; le mot père suffirait. La preuve qu'il n'est pas son père est l'invocation formulée par *Ibrāhīm* à la fin de sa vie sollicitant le pardon d'*Allāh* pour ses parents, alors qu'*Allāh* nous informe dans le verset coranique suivant qu'*Ibrāhīm* avait dégagé toutes ses responsabilités à l'égard de son père *Azar* : ﴿ ***Ibrāhīm ne demanda pardon en faveur de son père qu'à cause d'une promesse qu'il lui avait faite. Mais, dès qu'il lui apparut clairement qu'il était un ennemi d'Allah, il le désavoua. Abraham était certes plein de sollicitude et indulgent*** ﴾ [S.9/V.114]. A la fin de sa vie, il a dit : ﴿ ***Ô Mon seigneur, pardonne-moi, ainsi qu'à mes parents et aux croyants le jour de la reddition des comptes*** ﴾ [S.14/V.41] ; s'il s'agissait de son père, il ne l'aurait pas désavoué.

Au fond : *Allāh* a purifié ses Prophètes, prière et salut d'*Allāh* sur eux. Il n'a jamais envoyé un prophète à partir d'un sperme pollué par l'impureté de l'incroyance. Dans le récit, le Prophète (ﷺ) dit : **'*Allāh* m'a transféré** (génétiquement) **depuis les lombes purs aux utérus purifiés.'** Dans un autre récit, il a dit (ﷺ) : **'J'ai été envoyé à partir des meilleurs de chaque génération. Avant que deux branches ne se séparent, je me trouvais déjà dans la meilleure d'entre elles.'** »

= فَأَجَابَ رَضِيَ اللهُ عَنْهُ بِقَوْلِهِ: إِنَّ آزَرَ هُوَ عَمُّهُ، وَلَوْ كَانَ أَبَاهُ أَصْلِيّاً مَا ذَكَرَ آزَرَ بَعْدَ أَبِيهِ، يَكْفِيهِ الْأَبُ، وَيَدُلُّ عَلَى هَذَا اسْتِغْفَارُهُ لِوَالِدَيْهِ فِي آخِرِ عُمْرِهِ، بَعْدَمَا أَخْبَرَ اللهُ أَنَّهُ تَبَرَّأَ مِنْ أَبِيهِ بِقَوْلِهِ: (**فَلَمَّا تَبَيَّنَ لَهُ أَنَّهُ عَدُوٌّ لِلَّهِ تَبَرَّأَ مِنْهُ**)، وَفِي آخِرِ عُمْرِهِ قَالَ: (رَبَّنَا اغْفِرْ لِي وَلِوَالِدَيَّ وَلِلْمُؤْمِنِينَ) ، لَوْ كَانَ أَبَاهُ مَا تَبَرَّأَ مِنْهُ، وَفِي عَيْنِ التَّحْقِيقِ أَنَّ اللهَ قَدَّسَ الْأَنْبِيَاءَ عَلَيْهِمُ الصَّلَاةُ وَالسَّلَامُ، مَا أَخْرَجَ نَبِيّاً مِنْ نُطْفَةٍ مُنَجَّسَةٍ بِالْكُفْرِ، وَفِي الْحَدِيثِ يَقُولُ صَلَّى اللهُ عَلَيْهِ وَسَلَّمَ: لَمْ يَزَلِ اللهُ يَنْقُلُنِي مِنَ الْأَصْلَابِ الطَّاهِرَةِ إِلَى الْأَرْحَامِ الزَّكِيَّةِ إلخ.. الْحَدِيثِ، وَفِي الْحَدِيثِ الْآخَرِ قَالَ صَلَّى اللهُ عَلَيْهِ وَسَلَّمَ: بُعِثْتُ مِنْ خَيْرِ قُرُونِ بَنِي آدَمَ قَرْناً فَقَرْناً لَمْ تَفْتَرِقْ شُعْبَتَانِ إِلَّا كُنْتُ فِي خَيْرِهِمَا إلخ.. الْحَدِيثِ.

[2ème : le Bassin (*ḥawḍ*)]

﴾ **Et parmi ce qui est obligatoire de savoir c'est qu'il possède** ﴿ (ﷺ) ﴾ **un Bassin**[1] ﴿ qu'*Allāh*, exalté soit-Il, lui a octroyé dans l'au-delà. Cependant, on ne rend pas mécréant celui qui nie cela, mais il sera considéré comme un dépravé (*fāsiq*). *Allāh*, exalté soit-Il, a révélé à *ʿĪsā* (ﷺ) que *Muḥammad* possède un Bassin qui dépasse la distance de la Mecque jusqu'au levant du soleil et qui contient dedans un nombre de récipients équivalents au nombre d'étoiles du ciel et qui possède les couleurs de toutes les boissons du paradis et le goût de tous les fruits.

C.-à-d. qu'une partie a une couleur rouge, une autre une couleur blanche et de même une partie un goût de prune, de banane, d'abricot, etc. Celui qui y boira retrouvera donc le goût des fruits du paradis.

On a divergé quant à son endroit, **selon la majorité** il se trouve avant le Pont[2] puisque les gens sortiront de leur tombe assoiffée et se rendront au Bassin pour boire.

---

[1] D'après *ʿAbdullāh b. ʿAmr* : Le Messager d'*Allāh* (ﷺ) a dit : « **Mon Bassin s'étend sur une distance d'un mois de marche, ses côtés sont égaux, son eau est plus éclatante que l'argent, son odeur est plus agréable que le musc et ses coupes sont aussi nombreuses que les étoiles du ciel. Quiconque en boire, n'aura plus jamais soif.** » [*Muslim* #2292]

[2] Le Pôle Caché *Sīdī Aḥmad al-Tijānī*, qu'*Allāh* l'agrée, a dit comme mentionné dans « *Jawāhir al-Maʿānī* » : « Ce Bassin se trouve avant le Pont selon l'avis correct au vu de la multiplicité des récits sur cela. Ce que certains savants ont mentionné comme quoi il se trouve après le Pont n'est pas correct. En effet, celui qui traversera le pont ne pourra pas être chassé du bassin ; son salut est déjà parfait. »

[ثَانِيًا: الْحَوْضُ]

(**وَمِمَّا يَجِبُ أَيْضًا، أَنْ يُعْلَمَ: أَنَّ لَهُ**) صَلَّىْ اللهُ عَلَيْهِ وَسَلَّمَ (**حَوْضًا**[1]) أَعْطَاْهُ اللهُ تَعَاْلَىْ إِيَّاْهُ فِيْ الْآخِرَةِ. لَكِنْ لَاْ يُكَفَّرُ مَنْ أَنْكَرَهُ، وَإِنَّمَاْ يُفَسَّقُ. وَأَوْحَىْ اللهُ تَعَاْلَىْ إِلَىْ عِيْسَىْ -عَلَيْهِ السَّلَاْمُ- أَنَّ لِمُحَمَّدٍ حَوْضًا أَبْعَدُ مِنْ مَكَّةَ إِلَىْ مَطْلَعِ الشَّمْسِ، فِيْهِ آنِيَةٌ مِثْلُ عَدَدِ نُجُوْمِ السَّمَاْءِ، وَلَهُ لَوْنُ كُلِّ شَرَاْبِ الْجَنَّةِ، وَطَعْمُ كُلِّ ثِمَاْرِهَاْ اهـ.

أَيْ: بَعْضُهُ لَوْنُهُ أَحْمَرُ، وَبَعْضُهُ لَوْنُهُ أَبْيَضُ، وَهَكَذَاْ. وَلَهُ طَعْمُ الْخَوْخِ، وَالْمَوْزِ، وَالْمُشْمُشِ، وَغَيْرِهَاْ. فَمَنْ يَشْرَبْ مِنْهُ، يَجِدْ طَعْمَ ثِمَاْرِ الْجَنَّةِ.

وَاخْتُلِفَ فِيْ مَحَلِّهِ[2]. فَعِنْدَ **الْجُمْهُوْرِ**، أَنَّهُ قَبْلَ الصِّرَاْطِ؛ لِأَنَّ النَّاْسَ يَخْرُجُوْنَ مِنْ قُبُوْرِهِمْ عِطَاْشًا، فَيَرِدُوْنَ الْحَوْضَ لِلشُّرْبِ.

---

[1] عَن عَبْدُ اللَّهِ بْنُ عَمْرِو بْنِ قَالَ رَسُولُ اللَّهِ صلى الله عليه وسلم "**حَوْضِي مَسِيرَةُ شَهْرٍ وَزَوَايَاهُ سَوَاءٌ وَمَاؤُهُ أَبْيَضُ مِنَ الْوَرِقِ وَرِيحُهُ أَطْيَبُ مِنَ الْمِسْكِ وَكِيزَانُهُ كَنُجُومِ السَّمَاءِ فَمَنْ شَرِبَ مِنْهُ فَلاَ يَظْمَأُ بَعْدَهُ أَبَدًا** " مسلم #2292

[2] قَالَ الْقُطْبُ الْمَكْتُوم سَيِّدِي أَحْمَد التِّجَانِي رَضِيَ اللهُ عَنْهُ كَمَا هَذَا مَذْكُور فِي كِتَاب جَوَاهِر الْمَعَانِي : وَهُوَ قَبْلَ الصِّرَاطِ عَلَى التَّحْقِيقِ لِتَوَاتُرِ الْأَخْبَارِ عَلَيْهِ، وَمَا ذَكَرَ بَعْضُ الْعُلَمَاءِ مِنْ أَنَّهُ بَعْدَ الصِّرَاطِ لَا يُصَحُّ لِأَنَّ مَنْ جَاوَزَ الصِّرَاطَ لَا يَتَأَتَّى طَرْدُهُ عَنِ الْحَوْضِ لِأَنَّ مَنْ جَاوَزَ الصِّرَاطَ فَقَدْ كَمُلَتْ نَجَاتُهُ.

Selon **d'autres**, il se trouve après le Pont puisque l'eau du *Kawthar* se jette dedans et c'est une rivière qui se trouve au sein du paradis, donc le Bassin se situerait après le *Kawthar* proche du Paradis, même s'il se trouve avant ce dernier l'enfer se situe entre lui et l'eau qui se jette dedans issu du *Kawthar*.

Ils seront retenus là-bas dans la "**Station du Talion** (*mawqif al-qiṣāṣ*)" pour les injustices faites entre eux, jusqu'a ce qu'ils s'y libèrent. *Al-Qurṭubī* a estimé que l'avis correct était qu'il (ﷺ) possédait deux Bassins : un Bassin avant le Pont et un Bassin après celui-ci. Et *Al-Sanūsī* a choisi cet avis dans son « grand commentaire ».

Mais ce qu'il est nécessaire de croire, c'est simplement qu'il (ﷺ) possède un bassin[1].

[1] L'avis authentique est que chaque prophète possède un Bassin en raison du récit de *Sumrah* qui a dit que le Messager d'*Allāh* (ﷺ) a dit : « **En effet, il y a un Bassin pour chaque Prophète, et en réalité, ils rivalisent pour savoir lequel d'entre eux y arrivera le plus. En vérité, j'espère que le mien sera celui qui aura le plus d'arrivées.** » [*Tirmidhī* #2443]

وَعِنْدَ **بَعْضِهِمْ**، أَنَّهُ بَعْدَهُ؛ لِأَنَّهُ يَنْصَبُّ فِيْهِ الْمَاْءُ مِنَ الْكَوْثَرِ، وَهُوَ النَّهْرُ الَّذِيْ فِيْ دَاْخِلِ الْجَنَّةِ. فَيَكُوْنُ الْحَوْضُ بَعْدَ الصِّرَاْطِ بِجَاْنِبِ الْجَنَّةِ، وَلَوْ كَاْنَ قَبْلَهُ لَحَاْلَتِ النَّاْرُ بَيْنَهُ وَبَيْنَ الْمَاْءِ الَّذِيْ يَنْصَبُّ فِيْهِ مِنَ الْكَوْثَرِ.

وَهُمْ يُحْبَسُوْنَ هُنَاْكَ فِيْ **مَوْقِفِ الْقِصَاْصِ**؛ لِأَجْلِ الْمَظَاْلِمِ الَّتِيْ بَيْنَهُمْ، حَتَّىْ يَتَحَلَّلُوْا مِنْهَاْ. وَصَحَّحَ الْقُرْطُبِيُّ أَنَّ لَهُ صَلَّىْ اللهُ عَلَيْهِ وَسَلَّمَ حَوْضَيْنِ، حَوْضٌ قَبْلَ الصِّرَاْطِ، وَحَوْضٌ بَعْدَهُ. وَاِخْتَاْرَهُ السَّنُوْسِيُّ فِيْ "شَرْحِ الْكُبْرَىْ".

ثُمَّ الَّذِيْ يَجِبُ اِعْتِقَاْدَهُ أَنَّ لَهُ صَلَّىْ اللهُ عَلَيْهِ وَسَلَّمَ حَوْضًا[1].

---

[1]وَالصَّحِيحُ أَنَّ لِكُلِّ نَبِيٍّ حَوْضًا لحديث سَمُرَة، قَالَ قَالَ رَسُولُ اللَّهِ صلى الله عليه وسلم "**إِنَّ لِكُلِّ نَبِيٍّ حَوْضًا وَإِنَّهُمْ يَتَبَاهَوْنَ أَيُّهُمْ أَكْثَرُ وَارِدَةً وَإِنِّي أَرْجُو أَنْ أَكُونَ أَكْثَرَهُمْ وَارِدَةً**" الترمذي 2443#

[3ème : L'intercession (*al-shafāʿah*) prophétique pour les gens]

﴾ **Et** ﴿ il est nécessaire de savoir ﴾ **qu'il** (ﷺ) **intercédera dans le jugement séparateur** (*faṣl al-qaḍā'*) ﴿ c.-à-d. lors du jugement séparateur entre les gens. Il est rapporté que lorsqu'*Allāh* regroupera les gens dans une seule terre le Jour de la Résurrection, il rapprochera l'enfer et les gens se chevaucheront les uns les autres, mais il n'y aura plus de place. Il dira : « Par la gloire de mon Seigneur, je ne serais pas séparé de mes conjoints. »

Et ils lui diront : « Qui sont tes conjoints » ? **Et il répondra** : « Tout tyran orgueilleux. »

Pendant mille ans ils ne cesseront de s'agiter et de gesticuler sans qu'*Allāh*, exalté soit-Il, ne leur adresse un seul mot. L'affre deviendra encore plus difficile pour les gens rassemblés à tel point qu'ils espéreront s'extirper de cet endroit même si cela devait être jusqu'en enfer.

Certains d'entre eux diront à d'autres : "Allez voir votre père *Ādam*." Et ils iront voir *Ādam* et diront : "Ô père des hommes ! L'affaire est pour nous difficile, et tu es celui qu'*Allāh* a créé avec Sa main et devant qui les anges se sont prosternés et dans qui a été insufflé Son Esprit. Intercède pour nous dans le jugement Dernier ! Intercède pour nous auprès de ton Seigneur afin qu'Il départage entre nous."

Il répondra : "Je ne suis pas placé pour cela. J'ai été expulsé du Paradis pour une erreur, et je ne me préoccupe en ce jour que de ma personne. Voyez plutôt avec *Nūḥ* puisqu'il est le premier des envoyés. »

[ثَالِثًا: الشَّفَاْعَةُ النَّبوِيَّةِ لِلْنَاْسِ]

(وَ) يَجِبُ أَنْ يُعْلَمَ (**أَنَّهُ صَلَّىْ اللهُ عَلَيْهِ وَسَلَّمَ يَشْفَعُ فِيْ فَصلِ الْقَضَاْءِ**) أَيْ: فِيْ الْقَضَاْءِ الْفَاْصِلِ بَيْنَ النَّاْسِ.

رُوِيَ أَنَّهُ إِذَاْ جَمَعَ اللهُ النَّاْسَ فِيْ صَعِيْدٍ وَاْحِدٍ يَوْمَ الْقِيَاْمَةِ، أَقْبَلَتِ النَّاْرُ يَرْكَبُ بَعْضُهَاْ بَعْضًا، وَخَزَنَتُهَاْ يَكُفُّوْنَهَاْ عَنِ النَّاْسِ، وَهِيَ **تَقُوْلُ**: وَعِزَّةُ رَبِّيْ لَيُخَلِّيَنَّ بَيْنِيْ وَبَيْنَ أَزْوَاْجِيْ.

فَيَقُوْلُوْنَ لَهَاْ: وَمَنْ أَزْوَاْجُكِ؟ **فَتَقُوْلُ**: كُلُّ مُتَكَبِّرٍ جَبَّاْرٍ.

فَلَاْ يَزَاْلُ النَّاْسُ يَمُوْجُ بَعْضُهُمْ فِيْ بَعْضٍ أَلْفَ عَاْمٍ، وَاللهُ تَعَاْلَىْ لَاْ يُكَلِّمُهُمْ كَلِمَةً وَاْحِدَةً، فَيَشْتَدُّ الْهَوْلُ عَلَىْ أَهْلِ الْمَوْقِفِ، حَتَّىْ يَتَمَنَّوْا الاِنْصِرَاْفَ مِنْ هَذَاْ الْمَوْقِفِ، وَلَوْ إِلَىْ جَهَنَّمَ.

فَيَقُوْلُ بَعْضُهُمْ لِبَعْضٍ: اِذْهَبُوْا إِلَىْ أَبِيْكُمْ آدَمَ، فَيَأْتُوْنَ آدَمَ، فَيَقُوْلُوْنَ: يَاْ أَبَاْ الْبَشَرِ، الْأَمْرُ عَلَيْنَاْ شَدِيْدٌ. وَأَنْتَ الَّذِيْ خَلَقَكَ اللهُ بِيَدِهِ، وَأَسْجَدَ لَكَ مَلَاْئِكَتَهُ، وَنَفَخَ فِيْكَ مِنْ رُوْحِهِ. اِشْفَعْ لَنَاْ فِيْ فَصْلِ الْقَضَاْءِ. اِشْفَعْ لَنَاْ إِلَىْ رَبِّكَ لِيَقْضِيَ بَيْنَنَاْ.

فَيَقُوْلُ: لَسْتُ هُنَاْكَ، إِنِّيْ قَدْ أُخْرِجْتُ مِنَ الْجَنَّةِ بِخَطِيْئَةٍ، وَإِنَّهُ لَيْسَ يُهِمُّنِيْ الْيَوْمَ إِلَّاْ نَفْسِيْ، وَلَكِنْ عَلَيْكُمْ بِنُوْحٍ، فَإِنَّهُ أَوَّلُ الْمُرْسَلِيْنَ.

Ils iront voir *Nūḥ* et lui diront : « Intercède pour nous auprès de ton Seigneur afin de juger entre nous. »

Il dira : « Je ne suis pas placé pour cela. J'ai adressé une invocation pour laquelle les gens de la terre ont été ensevelis, et je ne me préoccupe en ce jour que de ma personne. Allez voir *Ibrāhīm*, qu'*Allāh* prit comme ami intime. »

Ils iront voir *Ibrāhīm* et diront : « Intercède pour nous auprès de ton Seigneur afin de juger entre nous. » Il dira : « Je ne suis pas placé pour cela. J'ai commis trois mensonges sur l'Islām. » Ce sont sa parole : ﴾ ***Je suis malade*** ﴿ [S.37/V.89], sa parole : ﴾ ***C'est la plus grande d'entre elles que voici*** ﴿ [S.21/V.63] et sa parole envers sa femme : "Elle est ma sœur." « Je ne me préoccupe en ce jour que de ma personne. Allez plutôt voir *Mūsā* dont lequel *Allāh* a adressé la parole directement. »

Ils iront voir *Mūsā* et dira : « Je ne suis pas placé pour cela. J'ai tué une âme sans droit et je ne me préoccupe en ce jour que de ma personne. Allez plutôt voir *'Īsā* qui est l'Esprit d'*Allāh* et Son verbe.

Ils iront le voir et il dira : « On m'a pris moi et ma mère pour deux divinités en dehors d'*Allāh* et je ne me préoccupe en ce jour que de ma personne. Mais voyez-vous, si l'un de vous a une bourse qui renferme de l'argent et qui soit scellée par un sceau, pourrait-il parvenir au contenu de cette bourse s'il n'enlevait pas auparavant le sceau ? » Ils répondirent : « Non ! » Il dira alors : « Certes *Muḥammad* (ﷺ) est le sceau des prophètes, et *Allāh* lui a pardonné ses fautes antérieures et postérieures. Allez le voir. »

فَيَقُوْلُ: لَسْتُ هُنَاْكَ، إِنِّيْ دَعَوْتُ دَعْوَةً أَغْرَقَتْ أَهْلَ الْأَرْضِ، وَإِنَّهُ لَيْسَ يُهِمُّنِيْ الْيَوْمَ إِلَّاْ نَفْسِيْ، وَلَكِنِ اِئْتُوْا إِبْرَاْهِيْمَ الَّذِيْ اِتَّخَذَهُ اللهُ خَلِيْلًا.

فَيَأْتُوْنَ إِبْرَاْهِيْمَ، فَيَقُوْلُوْنَ: اِشْفَعْ لَنَاْ إِلَىْ رَبِّكَ لِيَقْضِيَ بَيْنَنَاْ، فَيَقُوْلُ: لَسْتُ هُنَاْكَ، إِنِّيْ قَدْ كَذَبْتُ فِيْ الْإِسْلَاْمِ ثَلَاْثَ كِذْبَاْتٍ وَهِيَ قَوْلُهُ: ﴿ **إِنِّيْ سَقِيْمٌ** ﴾ هَذَاْ، وَقَوْلُهُ: ﴿ **بَلْ فَعَلَهُ كَبِيْرُهُمْ هَذَاْ** ﴾، وَقَوْلُهُ لِاِمْرَأَتِهِ: "إِنَّهَاْ أُخْتِيْ" وَلَيْسَ يُهِمُّنِيْ الْيَوْمَ إِلَّاْ نَفْسِيْ، وَلَكِنِ اِئْتُوْا مُوْسَىْ الَّذِيْ كَلَّمَهُ اللهُ تَكْلِيْمًا.

فَيَأْتُوْنَ مُوْسَىْ، فَيَقُوْلُ: لَسْتُ هُنَاْكَ، إِنِّيْ قَتَلْتُ نَفْسًا بِغَيْرِ حَقٍّ، لَيْسَ يُهِمُّنِيْ الْيَوْمَ إِلَّاْ نَفْسِيْ، وَلَكِنِ اِئْتُوْا عِيْسَىْ، رُوْحُ اللهِ وَكَلِمَتُهُ.

فَيَأْتُوْنَهُ، فَيَقُوْلُ: إِنِّيْ اِتُّخِذْتُ وَأُمِّيَ إِلَهَيْنِ مِنْ دُوْنِ اللهِ، وَإِنِّيْ لَاْ يُهِمُّنِيْ الْيَوْمَ إِلَّاْ نَفْسِيْ، وَلَكِنْ أَرَأَيْتُمْ إِنْ كَاْنَ لِأَحَدِكُمْ بِضَاْعَةً، فَجَعَلَهَاْ فِيْ كِيْسٍ، ثُمَّ خَتَمَ عَلَيْهَاْ، أَكَاْنَ يَصِلُ إِلَىْ مَاْ فِيْ الْكِيْسِ حَتَّىْ يَفُضَّ الْخَتْمَ؟ فَيَقُوْلُوْنَ: لَاْ، فَيَقُوْلُ: إِنَّ مُحَمَّدًا صَلَّىْ اللهُ عَلَيْهِ وَسَلَّمَ خَاْتَمُ الْأَنْبِيَاْءِ، وَقَدْ وَافَىْ الْيَوْمَ، وَقَدْ غَفَرَ اللهُ لَهُ مَاْ تَقَدَّمَ مِنْ ذَنْبِهِ وَمَاْ تَأَخَّرَ، اِئْتُوْهُ.

Ils iront alors le voir et il dira : « **Je suis placé pour cela ! Ma communauté ! Ma communauté !** » Puis il tombera prosterné sous le Trône comme la prosternation de la prière **et on dira** : « Ô *Muḥammad* ! Lève ta tête et demande, on te donnera, intercède et on intercédera. » Il lèvera alors sa tête et intercédera pour la prononciation du jugement.

Puis les personnes présentes à cet endroit se déplaceront de ce lieu pour la reddition. Personne d'entre les prophètes, saints et savants ne seront touchés par ces horreurs en raison de Sa parole, exalté soit-Il : ﴿ ***La grande terreur ne les affligera pas*** ﴾ [S.21/V.103] ; ils seront donc protégés du châtiment d'*Allāh* mais **seront craintifs par révérence et sacralité**.

Et il a été dit : ceux qui font les allers-retours entre les prophètes pour demander l'intercession sont les leaders des personnes présentes au rassemblement et le délai qui passe entre leurs allées et venues de prophète en prophète est de mille ans.

Et il a été dit : ceux qui vont aux prophètes pour demander l'intercession sont les savants qui ont mis en pratique (leur science) et cette intercession englobe toutes les créatures qu'ils soient humains, jinns, croyants, mécréants, de cette communauté ou d'en dehors.

C'est pour cela qu'on l'appelle « **la Grande Intercession** (*al-shafāʿah al-ʿuẓmā*) » et c'est la première « **Station de Gloire** (*al-maqām al-maḥmūd*) »[1] c.-à-d. la station dans laquelle il est loué par les premiers et les derniers. Sa fin prendra avec l'installation des gens du paradis au paradis et des gens de l'enfer en enfer. Les prophètes se réuniront alors sous le commandement du Prophète (ﷺ).

---

[1] *Allāh* a dit : ﴿ ***afin que ton Seigneur te ressuscite en une station de gloire.*** ﴾ [S.17/V.79]

فَيَأْتُوْنَهُ، فَيَقُوْلُ: أَنَاْ لَهَا، أُمَّتِيْ... أُمَّتِيْ. ثُمَّ يَخِرُّ سَاْجِدًا تَحْتَ الْعَرْشِ كَسُجُوْدِ الصَّلَاْةِ، **فَيُقَاْلُ:** يَاْ مُحَمَّدُ، اِرْفَعْ رَأْسَكَ، وَسَلْ تُعْطَ، وَاِشْفَعْ تُشَفَّعْ. فَيَرْفَعُ رَأْسَهُ، يَشْفَعُ فِيْ فَصْلِ الْقَضَاْءِ.

ثُمَّ إِنَّ أَهْلَ الْمَوْقِفِ يَنْصَرِفُوْنَ مِنْ هَذَاْ الْمَوْقِفِ إِلَىْ الْحِسَاْبِ. وَلَاْ يَنَاْلُ شَيْءٌ مِنْ هَذَا الْهَوْلِ الْأَنْبِيَاْءَ، وَالْأَوْلِيَاْءَ، وَلَاْ سَاْئِرَ الْعُلَمَاْءِ؛ لِقَوْلِهِ تَعَاْلَىْ: ﴿ **لَا يَحْزُنُهُمُ الْفَزَعُ الْأَكْبَرُ** ﴾ فَهُمْ آمِنُوْنَ مِنْ عَذَاْبِ اللهِ، لَكِنَّهُمْ يَخَاْفُوْنَهُ **خَوْفَ إِجْلَاْلٍ وَإِعْظَاْمٍ.**

وَقِيْلَ: إِنَّ الَّذِيْ يَذْهَبُ إِلَىْ الْأَنْبِيَاْءِ لِطَلَبِ الشَّفَاْعَةِ رُؤَسَاْءُ أَهْلِ الْمَوْقِفِ، وَمَاْ بَيْنَ إِتْيَاْنِهِمْ مِنْ نَبِيٍّ إِلَىْ نَبِيٍّ أَلْفُ عَاْمٍ.

وَقِيْلَ: الَّذِيْ يَسْعَىْ لِلْأَنْبِيَاْءِ فِيْ طَلَبِ الشَّفَاْعَةِ، الْعُلَمَاْءُ الْعَاْمِلُوْنَ. وَهَذِهِ الشَّفَاْعَةُ تَعُمُّ جَمِيْعَ الْخَلْقِ مِنْ إِنْسٍ، وَجِنٍّ، وَمُؤْمِنٍ، وَكَاْفِرٍ مِنْ هَذِهِ الْأُمَّةِ، وَمِنْ غَيْرِهَاْ.

وَلِذَلِكَ تُسَمَّىْ **الشَّفَاْعَةُ الْعُظْمَىْ**، وَهِيَ أَوَّلُ **الْمَقَاْمِ الْمَحْمُوْدِ**[1]؛ أَيْ: الَّذِيْ يَحْمَدُهُ فِيْهِ الْأَوَّلُوْنَ، وَالْآخِرُوْنَ. وَآخِرُهُ اِسْتِقْرَاْرُ أَهْلِ الْجَنَّةِ فِيْ الْجَنَّةِ، وَأَهْلُ النَّاْرِ فِيْ النَّاْرِ. وَتُجْمَعُ الْأَنْبِيَاْءُ حِيْنَئِذٍ تَحْتَ لِوَاْئِهِ صَلَّىْ اللهُ عَلَيْهِ وَسَلَّمَ.

---

[1] قَالَ الله : ﴿ **عَسَى أَن يَبْعَثَكَ رَبُّكَ مَقَامًا مَّحْمُودًا.** ﴾

﴿ **Cette intercession lui est spécifique** (ﷺ) ﴾ même s'il possède d'autres intercessions[1] voir même d'autres personnes auront des intercessions parmi les prophètes[2], les savants, les pieux[3] si ce n'est que c'est lui (ﷺ) qui leur ouvrira la marche de l'intercession puisqu'ils n'oseront pas intercéder avant lui en raison de l'immensité de la grandiosité qu'il y aura à ce moment-là.

[1] L'intercession du Prophète (ﷺ) se divise en cinq catégories :

1) La grande et celle générale afin de soulager les gens rassemblés. Elle lui (ﷺ) est spécifique et personne d'autre ne la possède.
2) Pour ceux dont le verdict rendu a été d'être envoyé dans l'Enfer. Il (ﷺ) intercédera afin qu'ils n'y rentrent pas.
3) Pour ceux qui effectuaient de grands péchés et qui sont rentrés en Enfer. Ils en sortiront grâce a son (ﷺ) intercession.
4) Afin que certains ne soient pas jugés.
5) Afin d'augmenter en degré dans le Paradis.

[2] D'après *Abū Hurayrah*, le Messager d'*Allāh* (ﷺ) a dit : « **Pour chaque prophète il y a une invocation** (spéciale) **exaucée par laquelle il demande. Et je souhaite garder mon invocation pour intercéder pour ma communauté dans l'au-delà.** » [*Bukhārī* #6304]

[3] Le Messager d'*Allāh* (ﷺ) a dit : « […] Ensuite, *Allāh* dira : **'Ont intercédé les anges, les prophètes et les croyants.'** […] » [*Muslim* #183]

(وَهَذِهِ الشَّفَاعَةُ مُخْتَصَّةٌ بِهِ صَلَّىْ اللهُ عَلَيْهِ وَسَلَّمَ) وَلَهُ شَفَاعَاتٌ أُخَرُ[1]. بَلْ، وَلِغَيْرِهِ مِنَ الْأَنْبِيَاءِ[2]، وَالْعُلَمَاءِ، وَالصَّالِحِيْنَ[3]. إِلَّاْ أَنَّهُ صَلَّىْ اللهُ عَلَيْهِ وَسَلَّمَ الَّذِيْ يَفْتَحُ لَهُمْ بَاْبَ الشَّفَاْعَةِ؛ لِأَنَّهُمْ لَاْ يَتَجَاْسَرُوْنَ عَلَىْ الشَّفَاْعَةِ قَبْلَهُ، لِعِظَمِ الْجَلَاْلِ يَوْمَئِذٍ.

---

[1] وَشَفَاعَة النَّبِي صَلَّىْ اللهُ عَلَيْهِ وَسَلَّمَ عَلَى خَمْسَةِ أَقْسَامٍ :

1) الْكُبْرَى الْعَامَّة لِإِرَاحَةِ أَهْلِ الْمَوْقِف الْخَاصَّة بِهِ صَلَّىْ اللهُ عَلَيْهِ وَسَلَّمَ دُون غَيْره.
2) لِقَوْمٍ حوسبوا فَاستوجبوا النَّار. فَيَشْفع لَهُمْ صَلَّىْ اللهُ عَلَيْهِ وَسَلَّمَ أَلَّا يَدْخُلُوهَا.
3) لِقَوْمٍ مِنْ أَهْلِ الْكَبَائِرِ قَدْ دَخَلُوا النَّارِ. فَأَخْرَجوا بِشَفَاعَتِهِ صَلَّىْ اللهُ عَلَيْهِ وَسَلَّمَ.
4) لِقَوْمٍ أَلَّا يُحَاسِبُوا.
5) فِي زِيَادَةِ الدَّرَجَات فِي الْجَنَّةِ.

[2] عَنْ أَبِي هُرَيْرَةَ، أَنَّ رَسُولَ اللَّهِ صلى الله عليه وسلم قَالَ "**لِكُلِّ نَبِيٍّ دَعْوَةٌ مُسْتَجَابَةٌ يَدْعُو بِهَا، وَأُرِيدُ أَنْ أَخْتَبِئَ دَعْوَتِي شَفَاعَةً لأُمَّتِي فِي الآخِرَةِ**" صَحِيح البخاري #6304

[3] قَالَ رَسُولُ اللَّهِ صلى الله عليه وسلم : "**فَيَقُولُ اللَّهُ عَزَّ وَجَلَّ شَفَعَتِ الْمَلاَئِكَةُ وَشَفَعَ النَّبِيُّونَ وَشَفَعَ الْمُؤْمِنُونَ**" مسلم #183

[4ème : Les Messagers cités en détail dans le Coran]

﴾ **Et parmi ce qu'il est obligatoire est de connaître les messagers mentionnés dans le Coran de manière spécifique** ﴿ et il suffit dans la foi en eux tous d'admettre leur message lorsqu'on est interrogé sur cette dernière. Il n'est pas obligatoire de les énumérer par cœur.

Celui qui nie un seul d'entre eux après qu'on lui ait appris devient mécréant sans divergence sauf si on l'a interrogé en premier lieu et qu'il ait répondu : « Je ne sais pas » dans ce cas, il ne devient pas mécréant.

﴾ **Quant aux autres** ﴿ parmi les messagers et prophètes, ﴾ **il est obligatoire pour lui** ﴿ c.-à-d. toute personne responsable légalement (*mukallaf*) ﴾ **de les connaître** ﴿ c.-à-d. ceux qui ne sont pas mentionnés dans le Coran ﴾ **de manière générale.** ﴿

Il est obligatoire d'affirmer qu'*Allāh* a des messagers et prophètes de manière globalisante, dont seul *Allāh* connaît leur nombre et ne nous a pas été délimité. ﴾ **Une personne a versifié les prophètes qui doivent être connus de manière détaillée en disant :**

Il est inévitable pour toute personne responsable de connaître

Les prophètes de manière détaillée. Il en est connu

Dans ﴾ Tel est l'argument ﴿ huit après la dizaine d'entre eux et il en reste ensuite sept :

Idrīs, Hūd, Shuʿayb, Ṣāliḥ et de même Dhū al-Kifl, Ādam dont ils ont été clôturés par le Choisi (*i.e. : Muḥammad*) ﴿

[رَابِعًا: الرُّسُلُ الْمَذْكُوْرُوْنَ فِيْ الْقُرْآنِ تَفْصِيْلًا]

(وَمِمَّا يَجِبُ أَيْضًا أَنْ يُعْرَفَ: الرُّسُلُ الْمَذْكُوْرَةُ فِيْ الْقُرْآنِ تَفْصِيْلًا). وَيَكْفِيْ فِيْ الْإِيْمَانِ بِكُلٍّ مِنْهُمْ، أَنْ يَكُوْنَ بِحَيْثُ لَوْ سُئِلَ عَنْ رِسَالَتِهِ لَاعْتَرَفَ بِهَا. فَلَا يَجِبُ أَنْ يَسْرِدَهُمْ عَنْ حِفْظٍ.

وَمَنْ أَنْكَرَ وَاحِدًا مِنْهُمْ بَعْدَ أَنْ عَلِمَهُ كَفَرَ. بِخِلَافِ مَا لَوْ سُئِلَ عَنْهُ ابْتِدَاءً، فَقَالَ: لَا أَعْرِفُهُ، فَلَا يَكْفُرُ.

(وَأَمَّا غَيْرُهُمْ) مِنَ الرُّسُلِ وَالْأَنْبِيَاءِ، **(فَيَجِبُ عَلَيْهِ)** أَيْ: كُلُّ مُكَلَّفٍ **(أَنْ يَعْرِفَهُمْ)** أَيْ: غَيْرُ الْمَذْكُوْرِيْنَ فِي الْقُرْآنِ **(إِجْمَالًا)**.

فَيَجِبُ التَّصْدِيْقُ بِأَنَّ للهِ رُسُلًا وَأَنْبِيَاءَ عَلَىْ الْإِجْمَالِ، لَا يَعْلَمُ عَدَدُهُمْ إِلَّا اللهُ، فَهُمْ غَيْرُ مَحْصُوْرِيْنَ لَنَا. **(وَقَدْ نَظَمَ بَعْضُهُمْ الْأَنْبِيَاءَ الَّتِيْ تَجِبُ مَعْرِفَتُهُمْ تَفْصِيْلًا، فَقَالَ:**

حَتْمٌ عَلَى كُلِّ ذِي التَّكْلِيفِ مَعْرِفَةٌ ** بِأَنْبِيَاءٍ عَلَى التَّفْصِيلِ قَدْ عُلِمُوا

فِي تِلْكَ حُجَّتُنَا مِنْهُمْ ثَمَانِيَةٌ ** مِنْ بَعْدِ عَشْرٍ وَيَبْقَى سَبْعَةٌ وَهُمُ

إِدْرِيسُ هُودٌ شُعَيْبٌ صَالِحٌ وَكَذَا ** ذُو الْكِفْلِ آدَمُ بِالْمُخْتَارِ قَدْ خُتِمُوا)

La parole du versificateur « **Il est inévitable** » est un élément énonciatif (*khabar*), mais qui a été placé au début. Et « **de connaître** » est un inchoatif (*mubtada'*), mais qui a été placé à la fin.

Sa parole : « **Il en est connu de notre preuve** » signifie : nous avons connu vingt-cinq (25) dans le Coran cependant dans la sourate « les bestiaux » il y en a dix-huit (18) dedans.

Cela renvoie à Sa parole, exalté soit-Il : ﴿ **Tel est l'argument que Nous inspirâmes à *Ibrāhīm* contre son peuple. Nous élevons en haut rang qui Nous voulons. Ton Seigneur est Sage et Omniscient. Et Nous lui avons octroyés *Isḥāq* et *Ya'qūb* et Nous les avons guidés tous les deux. Et *Nūḥ*, Nous l'avons guidé auparavant, et parmi sa descendance, *Dāwūd*, *Sulaymān*, *Ayyūb*, *Yūsuf*, *Mūsā* et *Hārūn*. Et c'est ainsi que Nous récompensons les bienfaisants.** ﴾ [S.6/V.83-84]

Allāh, exalté soit-Il, a mentionné ici dix-huit prophètes sans ordre particulier ni en prenant compte l'époque ou le mérite. Cependant, il y a une subtilité qui répond ici à cet ordre qui est qu'*Allāh* a mentionné en premier *Nūḥ* puis *Ibrāhīm* puis *Isḥāq* puis *Ya'qūb* puisqu'ils sont **les piliers des prophètes**.

Après quoi, les rangs considérés après la prophétie :

- Dans la **royauté, puissance et souveraineté** : *Allāh* a octroyé a *Dāwūd* et *Sulaymān* la part complète
- Dans **la patience lors de la descente des fléaux, épreuves et difficultés,** *Allāh* a particularisé *Ayyūb*.

فَقَوْلُ النَّاظِمِ "**حَتْمٌ**": خَبَرٌ مُقَدَّمٌ، وَ"**مَعْرِفَةٌ**": مُبْتَدَأٌ مُؤَخَّرٌ.

وَقَوْلُهُ: "**قَدْ عُلِمُوْا فِيْ تِلْكَ حُجَّتُنَا**"؛ أَيْ: قَدْ عُلِمَ الْأَنْبِيَاءُ الْخَمْسَةُ وَالْعُشْرُوْنَ فِيْ الْقُرْآنِ. لَكِنْ فِيْ سُوْرَةِ الْأَنْعَامِ ثَمَانِيَةَ عَشَرَ مِنْهُمْ.

وَذَلِكَ قَوْلُهُ تَعَالَىْ: ﴿ **وَتِلْكَ حُجَّتُنَا آتَيْنَاهَا إِبْرَاهِيْمَ عَلَىٰ قَوْمِهِ نَرْفَعُ دَرَجَاتٍ مَنْ نَشَاءُ إِنَّ رَبَّكَ حَكِيْمٌ عَلِيْمٌ * وَوَهَبْنَا لَهُ إِسْحَاقَ وَيَعْقُوْبَ كُلًّا هَدَيْنَا وَنُوْحًا هَدَيْنَا مِنْ قَبْلُ وَمِنْ ذُرِّيَّتِهِ دَاوُدَ وَسُلَيْمَانَ وَأَيُّوْبَ وَيُوْسُفَ وَمُوْسَىٰ وَهَارُوْنَ وَكَذَلِكَ نَجْزِي الْمُحْسِنِيْنَ** ﴾

فَاللهُ تَعَالَىْ ذَكَرَ هُنَا ثَمَانِيَةَ عَشَرَ نَبِيًّا مِنْ غَيْرِ تَرْتِيْبٍ، لَا بِحَسَبِ الزَّمَانِ، وَلَا بِحَسَبِ الْفَضْلِ. وَلَكِنْ هُنَا لَطِيْفَةٌ أَوْجَبَتِ التَّرْتِيْبَ هُنَا، وَهِيَ أَنَّ اللهَ ذَكَرَ أَوَّلًا نُوْحًا، وَإِبْرَاهِيْمَ، وَإِسْحَاقَ، وَيَعْقُوْبَ؛ لِأَنَّهُمْ **أُصُوْلُ الْأَنْبِيَاءِ**.

ثُمَّ مِنَ الْمَرَاتِبِ الْمُعْتَبَرَةِ بَعْدَ النُّبُوَّةِ:

- **الْمُلْكُ، وَالْقُدْرَةُ، وَالسُّلْطَانُ**. وَقَدْ أَعْطَى اللهُ دَاوُدَ وَسُلَيْمَانَ مِنْ ذَلِكَ حَظًّا وَافِرًا.
- ثُمَّ مِنَ الْمَرَاتِبِ **الصَّبْرُ عِنْدَ نُزُوْلِ الْبَلَاءِ، وَالْمِحَنِ، وَالشَّدَائِدِ**. وَقَدْ خَصَّ اللهُ بِهَذِهِ أَيُّوْبَ.

- Puis *Allāh* a rassemblé ces deux rangs **afin de les réunir** chez *Yūsuf* puisqu'il a patienté face aux fléaux et aux difficultés jusqu'à ce qu'*Allāh* lui accorde le royaume d'Égypte ainsi que la prophétie.
- Dans le mérite des prophètes vis-à-vis de la **multiplicité des miracles** ainsi que des preuves, *Allāh* a octroyé *Mūsā* et *Hārūn* la part complète.
- Dans **l'ascétisme de ce bas-monde**, *Allāh* a particularisé de cela *Yaḥyā*, *ʿĪsā* et *Ilyās*.

Puis, *Allāh* mentionne après ceux-là, **ceux qui n'ont pas eu de suiveurs et de législation** qui sont : *Ismāʿīl*, *al-Yasaʿ*, *Yūnus* et *Lūṭ*. Lorsqu'on considère cette subtilité, alors cet agencement est excellent. Et *Allāh* sait mieux.

La parole du versificateur « **et il en reste ensuite sept** » c'est-a-dire qu'il reste des vingt-cinq (25), après les dix-huit (18) mentionnés, sept (7) qui sont mentionnés dans différents endroits du Glorieux Coran et c'est pour cela qu'il les a mentionnés.

Sa parole : « **ils ont été clôturés par le Choisi** » c.-à-d. que les prophètes et messagers ont été clôturés par le Prophète Choisi sur toutes les créatures, qui n'est autre que notre maître *Muḥammad* (ﷺ).

- ثُمَّ يُعْطَفُ عَلَىٰ هَاتَيْنِ الْمَرْتَبَتَيْنِ مَنْ **جَمَعَ بَيْنَهُمَا**، وَهُوَ يُوْسُفُ. فَإِنَّهُ صَبَرَ عَلَىٰ الْبَلَاْءِ وَالشِّدَّةْ، حَتَّىٰ أَعْطَاْهُ اللهُ مُلْكَ مِصْرَ مَعَ النُّبُوَّةِ.
- ثُمَّ مِنَ الْمَرَاْتِبِ الْمُعْتَبَرَةِ فِيْ فَضْلِ الْأَنْبِيَاْءِ **كَثْرَةُ الْمُعْجِزَاْتِ، وَكَثْرَةُ الْبَرَاْهِيْنِ**. وَقَدْ خَصَّ اللهُ مُوْسَىٰ وَهَاْرُوْنَ مِنْ تِلْكَ بِالْحَظِّ الْوَاْفِرِ.
- وَمِنَ الْمَرَاْتِبِ الْمُعْتَبَرَةِ **الزُّهْدُ فِيْ الدُّنْيَاْ**. وَقَدْ خُصَّ بِذَلِكَ زَكَرِيَّاْ، وَيَحْيَىٰ، وَعِيْسَىٰ، وَإِلْيَاْسَ.

ثُمَّ ذَكَرَ اللهُ بَعْدَ هَؤُلَاْءَ، **مَنْ لَمْ يَبْقَ لَهُ أَتْبَاْعٌ، وَلَاْ شَرِيْعَةٌ**. وَهُمْ: إِسْمَاْعِيْلُ، وَاليَسَعُ، وَيُوْنُسُ، وَلُوْطُ. فَإِذَاْ اِعْتَبَرْتَ هَذِهِ اللَّطِيْفَةَ، كَاْنَ هَذَاْ التَّرْتِيْبُ حَسَنًا، وَاللهُ أَعْلَمُ.

وَقَوْلُ النَّاْظِمِ: "**وَيَبْقَى سَبْعَةٌ**"؛ أَيْ: وَيَبْقَىٰ مِنَ الْخَمْسَةِ وَالْعِشْرِيْنَ بَعْدَ ثَمَاْنِيَةَ عَشَرَ سَبْعَةٌ، مَذْكُوْرَةٌ فِيْ مَوَاْضِعَ كَثِيْرَةٍ فِيْ الْقُرْآنِ الْعَظِيْمِ، وَلِذَلِكَ ذَكَرَهُمْ.

وَقَوْلُهُ: "**بِالْمُخْتَاْرِ قَدْ خُتِمُوْا**" الْجَاْرُ وَالْمَجْرُوْرُ مُتَعَلِّقٌ بِالْفِعْلِ، مَعَ حَذْفِ الْعَاْطِفِ؛ أَيْ: وَقَدْ خُتِمَ الْأَنْبِيَاْءُ وَالرُّسُلُ، بِالنَّبِيِّ الْمُخْتَاْرِ عَلَىٰ جَمِيْعِ الْخَلْقِ. وَهُوَ سَيِّدُنَاْ مُحَمَّدٌ، صَلَّىٰ اللهُ عَلَيْهِ وَسَلَّمَ.

La meilleure des créatures est donc notre **Prophète** (ﷺ), puis notre maître ***Ibrāhīm***, puis notre maître ***Mūsā***, puis notre maître ***ʿĪsā***, puis notre maître ***Nūḥ***. Ces cinq sont les « **détenteurs de résolution** (*ūlū al-ʿazm*) ».

Ensuite vient le reste des Messagers puis le reste des prophètes qui ne sont pas messager en fonction de leur rang auprès d'*Allāh*, exalté soit-Il.

Il est obligatoire de croire concernant la supériorité des uns selon ce qui s'accorde avec ce qui a été rapporté par la législation de manière détaillée dans ce qui est détaillé et de manière globale dans ce qui est global. Il est interdit d'attaquer ce sur quoi il n'a pas été rapporté dessus d'autorisation dans la Législation.

[5ème : Le mérite de certaines époques sur d'autres]

﴾ **Et parmi ce qui est obligatoire est que son époque** ﴿ (ﷺ) ﴾ **est la meilleure des époques. Puis que c'est l'époque qui vient après celle-ci, puis l'époque qui vient après cette dernière.** ﴿ C.-à-d. qu'il est obligatoire de croire que l'époque des compagnons (ﷺ) est la meilleure des époques postérieures et antérieures en dehors celle des Prophètes et des Messagers en raison de sa (ﷺ) parole : « **Certes *Allāh* a choisi mes compagnons sur le reste du monde excepté les prophètes et les messagers.** » [1]

---

[1] Rapporté par *al-Haythamī* dans « *Majmaʿ al-Zawāʾid* » (#16383)

فَأَفْضَلُ الْمَخْلُوْقَاتِ **نَبِيُّنَا**، ثُمَّ سَيِّدُنَاْ **إِبْرَاْهِيْمُ**، فَسَيِّدُنَاْ **مُوْسَىْ**، فَسَيِّدُنَاْ **عِيْسَىْ**، فَسَيِّدُنَاْ **نُوْحٌ**. وَهَؤُلَاْءِ الْخَمْسَةُ، هُمْ **أُوْلُوْ الْعَزْمِ**. ثُمَّ بَقِيَّةُ الرُّسُلِ، ثُمَّ بَقِيَّةُ الْأَنْبِيَاْءِ غَيْرُ الرُّسُلِ، مَعَ تَفَاْوُتِ مَرَاْتِبِهِمْ عِنْدَ اللهِ تَعَاْلَىْ.

فَالْوَاْجِبُ اِعْتِقَاْدُ أَفْضَلِيَّةِ الْأَفْضَلِ، عَلَىْ وُفْقِ مَاْ وَرَدَ بِهِ الْحُكْمُ، تَفْصِيْلًا فِيْ التَّفْصِيْلِيِّ، وَإِجْمَاْلًا فِيْ الْإِجْمَاْلِيِّ. وَيَمْتَنِعُ الْهُجُوْمُ فِيْمَاْ لَمْ يَرِدْ فِيْهِ إِذْنٌ مِنَ الشَّرْعِ.

[خَاْمِسًا: أَفْضَلِيَّةُ الْقُرُوْنِ بَعْضُهَاْ عَلَىْ بَعْضٍ]

(**وَمِمَّاْ يَجِبُ اِعْتِقَاْدُهُ أَيْضًا أَنَّ قَرْنَهُ**) صَلَّىْ اللهُ عَلَيْهِ وَسَلَّمَ (**أَفْضَلُ الْقُرُوْنِ، ثُمَّ الْقَرْنُ الَّذِيْ بَعْدَهُ، ثُمَّ الْقَرْنُ الَّذِيْ بَعْدَهُ**)؛ أَيْ: يَجِبُ أَنْ يُعْتَقَدَ أَنَّ أَصْحَاْبَهُ صَلَّىْ اللهُ عَلَيْهِ وَسَلَّمَ أَفْضَلُ الْقُرُوْنِ الْمُتَأَخِّرَةِ وَالْمُتَقَدِّمَةِ، مَاْ عَدَاْ الْأَنْبِيَاْءِ وَالرُّسُلِ، لِقَوْلِهِ صَلَّىْ اللهُ عَلَيْهِ وَسَلَّمَ: "**إِنَّ اللهَ اِخْتَاْرَ أَصْحَاْبِيْ عَلَىْ الْعَاْلَمِيْنَ، سِوَىْ النَّبِيِّيْنَ وَالْمُرْسَلِيْنَ**"[1].

---

[1] رَاوَهُ الْهَيْثَمِي في "مجمع الزاوئد" (16383#)

Et il est bien connu que le degré de celui qui l'a **accompagné longuement** (ﷺ), **combattu** avec lui, et **tué sous son drapeau**, soit préféré sur celui qui n'était pas ainsi, bien que l'honneur du "compagnonnage (*ṣuḥbah*)" soit accordé à tout le monde.

"L'époque (*qarn*)**"** : c'est les gens d'une seule temporalité partageant la même convergence de but dans une même affaire comme les compagnons. En effet, ils se sont liés dans le compagnonnage et ainsi de même pour ceux après eux : ils ont le lien de suiveur sur celui des compagnons.

"Le suiveur (*tābiʿī*)" : c'est celui qui s'est réuni avec un compagnon d'une réunion coutumière, sans qu'il n'y ait de condition que la **réunion soit longue** tout comme c'est le cas des compagnons avec le Prophète (ﷺ). De même, il n'y a pas la condition pour être 'suiveur' le fait d'atteindre **l'âge du discernement** tout comme ceci n'est pas une condition pour être 'compagnon'.

Le meilleur des successeurs est *Uways al-Qarnī* tout comme la meilleure des successeuses est *Ḥafṣah bt. Sīrīn* selon la divergence qu'il y a sur ce sujet.

Puis, le rang des **"suiveurs de ceux qui ont suivis"** succède celui de **"suiveur"** sans que ce ne soit d'une grande prévalence.

Le fondement de cela est sa parole (ﷺ) : « **La meilleure partie de ma communauté est mon époque, puis ceux qui viennent après, puis ceux qui viennent après.** » Son sens apparent est que ce qui est après les trois premières époques sont équivalent en termes de mérite comme il est rapporté dans le récit : « **Ma communauté est comme la pluie, on ne sait pas si le meilleur est à son début ou à sa fin** »[1].

[1] Rapporté par *al-Tirmidhī* (#2869)

وَلَاْ يَخْفَىْ تَرْجِيْحُ رُتْبَةُ مَنْ **لَاْزَمَهُ** صَلَّىْ اللهُ عَلَيْهِ وَسَلَّمَ، **وَقَاْتَلَ** مَعَهُ، **وَقُتِلَ تَحْتَ رَاْيَتِهِ** عَلَىْ مَنْ لَمْ يَكُنْ كَذَلِكَ. وَإِنْ كَاْنَ شَرَفُ الصُّحْبَةِ حَاْصِلًا لِلْجَمِيْعِ.

وَ"**الْقَرْنُ**": أَهْلُ زَمَاْنٍ وَاْحِدٍ مُتَقَاْرِبٍ، اِشْتَرَكُوْا فِيْ أَمْرٍ مِنَ الْأُمُوْرِ الْمَقْصُوْدَةِ، كَالصَّحَاْبَةِ، فَإِنَّهُمْ اِشْتَرَكُوْا فِيْ الصُّحْبَةِ، وَهَكَذَاْ مَنْ بَعْدُهُمْ. ثُمَّ إِنَّ رُتْبَةَ "**التَّاْبِعِيْنَ**" عَلَىْ رُتْبَةِ الصَّحَاْبَةِ.

وَ"**التَّاْبِعِيُّ**": مَن اِجْتَمَعَ بِالصَّحَاْبِيِّ اِجْتِمَاْعًا مُتَعَاْرَفًا. وَلَاْ يُشْتَرَطُ فِيْهِ **طُوْلُ الْاِجْتِمَاْعِ**، كَمَاْ فِيْ الصَّحَاْبِيِّ مَعَ النَّبِيِّ صَلَّىْ اللهُ عَلَيْهِ وَسَلَّمَ، وَلَاْ يُشْتَرَطُ **التَّمْيِيْزُ** فِيْ التَّاْبِعِيْنَ، كَمَاْ لَاْ يُشْتَرَطُ فِيْ الصَّحَاْبِيِّ.

وَأَفْضَلُ التَّاْبِعِيْنَ أُوَيْسُ الْقَرْنِيُّ، كَمَاْ أَنَّ أَفْضَلَ التَّاْبِعِيَّاْتِ حَفْصَةُ بِنْتُ سِيْرِيْنَ، عَلَىْ خِلَاْفٍ فِيْ الْمَسْأَلَةِ.

ثُمَّ إِنَّ رُتْبَةَ **أَتْبَاْعِ التَّاْبِعِيْنَ**، تَلِيْ رُتْبَةَ **التَّاْبِعِيْنَ** مِنْ غَيْرِ تَرَاْخٍ كَبِيْرٍ.

وَالْأَصْلُ فِيْ ذَلِكَ قَوْلُهُ صَلَّىْ اللهُ عَلَيْهِ وَسَلَّمَ: "**خَيْرُ أُمَّتِيْ الْقَرْنُ الَّذِيْنَ يَلُوْنِيْ، ثُمَّ الَّذِيْنَ يَلُوْنَهُمْ، ثُمَّ الَّذِيْنَ يَلُوْنَهُمْ**" وَظَاْهِرُهُ، أَنَّ مَاْ بَعْدَ الْقُرُوْنِ الثَّلَاْثَةِ سَوَاْءٌ فِيْ الْفَضِيْلَةِ، كَمَاْ وَرَدَ فِيْ الْحَدِيْثِ: "**مَثَلُ هَذِهِ الْأُمَّةِ مَثَلُ الْمَطَرِ، لَاْ يُدْرَىْ أَوَّلُهُ خَيْرٌ أَوْ آخِرُهُ**"[1].

---

[1] رَاوَهُ التِّرْمِذِي (#2869)

[6ème : Primauté de la nation de *Muḥammad* (ﷺ)]

Les gens de la *Sunnah* croient que la **communauté** de *Muḥammad* (ﷺ) est la **meilleure** de toutes les communautés. Et que les meilleurs d'entre eux sont ceux qui l'ont vu, ont cru en lui, ont attester de sa véracité, lui ont prêté allégeance, l'ont suivi, ont combattu à ses côtés, ont dépensés avec leur être et leurs biens, l'ont chéri et défendu.

Les meilleurs de cette époque sont les participants d'al-*Ḥudaybiyyah* qui sont ceux qui lui ont prêté allégeance d'une **"allégeance de satisfaction"**. Ils sont mille quatre cents (1400) hommes. Les meilleurs d'entre eux sont les participants d'*Uḥud* qui sont sept-cents (700) croyants et les meilleurs d'entre eux sont les participants de *Badr* qui sont trois cent treize (313) hommes.

Les meilleurs d'entre eux sont les quarante (40) habitants de « *Dār al-Khayzurān* » et les meilleurs sont les dix (10) dont le Prophète (ﷺ) leur a garanti le paradis qui sont : *Abū Bakr*, *ʿUmar*, *ʿUthmān*, *ʿAlī*, *Ṭalḥah*, *al-Zubayr*, *ʿAbd al-Raḥmān b. ʿAwf*, *Saʿd*, *Saʿīd* et *Abū ʿUbaydah b. al-Jarrāḥ*.

Les meilleurs d'entre les dix (10) sont les quatre (4) califes bien-guidés et élus. Les meilleurs d'entre eux suivent l'ordre du califat qui est une procuration du Prophète (ﷺ) pour l'intérêt général des musulmans. Le meilleur d'entre eux est donc *Abū Bakr* puis *ʿUmar* puis *ʿUthmān* puis *ʿAlī*.

[سَادِسًا: خَيْرِيَّةُ أُمَّةِ مُحَمَّدٍ صَلَّىْ اللهُ عَلَيْهِ وَسَلَّمَ]

وَيَعْتَقِدُ أَهْلُ السُّنَّةِ، أَنَّ **أُمَّةَ مُحَمَّدٍ** صَلَّىْ اللهُ عَلَيْهِ وَسَلَّمَ **خَيْرُ** الْأُمَمِ أَجْمَعِيْنَ. وَأَفْضَلُهُمْ أَهْلُ الْقَرْنِ الَّذِيْنَ شَاْهَدُوْهُ، وَآمَنُوْا بِهِ، وَصَدَّقُوْهُ، وَبَاْيَعُوْهُ، وَتَاْبَعُوْهُ، وَقَاْتَلُوْا بَيْنَ يَدَيْهِ، وَفَدُوْهُ بِأَنْفُسِهِمْ وَأَمْوَاْلِهِمْ، وَعَزَّرُوْهُ، وَنَصَرُوْهُ.

وَأَفْضَلُ هَذَاْ الْقَرْنِ أَهْلُ الْحُدَيْبِيَةِ، الَّذِيْنَ بَاْيَعُوْهُ **بَيْعَةَ الرُّضْوَاْنِ**، فَهُمْ أَلْفٌ وَأَرْبَعُمَاْئَةِ رَجُلٍ. وَأَفْضَلُهُمْ أَهْلُ أُحُدٍ، وَهُمْ سَبْعُمَاْئَةٍ مِنَ الْمُؤْمِنِيْنَ. وَأَفْضَلُهُمْ أَهْلُ بَدْرٍ، وَهُمْ ثَلَاْثُمَاْئَةٍ وَثَلَاْثَةَ عَشَرَ رَجُلًا.

وَأَفْضَلُهُمُ الْأَرْبَعُوْنَ، أَهْلُ دَاْرِ الْخَيْزُرَاْنِ. وَأَفْضَلُهُمْ الْعَشْرَةُ، الَّذِيْنَ شَهِدَ لَهُمْ النَّبِيُّ صَلَّىْ اللهُ عَلَيْهِ وَسَلَّمَ بِالْجَنَّةِ، وَهُمْ: أَبُوْ بَكْرٍ، وَعُمَرُ، وَعُثْمَاْنُ، وَعَلِيٌّ، وَطَلْحَةُ، وَالزُّبَيْرُ، وَعَبْدُ الرَّحْمَنِ بنُ عَوْفٍ، وَسَعْدٌ، وَسَعِيْدٌ، وَأَبُوْ عُبَيْدَةِ بنُ الْجَرَّاْحِ.

وَأَفْضَلُ هَؤُلَاْءِ الْعَشَرَةِ، الْخُلَفَاْءُ الرَّاْشِدُوْنَ، الْأَرْبَعَةُ الْأَخْيَاْرُ. وَأَفْضَلُهُمْ عَلَىْ حَسَبِ تَرْتِيْبِهِمْ فِيْ الْخِلَاْفَةِ، وَهِيَ: النِّيَاْبَةُ عَنِ النَّبِيِّ صَلَّىْ اللهُ عَلَيْهِ وَسَلَّمَ فِيْ عُمُوْمِ مَصَاْلِحِ الْمُؤْمِنِيْنَ. فَأَفْضَلُهُمْ أَبُوْ بَكْرٍ، ثُمَّ عُمَرُ، ثُمَّ عُثْمَاْنُ، ثُمَّ عَلِيٌّ.

Le califat de ces quatre a duré trente (30) ans, comme sa (ﷺ) parole : « **Le califat après moi sera de trente puis ce sera une royauté mordante.** »[1] C.-à-d. qui mord et qui étreint, car les rois feront du mal aux sujets à tel point qu'on penserait qu'ils les mordent véritablement. La signification est donc que la royauté sera étreignant et dure envers les sujets.

Le califat a été pris en charge après le Prophète (ﷺ) par *Abū Bakr* (ؓ) pendant deux (2) ans, trois (3) mois et dix (10) jours. Puis ʿ*Umar* (ؓ) s'en est chargé pendant dix (10) ans, puis ʿ*Uthmān* (ؓ) s'en est chargé douze (12) ans, puis ʿ*Alī* (ؓ) s'en est chargé six (6) ans. Et il a été dit : le temps déterminé par le Prophète (ﷺ) n'a été complété qu'avec le califat de *al-Ḥasan b. ʿAlī* (ؓ).

Puis, il a été pris en charge par *Muʿāwiyah b. Abī Sufyān* pendant dix-neuf (19) ans et *Muʿāwiyah* a dit : « Je suis le premier des rois. » Son califat est valide après la mort de ʿ*Alī* (ؓ) et après la rétractation de *al-Ḥasan b. ʿAlī* lui-même du califat en le soumettant à *Muʿāwiyah*.

Son califat a été mentionné dans la parole du Prophète (ﷺ) dans ce qui est rapporté de lui (ﷺ) disant : « **Le tissage de l'*Islām* durera 35, 36, ou 37 années.** »[2]

---

[1] Rapporté par *al-Tirmidhī* (#2226)
[2] Rapporté par *Abū Dāwūd* (#4254)

وَهَؤُلَاءِ الْأَرْبَعَةُ فِيْ مُدَّةِ الْخِلَافَةِ ثَلَاثُوْنَ سَنَةً، كَمَا قَالَ صَلَّىْ اللهُ عَلَيْهِ وَسَلَّمَ: **"الْخِلَافَةُ بَعْدِيْ ثَلَاثُوْنَ، ثُمَّ تَصِيْرُ مُلْكًا عَضُوْضًا"**[1] أَيْ: ذَا عَضٍّ، وَتَضْيِيْقٍ؛ لِأَنَّ الْمُلُوْكَ يُضِرُّوْنَ بِالرَّعِيَّةِ، حَتَّىْ كَأَنَّهُمْ يَعُضُّوْنَ عَضًّا، فَالْمُرَادُ أَنَّهُ ذُوْ تَضْيِيْقٍ، وَمَشَقَّةٍ عَلَىْ الرَّعِيَّةِ.

فَتَوَلَّىْ الْخِلَافَةِ بَعْدَ النَّبِيِّ صَلَّىْ اللهُ عَلَيْهِ وَسَلَّمَ أَبُوْ بَكْرٍ رَضِيَ اللهُ عَنْهُ سَنَتَيْنِ، وَثَلَاثَةَ أَشْهُرٍ، وَعَشَرَةَ أَيَّامٍ. وَتَوَلَّاهَا عُمَرُ رَضِيَ اللهُ عَنْهُ عَشْرًا. وَتَوَلَّاهَا عُثْمَانُ رَضِيَ اللهُ عَنْهُ اِثْنَتِيْ عَشْرَةَ. وَتَوَلَّاهَا عَلِيٌّ رَضِيَ اللهُ عَنْهُ سِتًّا. وَقِيْلَ: لَمْ تَكْمَلِ الْمُدَّةُ الَّتِيْ قَدَّرَهَا النَّبِيُّ صَلَّىْ اللهُ عَلَيْهِ وَسَلَّمَ إِلَّاْ بِخِلَافَةِ الْحَسَنِ بنِ عَلِيٍّ.

ثُمَّ تَوَلَّاهَا مُعَاوِيَةُ بنُ أَبِيْ سُفْيَانَ تِسْعَ عَشْرَةَ سَنَةً، وَقَالَ مُعَاوِيَةُ: أَنَا أَوَّلُ الْمُلُوْكِ. وَخِلَافَتُهُ صَحِيْحَةٌ بَعْدَ مَوْتِ عَلِيٍّ رَضِيَ اللهُ عَنْهُ، وَبَعْدَ خَلْعِ الْحَسَنِ بنِ عَلِيٍّ نَفْسَهُ عَنِ الْخِلَافَةِ، وَتَسْلِيْمِهَا إِلَىْ مُعَاوِيَةَ.

وَخِلَافَتُهُ مَذْكُوْرَةٌ فِيْ قَوْلِ النَّبِيِّ صَلَّىْ اللهُ عَلَيْهِ وَسَلَّمَ، وَهُوَ مَا رُوِيَ عَنِ النَّبِيِّ صَلَّىْ اللهُ عَلَيْهِ وَسَلَّمَ أَنَّهُ قَالَ: **"تَدُوْرُ رَحَىْ الْإِسْلَامِ خَمْسًا وَثَلَاثِيْنَ سَنَةً، أَوْ سِتًّا وَثَلَاثِيْنَ، أَوْ سَبْعًا وَثَلَاثِيْنَ"**[2].

---

[1] رَاوَهُ التِّرْمِذِي #2226

[2] رَاوَهُ أبو دَاوُد #4254

Ce qui est voulu par « tissage » dans le récit c'est la force dans la religion. Les cinq (5) années qui s'ajoutent aux trente (30) sont englobées dans le califat de *Mu῾āwiyah* jusqu'à la complétion des dix-neuf (19) années et quelques mois puisque la trentaine a été complétée par *῾Alī* (ﷺ).

[7ème : Ses enfants (ﷺ)]

﴿ **Et il faut** ﴾ c.-à-d. il est demandé, ﴿ **que les individus connaissent ses** (ﷺ) **enfants** ﴾, leur nombre et leur ordre de naissance puisqu'un individu se doit de connaître les maîtres de la communauté. ﴿ **Et ils sont** ﴾ i.e. les enfants ﴿ **sept** (7) **:** ﴾ trois (3) hommes et quatre (4) filles ﴿ **selon l'avis authentique.** ﴾ C'est l'avis de la majorité des spécialistes de la généalogie. *Al-Dāraquṭnī* a dit : « c'est ce qui est le plus établi. » :

1. ﴿ **Notre maître *al-Qāsim*** ﴾ et il (ﷺ) était connu comme étant « Père (*Abī*) de *al-Qāsim* » puisque c'est son premier enfant. Les savants ont explicité le fait qu'il est interdit a autre que lui (ﷺ) de porter ce patronyme que ce soit durant sa vie (ﷺ) ou après selon l'avis authentique[1]. Notre maître *al-Qāsim* n'a vécu que dix-sept (17) mois.

[1] C'est l'avis retenu chez les *Shāfi῾ītes*. Cependant, chez les *Mālikites* il est permis de s'appeler « *Abū al-Qāsim* » pour celui dont le nom est *Muḥammad* ou non. Pour eux, l'interdiction est spécifique au vivant du Prophète (ﷺ), mais que c'est permis après son décès, que le prénom de cette personne soit *Muḥammad* ou non.

وَالْمُرَادُ بِالرَّحَى فِيْ الْحَدِيْثِ: الْقُوَّةُ فِيْ الدِّيْنِ. وَالْخَمسُ سِنِيْنَ الْفَاضِلَةُ مِنَ الثَّلَاثِيْنَ، فَهِيَ مِنْ جُمْلَةِ خِلَافَةِ مُعَاوِيَةَ إِلَىْ تَمَامِ تِسْعَ عَشْرَةَ سَنَةٍ وَشُهُوْرٍ؛ لِأَنَّ الثَّلَاثِيْنَ كَمُلَتْ بِعَلِيٍّ رَضِيَ اللهُ عَنْهُ.

[سَابِعًا: أَوْلَادُهُ صَلَّىْ اللهُ عَلَيْهِ وَسَلَّمَ]

(وَيَنْبَغِيْ)؛ أَيْ: يُطْلَبُ **(لِلْشَخْصِ أَنْ يَعْرِفَ أَوْلَادَهُ صَلَّىْ اللهُ عَلَيْهِ وَسَلَّمَ)** عِدَّةً، وَتَرْتِيْبًا فِيْ الْوِلَادَةِ؛ لِأَنَّهُ يَنْبَغِيْ لِلْشَخْصِ أَنْ يَعْرِفَ سَادَاتَ الأُمَّةِ. **(وَهُمْ)** أَيْ: الْأَوْلَادُ **(سَبْعَةٌ)**. ثَلَاثَةٌ ذُكُوْرٌ، وَأَرْبَعَةٌ إِنَاثٌ **(عَلَىْ الصَّحِيْحِ)**، وَهُوَ قَوْلُ أَكْثَرِ أَهْلِ النَّسَبِ، وَقَالَ الدَّارَقُطْنِيُّ: « هُوَ الْأَثْبَتُ ».

1. **(سَيِّدُنَا الْقَاسِمُ)**: وَكَانَ صَلَّىْ اللهُ عَلَيْهِ وَسَلَّمَ مُشْتَهِرًا بِأَبِيْ الْقَاسِمِ؛ لِأَنَّهُ أَوَّلُ أَوْلَادِهِ. وَقَدْ نَصَّ الْعُلَمَاءُ عَلَىْ أَنَّهُ: يَحْرُمُ عَلَىْ غَيْرِهِ -صَلَّىْ اللهُ عَلَيْهِ وَسَلَّمَ- التَّكَنِّيْ بِذَلِكَ. سَوَاءٌ مُدَّةَ حَيَاتِهِ -صَلَّىْ اللهُ عَلَيْهِ وَسَلَّمَ- وَبَعْدَهَا، عَلَىْ الصَّحِيْحِ[1]. وَقَدْ عَاشَ سَيِّدُنَا الْقَاسِمُ سَبْعَةَ عَشَرَ شَهْرًا.

[1] هَذَا الْمُعْتَمَد عِنْدَ الشَّافِعِيَّة. وَمَذْهَب الْمَالِكِيَّة أَنَّهُ يَجُوزُ التكني أَبِي الْقَاسِم لِمَنْ اسمه مُحَمَّد وَلِغَيْرِه، وَيُجْعَل النَّهي خَاصًّا بِحَيَاةِ النَّبِيِّ صَلَى اللهُ عَلَيْهِ وَسَلَّمَ.

2. ﴾ **Notre dame *Zaynab*** ﴿ qui est née après *al-Qāsim*. Elle a vécu durant l'*Islām* et a émigrée. Elle est la plus grande de ses (ﷺ) filles selon l'avis le plus authentique.
3. ﴾ **Notre dame *Ruqayyah*** ﴿ qui était d'une beauté éblouissante. Elle est décédée alors que le Prophète (ﷺ) était à *Badr*. Lorsqu'on lui présenta les condoléances, il dit : **« Louange a *Allāh*, nous avons enterré des filles parmi les personnes honorables. »**[1]
4. ﴾ **Notre dame *Fāṭimah*** ﴿ [2] et on l'a appelé ainsi, car *Allāh*, exalté soit-Il, l'a sevrée ainsi que sa descendance de l'enfer…

---

[1] Rapporté par *al-Ṭabarānī* dans « *al-Awsaṭ al-Kabīr* ».

[2] Le Pôle Caché *Sīdī Aḥmad al-Tijānī*, qu'*Allāh* l'agrée, a dit comme mentionné dans « *Jawāhir al-Maʿānī* » : « Un jour, le Prophète (ﷺ), a dit à *ʿAlī*, à l'occasion de son mariage avec sa fille *Fāṭimah* : « **Je te déclare mari de la meilleure dame du monde** ». […] Les propos des savants ont été controversés en ce qui concerne la préférence de *Faṭimah* par rapport à *ʿĀ'ishah* ou l'inverse. Chaque groupe a un penchant vers l'une des deux femmes […]. L'*Imām Mālik* (رضي الله عنه) a dit : « Quant à moi, je ne préfère rien à la descendance du Prophète (ﷺ). »

Il y a un groupe de gnostiques qui se sont mis d'accord pour affirmer par voie de levée de voile et non pas par voie classique, que *Faṭimah* a atteint, après le décès de son père (ﷺ), le rang de Pôle. C'est ainsi que *Faṭimah* est tellement plus importante qu'il ne peut y avoir de comparaison entre elle et *ʿĀ'ishah*. *Allāh* a dit : ﴾ ***Le plus noble d'entre vous, auprès d'Allāh, est le plus pieux*** ﴿ [S.49/V.13]………..=

2. (**وَسَيِّدَتُنَا زَيْنَبُ**): فَهِيَ بَعْدَ الْقَاسِمِ فِي الْوِلَادَةِ. أَدْرَكَتِ الْإِسْلَامَ، وَهَاجَرَتْ. وَهِيَ أَكْبَرُ بَنَاتِهِ صَلَّى اللهُ عَلَيْهِ وَسَلَّمَ عَلَى الْأَصَحِّ.

3. (**وَسَيِّدَتُنَا رُقَيَّةُ**): كَانَتْ ذَاتَ جَمَالٍ، وَمَاتَتْ وَالنَّبِيُّ صَلَّى اللهُ عَلَيْهِ وَسَلَّمَ فِي بَدْرٍ، وَلَمَّا عُزِّيَ بِهَا قَالَ: "**الْحَمْدُ للهِ، دَفْنُ الْبَنَاتِ مِنَ الْمَكْرُمَاتِ**"[1]

4. (**وَسَيِّدَتُنَا فَاطِمَةُ**[2]): وَسُمِّيَتْ فَاطِمَةُ؛ لِأَنَّ اللهَ تَعَالَى قَدْ فَطَمَهَا وَذُرِّيَّتَهَا عَنِ النَّارِ........

---

[1] رَوَاه الطَّبَرَانِي فِي "الْأَوْسَط الْكَبِير".

[2] قَالَ الْقُطْبُ الْمَكْتُوم سَيِّدِي أَحْمَد التِّجَانِي رَضِيَ اللهُ عَنْهُ كَمَا هَذَا مَذْكُور فِي كِتَاب جَوَاهِر الْمَعَانِي : وَقَدْ قَالَ يَوْمًا لِعَلِيٍّ رَضِيَ اللهُ عَنْهُ ، بَعْدَمَا عَقَدَ لَهُ عَلَى فَاطِمَةَ، قَالَ لَهُ : « **زَوَّجْتُكَ سَيِّدَةَ نِسَاءِ الْعَالَمِينَ** » [...]. وَقَدْ تَعَارَضَتْ أَقَاوِيلُ الْعُلَمَاءِ فِي التَّفْضِيلِ فِيمَا بَيْنَ فَاطِمَةٍ وَعَائِشَةٍ، كُلُّ طَائِفَةٍ مَالَتْ إِلَى تَفْضِيلِ إِحْدَاهُنَّ [...]، وَقَدْ قَالَ مَالِكٌ رَضِيَ اللهُ تَعَالَى عَنْهُ : أَمَّا أَنَا فَلَا **أُفَضِّلُ** أَحَدًا عَلَى بِضْعَتِهِ صَلَّى اللهُ عَلَيْهِ وَسَلَّمَ. مَعَ كَوْنِ جَمَاعَةٍ مِنَ الْعَارِفِينَ أَجْمَعُوا مِنْ طَرِيقِ الْكَشْفِ، لَا مِنْ طَرِيقِ السَّمْعِ، عَلَى أَنَّ فَاطِمَةَ أَدْرَكَتْ مِنْ بَعْدِ أَبِيهَا صَلَّى اللهُ عَلَيْهِ وَسَلَّمَ مَرْتَبَةَ الْقُطْبَانِيَّةِ الْعُظْمَى، وَحَيْثُ كَانَ الْأَمْرُ هَكَذَا فَلَا نِسبَةَ بَيْنَ فَاطِمَةَ وَعَائِشَةَ. قَالَ سُبْحَانَهُ وَتَعَالَى : **إِنَّ أَكْرَمَكُمْ عِنْدَ اللهِ أَتْقَاكُمْ**..................=

= Il n'existe pas, au sein de tous les êtres créés par *Allāh* d'une manière générale et absolue, celui qui peut arriver à un pour mille de la pureté du Pôle des Pôles, bien qu'il excelle dans les plus hauts niveaux.

Ceci bien sûr en dehors du rang des prophètes, et celui des anges. Le Pôle des Pôles est toujours le meilleur de la communauté musulmane. Ceci est valable en toute époque. Il est à noter que les "clés des trésors" (un rang spirituel) peuvent faire exception de cette règle. Le pôle est supérieur à eux dans certaines choses, et eux sont meilleurs dans d'autres. Si vous comprenez ceci, vous saurez donc que *Faṭimah* est certainement préférable à *'Ā'ishah*, à *Maryam* et à *Āsiyah*. Les raisons pour lesquelles elle a pu atteindre ce rang du grand pôle, contrairement aux autres femmes, sont les suivantes : elle n'a jamais eu de menstruation et elle a hérité du rang de la perfection de son père, ce qu'aucune femme ne peut espérer obtenir.

C'est pour cela qu'elle a atteint le rang de pôle. Le pôle est le maître de l'univers à son époque, sauf en ce qui concerne les "clés des trésors".

Quant au fait qu'elle n'a jamais eu de menstruation, ceci est dû à la composition du sperme qui était à l'origine de sa naissance. En effet, son père (ﷺ) avait mangé une pomme du paradis avant de s'accoupler avec sa mère. Ce sperme avait été donc formé à partir de cette pomme. C'est pour cela que le prophète a dit à son propos : « **Elle est une houri humaine** ». C'est une houri parce qu'elle n'a pas été créée à partir de la terre dont la matière forme le corps d'Adam et de sa descendance. La substance du sperme de son père est plutôt formée des secrets du Paradis et de ses significations à partir desquels *Allāh* a créé les houris. Sa pureté a donc été parfaite, sans qu'elle soit tachetée d'états humains qui arrivent souvent aux femmes. C'est ainsi qu'elle est devenue une houri humaine et qu'elle a atteint le plus haut rang, entre les mains du Vrai. Elle n'est donc dépassée que par la prophétie. *'Ā'ishah* et les autres femmes n'ont aucun espoir d'atteindre ce niveau. Vous comprenez donc pourquoi *Fāṭimah* est la meilleure de toutes les femmes vertueuses du monde. »

= وَلَيْسَ فِي خَلْقِ اللهِ عَزَّ وَجَلَّ كُلِّهَا عُمُومًا وَإِطْلَاقاً مِنْ بَعْدِ الْأَنْبِيَاءِ مِنَ الْبَشَرِ وَالْمَلَائِكَةِ مَنْ يَتَأَتَّى مِنْهُ أَنْ يَصِلَ إِلَى مِقْدَارِ أَلْفِ جُزْءٍ مِنْ تَقْوَى قُطْبِ الْأَقْطَابِ وَلَوْ بَلَغَ مَا بَلَغَ. فَهُوَ أَفْضَلُ جَمَاعَةِ الْمُسْلِمِينَ فِي كُلِّ عَصْرٍ إِلَّا مَا كَانَ مِنْ مَفَاتِيحِ الْكُنُوزِ فَهُوَ أَفْضَلُ مِنْهُمْ فِي أُمُورٍ وَهُمْ أَفْضَلُ مِنْهُ فِي أُمُورٍ، فَإِذَا تَعَقَّلْتَ هَذَا فَفَاطِمَةُ أَفْضَلُ مِنْ عَائِشَةَ قَطْعًا وَمَرْيَمٍ وَآسِيَةٍ.

وكَوْنُهَا رَضِيَ اللهُ عَنْهَا أَدْرَكَتْ الْقُطْبَانِيَّةَ دُونَ سَائِرِ النِّسَاءِ لِكَوْنِهَا لَا تَحِيضُ وَمِنْ كَوْنِهَا أُعطِيَتْ مِنْ مَرْتَبَةِ الْكَمَالِ مِنْ أَبِيهَا مَا لَا مَطْمَعَ فِيهِ لِلنِّسَاءِ، فَلِذَلِكَ أَدْرَكَتِ الْقُطْبَانِيَّةَ. وَالْقُطْبُ سَيِّدُ الْوُجُودِ فِي كُلِّ عَصْرٍ إِلَّا مَا كَانَ مِنْ مَفَاتِيحِ الْكُنُوزِ. وَسَبَبُ عَدَمِ حَيْضَتِهَا أَنَّ تَكْوِينَ نُطْفَتِهَا الَّتِي تَكَوَّنَتْ فِي صُلْبِهِ صَلَّى اللهُ تَعَالَى عَلَيْهِ وَسَلَّمَ تَكَوَّنَتْ مِنْ أَكْلِهِ تُفَّاحَةً مِنْ تُفَّاحِ الْجَنَّةِ، فَلِذَا قَالَ فِيهَا أَبُوهَا : هِيَ حَوْرَاءُ آدَمِيَّةٌ، وَكَوْنُهَا حَوْرَاءَ لِأَنَّهَا لَمْ تُخْلَقْ مِنْ فَضَلَاتِ التُّرَابِ الَّتِي مَادَّتُهَا سَارِيَةٌ فِي جَسَدِ آدَمٍ عَلَيْهِ السَّلَامُ إِلَى سَائِرِ بَنِيهِ، فَإِنَّمَا كَانَتْ مَادَّةَ نُطْفَتِهَا مِنْ مَعَانِي الْجَنَّةِ وَأَسْرَارِهَا الَّتِي خَلَقَ اللهُ مِنْهَا الْحُورَ فَكَمُلَتْ طَهَارَتُهَا مِنْ مُلَابَسَةِ أَحْوَالِ الْبَشَرِيَّةِ الَّتِي تُلَابِسُ النِّسَاءَ فَكَانَتْ بِذَلِكَ حَوْرَاءَ آدَمِيَّةً، وَبِذَلِكَ وَصَلَتْ الْمَرْتَبَةَ الْعُلْيَا بَيْنَ يَدَيِ الْحَقِّ سُبْحَانَهُ وَتَعَالَى الَّتِي لَيْسَ فَوْقَهَا إِلَّا النُّبُوَّةُ. وَعَائِشَةُ وَغَيْرُهَا لَا مَطْمَعَ لَهُنَّ فِي هَذَا. فَبَانَ لَكَ حِينَئِذٍ أَنَّهَا أَفْضَلُ مِنْ جَمِيعِ النِّسَاءِ الْفَاضِلَاتِ.

le Jour de la Résurrection[1]..

[1] Le Pôle Caché *Sidi Aḥmad al-Tijānī*, qu'*Allāh* l'agrée, a dit, comme rapporté par son disciple *Moulay al-Ṭayyib al-Sufyānī* dans son livre « *al-Ifādah al-Aḥmadiyyah* » :

« Les désobéissants parmi les descendants du Prophète (ﷺ) seront traités de la même manière que les gens de *Badr*. On leur dira : 'Faites ce que vous voulez, Je vous ai accordé mon pardon.' Quant à ceux d'entre eux à qui *Allāh* a accordé le succès, personne ne pourra rivaliser avec eux. C'est la doctrine des savants authentificateurs. »

L'érudit *Sidi Aḥmad SKIREDJ* a dit dans son livre « *Ṭuruq al-Manfa'ah* » : « L'*Imām Ibn 'Arabī* a écrit ces vers dans son livre « *Futūḥāt* » :

Ne considérez personne au même pied qu'un descendant du Prophète.
Sa descendance est celle qui est digne la suprématie.
Si quelqu'un les haït, cela montre sa perte évidente.
S'il les aime, son amour est un acte d'adoration.

Nul doute que si le morceau Mohammadien, c'est-à-dire que si nos maîtres les Chérifs ont commis des péchés et se sont salis d'imperfections, sachant qu'ils ne sont pas infaillibles, ils seront considérés comme de l'or pur. Cet or reste précieux et valeureux même s'il tombe dans les ordures. Il est en lui parfait et vertueux. [...] Voilà pourquoi il est important que tout individu qui craint pour sa propre personne affermisse ses pas avant d'avancer dans ce domaine. Les péchés qu'ils perpètrent ne doivent pas constituer des voiles qui empêchent de les aimer avec sincérité. [...]

Allāh, le Très-Haut, va leur accorder le succès pour qu'ils se repentent avant leurs morts, conformément à ce que nous avons dit. Il a été dit également qu'*Allāh*, le Très-Haut, les a honorés par le fait de ne rien leur reprocher. En effet, tout ce qu'ils perpètrent ne peut jamais atteindre le degré de l'infidélité, car il n'est pas possible auprès de Celui qui les aime qu'un seul d'entre eux ne meure mécréant. Le morceau Mohammadien est en effet un morceau de lumière qui ne peut point être éteint par l'obscurité de l'infidélité. La foi y est instinctive, et l'honneur y est intrinsèque, contrairement à d'autres qu'eux. »

يَوْمَ الْقِيَامَةِ[1] ....

[1] قَالَ الْقُطْبُ الْمَكْتُومُ سَيِّدِي أَحْمَد التِّجَانِي رَضِيَ اللهُ عَنْهُ كَمَا رَاوَهُ تِلْمِيذِهِ مُولَايَ سَيِّدِي الطَّيِّب السُّفْيَانِي فِي كِتَابِهِ الْإِفَادَةُ الْأَحْمَدِيَّةُ : عُصَاةُ أَهْلِ الْبَيْتِ يُسْلَكُ بِهِمْ مَسْلَكَ أَهْلِ بَدْرٍ، يُقَالُ لَهُمْ اعْمَلُوا مَا شِئْتُمْ قَدْ غَفَرْتُ لَكُمْ، وَالْمُوَفَّقُونَ مِنْهُمْ لَا يَلْحَقُهُمْ أَحَدٌ.

وَقَالَ الْعَلّامَة أَحْمَد سُكَيْرِج فِي كِتَالِبِهِ طُرُقُ الْمَنْفَعَهْ : وَمِمَّا أَنْشَدَهُ الْإِمَامُ ابْنُ عَرَبِي فِي فُتُوحَاتِهِ :

فَلَا تَعْدِلْ بِأَهْلِ الْبَيْتِ خَلْقاً فَآلُ الْبَيْتِ هُمْ أَهْلُ السَّيَادَةْ
فَبُعْضُهُمْ مِنَ الْإِنْسَانِ خُسْرٌ حَقِيقِيٌّ وَحُبُّهُمْ عِبَادَةْ

وَلَا شَكَّ أَنَّ الْبِضْعَةَ الْمُحَمَّدِيَّةَ وَهُمْ سَادَتُنَا آلُ الْبَيْتِ، وَلَوْ صَدَرَتْ مِنْهُمْ الذُّنُوبُ، وَتَلَطَّخُوا بِعُيُوبٍ، لَيْسُوا بِمَعْصُومِينَ، فَيَتَنَزَّلُونَ مَنْزِلَ الذَّهَبِ الْإِبْرِيزِ، لَا يَزَالُ عَلَى نَفَاسَتِهِ، وَرَفْعِ قِيمَتِهِ، وَلَوْ طُرِحَ فِي الْمَزَابِلِ، لِأَنَّهُ فِي حَدِّ ذَاتِهِ كَامِلٌ فَاضِلٌ (...) وَلِهَذَا يَتَعَيَّنُ عَلَى الْمُشْفِقِ عَلَى نَفْسِهِ أَنْ يَتَثَبَّتَ فِي هَذَا الْمَقَامِ، وَأَنْ لَا يَحْجُبَهُ عَنْ صِدْقِ مَحَبَّةِ آلِ الْبَيْتِ مَا يَقَعُ مِنْهُمْ مِنْ ذُنُوبٍ وَآثَامٍ. (...)

أَنَّ اللهَ تَعَالَى يُوَفِّقُهُمْ لِلتَّوْبَةِ قَبْلَ الْمَوْتِ طِبْقَ مَا قُلْنَاهُ، وَقِيلَ إِنَّهُ تَعَالَى شَرَّفَهُمْ بِعَدَمِ الْمُؤَاخَذَةِ بِمَا يَصْدُرُ مِنْهُمْ، لِأَنَّ غَايَةَ مَا يَصْدُرُ مِنْهُمْ لَا يَبْلُغُ بِهِمْ لِمَرْتَبَةِ الْكُفْرِ، لِأَنَّهُ لَا يُمْكِنُ عِنْدَ مُحِبِّهِمْ أَنْ يَمُوتَ وَاحِدٌ مِنْهُمْ عَلَى الْكُفْرِ، لِأَنَّ الْبِضْعَةَ الْمُحَمَّدِيَّةَ قِطْعَةُ نُورٍ لَا تَنْطَفِئُ بِظُلْمَةِ الْكُفْرِ، فَالْإِيمَانُ فِيهَا غَرِيزِيٌّ وَالشَّرَفُ ذَاتِي، بِخِلَافِ ذَلِكَ فِي حَقِّ غَيْرِهِمْ.

Elle était la plus aimée de sa (ﷺ) famille. Lorsqu'il souhaitait voyager, elle était la dernière qu'il quittait et lorsqu'il rentrait, elle était la première qu'il allait voir. Et il n'eut de lignée qu'à travers elle et c'est d'elle que sont apparu sa descendance via les deux petits-fils par la fille : *al-Ḥasan* (ؓ) et *al-Ḥusayn* (ؓ).

5. ❦ **Notre dame *Umm Kulthūm*** ❧ et elle est connu avec ce patronyme et on ne lui connaît pas de prénom. Elle est décédée en l'an 9 de l'hégire. Il a été rapporté qu'il (ﷺ) s'était assis sur la tombe et quelques larmes coulaient. Il dit : « Y a-t-il parmi vous quelqu'un qui n'a pas eu de rapport cette nuit ? » Alors *Abū Ṭalḥah* dit : « Moi ! » Il lui dit : « Descends dans sa tombe » et c'est ce qu'il fit.

6. ❦ **Notre maître ʿAbdullāh qui était surnommé « le pur » et « le purifié »** ❧ et il a aussi été dit que c'était le nom de deux personnes sans que l'on compte ʿAbdullāh parmi eux, ce qui ferait au total huit (8) enfants. Et il a aussi été dit qu'en rajoutant ʿAbdullāh, le total serait neuf (9) enfants.

7. ❦ **Notre maître *Ibrāhīm*.** ❧ Il est rapporté que la nuit de sa naissance, il (ﷺ) a dit : « **Un enfant m'est né cette nuit et je l'ai nommé du nom de mon père *Ibrāhīm*.** »[1] On extrait aussi de cela la légifération de nommer l'enfant lors de la naissance. Quant au récit ordonnait de nommer l'enfant le septième jour, ce qui est voulu c'est qu'il ne faut pas le retarder au-delà puisque cela ne se fait que durant ce moment-là. Par conséquent la légifération commence à partir de la naissance et dure jusqu'au septième jour.

---

[1] Rapporté *Abū Dāwūd* (#3126).

فَكَانَتْ أَحَبَّ أَهْلِهِ صَلَّىْ اللهُ عَلَيْهِ وَسَلَّمَ إِلَيْهِ. وَكَاْنَ إِذَاْ أَرَاْدَ سَفَرًا، يَكُوْنُ آخِرَ عَهْدِهِ بِهَاْ. وَإِذَاْ قَدِمَ، كَاْنَتْ أَوَّلَ مَاْ يَدْخُلُ عَلَيْهَاْ. وَلَمْ يَكُنْ لَهُ صَلَّىْ اللهُ عَلَيْهِ وَسَلَّمَ عَقِبٌ إِلَّاْ مِنْهَاْ. فَانْتَشَرَ نَسْلُهُ مِنْهَاْ مِنْ جِهَةِ السِّبْطَيْنِ، الْحَسَنُ وَالْحُسَيْنُ رَضِيَ اللهُ عَنْهُمَاْ.

5. **(وَسَيِّدَتُنَاْ أُمُّ كُلْثُوْمٍ)**: إِنَّمَاْ تُعْرَفُ بِهَذِهِ الْكُنْيَةِ، فَلَاْ يُعْرَفُ لَهَاْ اِسْمٌ. وَمَاْتَتْ سَنَةَ تِسْعٍ مِنَ الْهِجْرَةِ. وَرُوِيَ أَنَّهُ صَلَّىْ اللهُ عَلَيْهِ وَسَلَّمَ جَلَسَ عَلَىْ الْقَبْرِ، وَعَيْنَاْهُ تَذْرِفَاْنِ، وَقَاْلَ: "هَلْ فِيْكُمْ مِنْ أَحَدٍ، لَمْ يُجَاْمِعِ اللَّيْلَةَ؟"، فَقَاْلَ أَبُوْ طَلْحَةَ: أَنَاْ، فَقَاْلَ: "اِنْزِلْ قَبْرَهَاْ"، فَنَزَلَ.

6. **(وَسَيِّدُنَاْ عَبْدُ اللهِ: وَهُوَ الْمُلَقَّبُ بِالطَّيِّبِ، وَالطَّاْهِرِ)**. وَقِيْلَ: هُمَاْ اِسْمَاْنِ لِشَخْصَيْنِ، بِإِسْقَاْطِ عَبْدِ اللهِ، فَجُمْلَةُ أَوْلَاْدِهِ ثَمَاْنِيَةٌ. وَقِيْلَ: كَذَلِكَ مَعَ زِيَاْدَةِ عَبْدِ اللهِ، فَهُمْ تِسْعَةٌ.

7. **(وَسَيِّدُنَاْ إِبْرَاْهِيْمُ)**: رُوِيَ أَنَّهُ -صَلَّىْ اللهُ عَلَيْهِ وَسَلَّمَ- قَاْلَ لَيْلَةَ وِلَاْدَتِهِ: "**وُلِدَ لِيْ اللَّيْلَةَ غُلَاْمٌ، سَمَّيْتُهُ بِاسْمِ أَبِيْ إِبْرَاْهِيْمَ**"[1]. وَمِنْ ذَلِكَ يُؤْخَذُ مَشْرُوْعِيَّةُ التَّسْمِيَةِ مِنْ حِيْنِ الْوِلَاْدَةِ. وَأَمَّاْ حَدِيْثُ الْأَمْرِ بِتَسْمِيَةِ الْمَوْلُوْدِ يَوْمَ السَّاْبِعِ، فَالْمَقْصُوْدُ مِنْهَاْ أَنَّهَاْ لَاْ تُؤَخَّرُ عَنْهُ، لَاْ أَنَّهَاْ لَاْ تَكُوْنُ إِلَّاْ فِيْهِ. بَلْ هِيَ مَشْرُوْعَةٌ، مِنْ حِيْنِ الْوِلَاْدَةِ إِلَيْهِ. وَعَاْشَ سَبْعِيْنَ يَوْمًا.

---

[1] رَاوَهُ أبو دَاوُد #3126

﴾ **Ils sont tous issus de notre dame la grande *Khadījah*** ﴿ qui est la première femme avec laquelle s'est marié le Messager d'*Allāh* (ﷺ) et il ne s'est pas marié avec autre avant qu'elle ne décède. Elle est la meilleure de ses (ﷺ) femmes comme un poète l'a dit dans un vers de poésie :

Les meilleurs des femmes sont la fille de ʿImrān, Fāṭimah,

Khadījah puis celle dont Allāh a désavoué [de sa culpabilité]

﴾ **Sauf *Ibrāhīm* qui est issu de *Māriyah* la Copte** ﴿ une des esclaves captives du messager d'*Allāh*, elle lui a été offerte par *al-Muqawqis* le Copte, ainsi que sa sœur *Sīrīn*, un eunuque appelé « *Mābūr* », 100 *mithqāl* d'or, 20 tissus en lin, une mule aux poils gris, *Daldal*, un âne aux poils gris, *ʿAfīr*, aussi appelé *Yaʿfūr*. Aussi, un miel parmi les miels de *Banhā* (un village d'Égypte), le miel a plu au Messager d'*Allāh* (ﷺ), il a invoqué pour la bénédiction du miel de *Banhā*.

Ses captives étaient au nombre de quatre (4). Certains ont versifié les [noms] de ses (ﷺ) enfants, selon l'ordre de naissance :

Le premier enfant du Prophète est Qāsim l'agrée

Son patronyme est le Choisi, sache-le et retiens !

Puis Zaynab suit, Ruqayyan après elle

Et Fāṭimah al-Zahrā' est venue par la suite

Comptons aussi Umm Kulthūm, et l'a suit

ʿAbdallāh lors de la période de l'Islām, pour terminer

(**وَكُلُّهُمْ مِنْ سَيِّدَتِنَا خَدِيْجَةَ الْكُبْرَى**): وَهِيَ أَوَّلُ اِمْرَأَةٍ تَزَوَّجَ بِهَا رَسُوْلُ اللهِ صَلَّىْ اللهُ عَلَيْهِ وَسَلَّمَ، وَلَمْ يَتَزَوَّجْ غَيْرَهَا حَتَّىْ مَاْتَتْ. وَهِيَ أَفْضَلُ نِسَاْئِهِ صَلَّىْ اللهُ عَلَيْهِ وَسَلَّمَ، كَمَاْ قَاْلَ بَعْضُهُمْ مِنْ بَحْرِ الْبَسِيْطِ:

فُضْلَى النِّسَاءِ بِنْتُ عِمْرَانَ فَفَاطِمَةُ ** خَدِيجَةُ ثُمَّ مَنْ قَدْ بَرَأَ اللهُ

(**إِلَّاْ إِبْرَاْهِيْمُ، فَمِنْ مَاْرِيَةَ الْقِبْطِيَّةِ**)، كَاْنَتْ سَرِيَّةً لَهُ صَلَّىْ اللهُ عَلَيْهِ وَسَلَّمَ. أَهْدَاْهَاْ لَهُ الْمُقَوْقِسُ الْقِبْطِيُّ، وَأَهْدَىْ مَعَهَاْ أُخْتَهَاْ سِيْرِيْنَ، وَخَصِيًّا يُقَاْلُ لَهُ: مَاْبُوْرُ، وَأَلْفَ مِثْقَاْلٍ مِنْ ذَهَبٍ، وَعِشْرِيْنَ ثَوْبًا لَيِّنًا، وَبَغْلَةً شَهْبَاْءَ وَهِيَ دُلْدُلُ، وَحِمَاْرًا أَشْهَبَ وَهُوَ عُفَيْرُ، وَيُقَاْلُ لَهُ: يَعْفُوْرُ، وَعَسَلًا مِنْ عَسَلِ بَنْهَاْ. فَأَعْجَبَ الْعَسَلُ النَّبِيَّ صَلَّىْ اللهُ عَلَيْهِ وَسَلَّمَ، وَدَعَاْ فِيْ عَسَلِ بَنْهَاْ بِالْبَرَكَةِ.

وَكَاْنَتْ سَرَاْرِيْهِ صَلَّىْ اللهُ عَلَيْهِ وَسَلَّمَ أَرْبَعَةً. وَقَدْ نَظَمَ بَعْضُهُمْ أَوْلَاْدَهُ صَلَّىْ اللهُ عَلَيْهِ وَسَلَّمَ عَلَىْ تَرْتِيْبِ الْوِلَاْدَةِ مِنْ بَحْرِ الطَّوِيْلِ، فَقَاْلَ:

وَأَوَّلُ أَوْلَاْدِ النَّبِيِّ قَاْسِمُ الرِّضَىْ ** بِكُنْيَتِهِ الْمُخْتَاْرُ فَافْهَمْ وَحَصِّلَاْ
وَزَيْنَبُ تَتْلُوْهُ رُقَيَّةُ بَعْدَهَاْ ** وَفَاْطِمَةُ الزَّهْرَاْءُ جَاْءَتْ عَلَى الْوَلَاْ
كَذَاْ أُمُّ كُلْثُوْمٍ تُعَدُّ بَعْدَهَاْ ** فِيْ الْإِسْلَاْمِ عَبْدُ اللهِ جَاْءَ مُكَمِّلَاْ

Il les a tous eus avec Khadījah

Puis Ibrāhīm, dans la bonté les a suivis

[Issu] de la magnifique Māriyah. Dis :

Que la paix d'Allāh soit sur eux répandue et les protège

﴿ **Et cela** ﴾ c.-à-d. sa parole « il faut savoir que » ou bien sa parole de la conclusion jusqu'à la fin ; ﴿ **termine ce qu'*Allāh* a facilité de par Sa bonté et Sa générosité. Et louange à *Allāh*, Seigneur des mondes.** ﴾ Il termine par la « *ḥamdalah* » afin de suivre l'exemple des gens du Paradis puisque ce sera leur dernière invocation.

﴿ **Et *Allāh* a prié sur notre maître *Muḥammad* ainsi que sur sa famille et ses compagnons, et les a salués.** ﴾ Ici, l'utilisation du passé fait allusion à l'effectivité de la prière et le salut qui ont été demandés.

Et ceci clôture ce qu'*Allāh*, exalté soit-Il, a facilité concernant cette agréable lettre dont l'objectif est **la concision et l'apprentissage profitable.**

Et c'est à *Allāh* que je demande, et par **Son prophète que je fais l'entremise** (*tawassul*), qu'Il fasse que cet ouvrage soit purement pour Sa noble face, et qu'il profite d'un profit universel. Il est demandé à celui qui tombe sur cet ouvrage qu'il invoque pour moi le pardon des péchés et des désobéissances du Maître, le Tendre, le Tout-Miséricordieux.

وَكُـلُّهُمْ كَـاْنُوْا لَـهُ مِـنْ خَـدِيْجَةَ ** وَقَـدْ جَـاْءَ إِبْرَاْهِـيْمُ فِيْ طَيْبَةِ تَـلاَ
مِـنَ الْمَرْأَةِ الْحَـسْنَاْءِ مَـاْرِيَةَ فَـقُلْ ** عَـلَيْهِمْ سَـلاَمُ اللهِ مِـسْكًا وَمَنْدَلاَ

(**وَهَذاْ**)؛ أَيْ: قَوْلُهُ: وَيَنْبَغِيْ أَنْ يُعْرَفَ، أَوْ قَوْلُهُ: خَاْتِمَةٌ إِلَىْ الْآخِرِ.

(**آخِرُ مَاْ يَسَّرَهُ اللهُ مِنْ فَضْلِهِ وَكَرَمِهِ. وَالْحَمْدُ للهِ رَبِّ الْعَاْلَمِيْنَ**).

أَتَىْ بِالْحَمْدَلَةِ اِقْتِدَاْءً بِأَهْلِ الْجَنَّةِ، فَإِنَّ ذَلِكَ آخِرُ دُعَاْئِهِمْ.

(**وَصَلَّىْ اللهُ عَلَىْ سَيِّدِنَاْ مُحَمَّدٍ، وَعَلَىْ آلِهِ وَصَحْبِهِ، وَسَلَّمَ**). إِنَّمَاْ عَبَّرَ بِالْمَاْضِيْ، إِشَاْرَةَ تَحَقُّقِ الصَّلاَةِ، وَالسَّلاَمِ الْمَطْلُوْبَيْنِ، وَلاَ بُدَّ.

وَهَذَاْ آخِرُ مَاْ يَسَّرَهُ اللهُ تَعَاْلَىْ عَلَىْ الرِّسَاْلَةِ اللَّطِيْفَةِ، الَّتِيْ **لِقَاْصِدِيْهَاْ خَفِيْفَةٌ، وَلِمُتَعَلِّمِيْهَاْ نَاْفِعَةٌ**.

وَاللهَ أَسْأَلُ، **وَبِنَبِيِّهِ أَتَوَسَّلُ**، أَنْ يَجْعَلَ هَذِهِ الْكِتَاْبَةَ خَاْلِصَةً لِوَجْهِهِ الْكَرِيْمِ، وَأَنْ يَنْفَعَ بِهَاْ النَّفْعَ الْعَمِيْمَ. وَالْمَرْجُوُّ مِمَّنْ اِطَّلَعَ عَلَيْهَاْ، أَنْ يَدْعُوَ لِيْ بِالْغُفْرَاْنِ لِلْذُنُوْبِ وَالْعِصْيَاْنِ، مِنَ الْمَوْلَىْ الرَّؤُوْفِ الرَّحْمَنِ.

Et que la prière d'*Allāh* soit sur le maître des enfants de ʿ*Adnān* en tout temps et époque, et louange à *Allāh*, Seigneur des mondes et il n'y a de force ni de puissance qu'en *Allāh*, le Très-Haut, l'Immense.

Et l'auteur a dit : la complétion de cet ouvrage a été achevée le 7 du mois béni de *Rabī*ʿ I de l'an 1297 après l'hégire prophétique, que les meilleures prières et les plus complètes salutations soient sur lui. Et c'est *Allāh* qui sait mieux.

وَصَلَّىٰ اللهُ عَلَىٰ سَيِّدِ وَلَدِ عَدْنَاْنِ، فِيْ كُلِّ وَقْتٍ وَأَوَاْنِ. وَالْحَمْدُ للهِ رَبِّ الْعَاْلَمِيْنَ، وَلَاْ حَوْلَ وَلَاْ قُوَّةَ إِلَّاْ بِاللهِ الْعَلِيِّ الْعَظِيْمِ.

قَاْلَ الْمُؤَلِّفُ: وَكَاْنَ الْفَرَاْغُ مِنْ جَمْعِهَاْ فِيْ الْيَوْمِ السَّاْبِعِ، مِنْ شَهْرِ رَبِيْعٍ الْأَوَّلِ الْمُبَاْرَكِ، مِنْ شُهُوْرِ سَنَةِ 1297 مِنَ الْهِجْرَةِ النَّبَوِيَّةِ، عَلَىٰ صَاْحِبِهَاْ أَفْضَلُ الصَّلَاْةِ، وَأَتَمُّ التَّحِيَّةِ. وَاللهُ أَعْلَمُ.

❋ ❋ ❋

✵ ✵ ✵

Ô *Allāh* ! Prie sur notre maître *Muḥammad*. Celui qui ouvre ce qui est fermé et qui scelle ce qui précède, qui fait triompher la Vérité par la Vérité, le Guide sur Ton chemin droit. Ainsi que sur sa famille à la mesure de son mérite et de sa valeur immenses.

✵ ✵ ✵

اللَّهُمَّ صَلِّ عَلَى سَيِّدِنَا مُحَمَّدٍ

الفَاتِحِ لِمَا أُغْلِقَ وَ الخَاتِمِ لِمَا

سَبَقَ نَاصِرِ الحَقِّ بِالحَقِّ وَ

الهَادِي إِلَى صِرَاطِكَ

المُسْتَقِيمِ وَ عَلَى آلِهِ حَقَّ قَدْرِهِ

وَ مِقْدَارِهِ العَظِيمِ

ٱلۡحَمۡدُ لِلَّهِ رَبِّ ٱلۡعَٰلَمِينَ

TABLE DES MATIÈRES

AVANT-PROPOS 7

PRÉSENTATION DU COMMENTATEUR 9

PRÉSENTATION DE L'AUTEUR 14

INTRODUCTION 22

L'ATTRIBUT INTRINSEQUE (*NAFSIYYAH*) 36

LES ATTRIBUTS EXONERATIFS (*SALBIYYAH*) 38

1- La Preeternite (*al-qidam*) 38

2- La Permanence (*al-baqa'*) 42

3- dissemblance avec les elements contingents.. 44

4- L'Auto-Subsistance (*al-qiyam bi-n-nafs*) 50

Preuve de l'exemption de spécificateur 52

5- L'Unicite (*wahdaniyyah*) 54

LES ATTRIBUTS ENTITATIFS 70

1er : La Puissance (*al-qudrah*) 70

2eme : La Volonte (*al-iradah*) 78

3eme : Le Savoir (*al-'ilm*) 86

4eme : la Vie (*al-hayah*) 90

5eme & 6eme : l'Ouïe et la Vue (*al-sam' wa al-basar*). 92

7eme : la Parole (*al-kalam*) 96

LES ATTRIBUTS QUALIFICATIFS 110

1er : Être puissant 110

2eme : Être Voulant 112

4eme : Être Vivant 114

5eme & 6eme : Être Entendant & Voyant 116

7eme : Être Parlant 116

LES POSSIBILITES CONCERNANT *ALLAH*................126

LA PROPHETOLOGIE..132

CE QUI EST OBLIGATOIRE DE MANIERE DETAILLEE CONCERNANT LES PROPHETES.......................................132

1ER : LA VERACITE (*AL-SIDQ*)... 132

2EME : LA FIABILITE (*AL-AMANAH*) 136

3EME : LA TRANSMISSION (*AL-TABLIGH*).......................... 144

4EME : LA SAGACITE (*AL-FATANAH*)................................ 148

CE QUI EST POSSIBLE POUR LES PROPHETES.........152

1ER : LES ACCIDENTS HUMAINS NON HUMILIANTS 152

2EME : LA DISTRACTION (*AL-SAHW*)................................ 154

3EME : L'OUBLI (*AL-NISYAN*).. 156

LES ELEMENTS TRANSMIS..160

1ER : CE QUI SE RATTACHE AU PROPHETE 160

2EME : LE BASSIN 168

3EME : L'INTERCESSION PROPHETIQUE..........................172

4EME : LES MESSAGERS CITES DANS LE CORAN 180

5EME : LE MERITE DE CERTAINES EPOQUES..................186

6EME : PRIMAUTÉ DE LA NATION DU PROPHÈTE (ﷺ) 190

7EME : SES ENFANTS (ﷺ) 194